本著作为国家社会科学基金青年项目（批准号：14CFX053）研究成果

RESEARCH ON RIGHT RELIEF GUARANTEE MECHANISM OF OVERSEAS ENERGY INVESTMENT

海外能源投资
权利救济保障机制研究

张正怡　著

法律出版社
LAW PRESS · CHINA
北京

图书在版编目(CIP)数据

海外能源投资权利救济保障机制研究／张正怡著
. -- 北京：法律出版社，2022
ISBN 978－7－5197－6602－3

Ⅰ. ①海… Ⅱ. ①张… Ⅲ. ①能源－海外投资－涉外经济法－研究－中国 Ⅳ. ①D922.295.4

中国版本图书馆CIP数据核字(2022)第055385号

海外能源投资权利救济保障机制研究
HAIWAI NENGYUAN TOUZI QUANLI JIUJI BAOZHANG JIZHI YANJIU

张正怡 著

策划编辑 李沂蔚
责任编辑 李沂蔚
装帧设计 鲍龙卉

出版发行 法律出版社
编辑统筹 法律应用出版分社
责任校对 王 丰
责任印制 刘晓伟
经　　销 新华书店

开本 710毫米×1000毫米 1/16
印张 19.5　　**字数** 260千
版本 2022年6月第1版
印次 2022年6月第1次印刷
印刷 北京建宏印刷有限公司

地址：北京市丰台区莲花池西里7号(100073)
网址：www.lawpress.com.cn
投稿邮箱：info@lawpress.com.cn
举报盗版邮箱：jbwq@lawpress.com.cn

销售电话：010－83938349
客服电话：010－83938350
咨询电话：010－63939796

书号：ISBN 978－7－5197－6602－3
定价：76.00元
凡购买本社图书，如有印装错误，我社负责退换。电话：010－83938349

中英文全简称对应表

英文简称	中文全称
APEC	亚太经济合作组织
ASEAN	东南亚国家联盟
BIT	双边投资条约
China – EU CAI	中欧全面投资协定
CETA	综合性经济贸易协定
CFIUS	海外投资委员会
CPTPP	《全面与进步跨太平洋伙伴关系协定》
ECGD	出口信贷保险局
ECT	能源宪章条约
FTA	自由贸易协定
FDI	国际直接投资
ICC	国际商会
ISDS	投资者国家争端解决机制
LCIA	伦敦国际仲裁院
ICSID	国际投资争端解决中心
MAI	建立多边投资协定的公约
MIGA	多边投资担保机构
MERCOSUR	南方共同市场

续表

英文简称	中文全称
MIC	多边投资法庭
NAFTA	《北美自由贸易协定》
OECD	经济合作与发展组织
OPEC	石油输出国组织
OPIC	海外私人投资公司
PCA	海牙国际常设仲裁院
RCEP	区域全面经济伙伴关系协定
SCC	斯德哥尔摩国际仲裁院
SCO	上海合作组织
TPP	《跨太平洋伙伴关系协定》
TISA	《服务贸易协定》
TTIP	《跨大西洋贸易与投资伙伴关系协定》
UNCITRAL	联合国国际贸易法委员会
UNCTAD	联合国贸易与发展委员会
USMCA	《美墨加协定》
VCLT	《维也纳条约法公约》
WTO	世界贸易组织

目　录

导　言

结合当前我国海外能源投资发展的现状，本书对海外能源投资权利救济的必要性进行了分析，梳理国际能源投资的法律框架，重点分析其中的程序问题和实体问题。从权利救济的角度出发，分别从国内保障机制和国际保障机制的角度展开论述，分析投资者权利救济时面临的东道国司法、行政方式、投资母国权利救济方式以及国际能源投资的权利救济保障机制的多重选择问题。在此基础上，本书回应中国构建投资者海外能源投资权利救济保障机制的基本策略。具体包括以下层面的内容：

第一，海外能源投资权利救济的私法保障。从私法的视角出发，审视以产量分成合同、国际石油服务合同、租让制合同、回购合同、联合经营合同等为代表的海外能源投资合同中的权利救济机制，特别探讨国际能源投资合同中最具特色的两类条款稳定条款和重新协商条款及其在争端解决中的作用。作为能源投资合同中的重要条款，稳定条款和重新协商条款分别从不同的方面展示出国家和投资者在能源投资争端领域中的博弈。近年来，稳定条款在国际能源投资争端中的地位逐渐上升，国际投资仲裁庭在实践中对稳定条款效力的认定发生了一定程度的变化。

第二，海外能源投资权利救济的国际法保障。从国际视角出发，探讨双边和多边层面对海外能源投资权利救济的国际法保障。当前中国对外签订的双边投资保护协定已逾130项，而备受关注的中美双边投资保护协定谈判也已开启，中欧全面投资协定宣告达成，其中的竞争中立、投资准入、环境与争端解决条款与海外能源投资权利救济的保障密切相关。而在多边层面上，以投资仲裁为中心的国际投资争端解决中心已处理大量能源投资案例，从而为海外能源投资救济的焦点提供参考，包括以管辖权为代表的程序争议和以投资待遇为代表的实体争议两类主要问题。

第三，中国对海外能源投资权利救济保障的运用。中国在国际能源投资中的地位取决于自身在国际投资舞台的角色。中国在国际能源投资中同样出现了作为吸引外资的东道国和对外投资的投资母国之间的身份混同现象。从东道国的视角出发，我国在应对国际能源投资争端时应当着重考察对能源投资准入领域的控制、对投资及其基本待遇的完善以及能源投资特许协议的法律问题。从投资母国的视角出发，我国应当正视海外能源投资争端背景下的法律风险，通过海外投资保险制度和法律制度的构建和完善保障海外能源投资的有序进行。

在研究方法上，专著主要体现以下方法：第一，案例研究方法。研究将收集国际能源争端解决机构如国际投资争端解决中心（International Center for Settlement of Investment Disputes，ICSID）、斯德哥尔摩国际仲裁院（Stockholm Chamber of Commerce，SCC）以及联合国国际贸易法委员会（United Nations Commission on International Trade Law，UNCITRAL）在处理能源投资争端中所形成的第一手材料，即判决、决定、裁定等法律文书，通过详细分析仲裁庭推理的方式和过程，对国际能源投资争端的实体法律问题和程序法律问题进行较为细致的梳理。第二，文献研究方法。研究参考大量的中外文献资料，包括但不限于专著、编著成果、期刊、论文、报纸、案例汇编、原始案例、网络资料等。查找资料的方式包括国内图书馆以及国外知名研究机构的资料室、网络资源数据库、官方网站的数据整理、研究成果汇编、知名讲座报告等，文献种类较为丰富、涵盖范围较广泛。第三，比较研究方法。研究注重通过比较分析的方法得出相应的结论,如就仲裁庭裁决分析海外能源投资争端法律争议焦点问题等。

著作研究的侧重点在于:第一,全面系统考察国际投资仲裁庭近年来处理的能源投资争端案例,并归纳仲裁庭对主要法律争议点的基本态度,为海外投资权利救济的主张寻求实践基础;第二,分别从东道国与投资者、东道国与投资母国、投资母国与投资者之间的三重法律关系分析国际能源投资中可能产生的法律问题,为海外投资权利救济寻求理论基础;第三,全面系统地论述海外能源投资权利救济私法保障机制、国际保障机制以及二者的相互关联性,为海外投资者寻求权利救济提供现实参考;第四,分别从东道国和投资母国的视角为中国海外能源投资权利救济保障机制的构建提供对策建议。

研究的实践价值在于随着跨国投资流动更加频繁,中国参与国际投资争端解决中心的可能性也在逐步增大,需要深入研究能源类投资案件的关键要素并丰富实证分析,中国在"一带一路"沿线及全球范围内的国际投资需要在法律层面为其提供理论支撑,并以此为契机,促进国内投资法律制度、双边投资条约、区域经济条约的发展和完善。

在政治关系调整和国际关系的演变的过程中,我国在构建人类命运共同体与实施"一带一路"倡议过程中扮演着关键的作用,需要结合已有的国际投资争端解决中心实践案例,力争准确梳理理论发展和实践难点,服务我国海外能源投资实践与"一带一路"投资咨询需要,为全球治理体系下国际秩序变革特别是国际投资法律实践发展提供理论与实践的支撑。研究海外能源投资权利救济保障机制也将对未来我国参与国际投资争端解决机制中管辖权阶段存在的风险提供预判,为我国有效应对国家和投资者之间的国际投资争端、促进进一步经济发展与对外开放、服务"一带一路"建设实践、修订和完善国内法制以及新一代投资协定提供相应的参考,为中国积极参与引领全球治理体系改革和建设、积极维护开放型世界经济体制提供理论支持。

第一章

海外能源投资权利救济的基础

在国际政治经济局势局部动荡、国际投资环境错综复杂的背景下，海外能源投资作为国际投资中的新生力量，尽管近年来受到一定影响，但仍然在全球直接投资中占据重要份额。海外能源投资的过程中风险与收益并存。无论从投资阶段还是投资国别来看，海外能源投资均面临着多项风险，事实上形成了存在于投资者、东道国与投资母国三大主体之间的海外能源投资法律关系。海外能源投资风险的不可控性与涉及主体之间的复杂关系，成为探讨海外能源投资权利救济的基础。

第一节　海外能源投资的发展

世界经济的发展意味着更多的能源供给，据《BP 世界能源展望》报道，尽管受到新冠肺炎疫情的影响，全球能源消费总量有所下降，但能源消费仍维持在高位。例如，石油资源的消耗速度为每天 910 万桶，化石能源仍是为世界经济提供动力的主导能源，占预计能源增加量的约 60%。[1] 海外能源投资在跨国直接投资中一直占据着极为重

---

〔1〕 BP Statistical Review of World Energy (2021), p. 2, available at http://www.bp.com/content/dam/bp/business-sites/en/global/corporate/pdfs/energy-economiscs/statistical-review//bp-stats-review-2021-full-report.pdf, last visited on July 23, 2021.

要的地位，在国际能源起伏波动的世界格局中，国际能源投资的发展动态也显现出资源所属国东道国政府与国际投资者之间的潜在冲突。正是由于能源类国际投资具有极其重要的战略意义，也成为国际投资争端产生的主要领域之一。

一、能源类投资概述

能源类投资是海外投资的主要领域之一，对能源类投资的界定及其在全球投资中的地位的确定是把握海外能源投资发展动态的基础。

（一）能源类投资的界定

能源被认为是向自然界提供能量转化的物质，也是人类活动的物质基础。我国《能源百科全书》将能源定义为："能源是可以直接或经转换提供人类所需的光、热、动力等任何一种形式能量的载能体资源"。〔1〕能源分类方式各异：有学者将能源简单分为以下两类：〔2〕一是石油、天然气和消耗燃料行业；二是能源设备和能源服务行业。也有根据能源的产生可以分为一次能源和二次能源，前者是自然界业已存在的能源如煤炭、天然气、石油、水能、风能等；后者则是由能源加工转换而成的能源产品，如电力、煤气以及各种石油制品等。在一次能源中，又可分为可再生能源和不可再生能源，前者是能够重复产生的天然能源如太阳能、风能等；后者则是不可重复产生的能源，主要包括化石燃料、核燃料。

不可再生能源显然是较为稀缺并得到各国普遍重视的能源资源。对于化石燃料的燃烧，尤其是煤炭、石油以及核废物所产生的能源污染对环境的影响也正在威胁着地球上的生命。在进行有关能源的分

---

〔1〕梅益编：《能源百科全书》，中国大百科全书出版社 1997 年版，第 1 页。

〔2〕参见［美］亚伦·M. 海泽顿、安德鲁·S. 托伊费尔：《能源投资》，朱晓婷译，中信出版集团 2010 年版，第 4 页。

析之前，三项相关基本原理值得关注：[1]第一项原理是热力学第二定律。该原理表明，每次一种形式的能量转变为另一种形式的能量，都伴随着某些能量被浪费。第二项原理是资源稀缺性，这是化石燃料的真正问题，因为所需要的能源数量在显著增加，而获得的净能源在逐渐减少。第三项原理是效率资源的应用需要整合的能源供应系统方法。整合的能源供应系统必须考虑以最低的能源单位成本从消耗的每单位能源中获得最大的能源价值。三项原理再次集中体现了能源的稀缺性和有限性，使能源所有权和使用权备受重视。

从法律财产权的视角，能源资源的所有权依其所处位置是陆地还是近海而有所不同。根据一般国际法，国家对陆地自然资源享有永久主权。关于近海能源资源，国际法承认国家对大陆架资源的主权权利以及对勘探和开发这些资源活动的专属管辖权。[2] 为此，国家通过建立许可证制度等方式允许私人企业在国家能源主管部门的控制下勘探和开发油气等资源，这也成为能源投资的最基本形式。随着能源投资形式的不断扩张，新设投资与兼并收购活动并存，成为国际直接投资中的新生力量。自金融危机以来，加之突如其来的新冠肺炎疫情，全球投资规模锐减，但能源类投资并购仍相对保持活跃，推动了资本的跨国流动。

综上，能源类投资是投资者以自然资源为代表的能源为投资对象的跨国直接投资活动。由于资源的稀缺性以及能源效率的要求，任何一个国家都不可能单纯依靠本国资源支撑社会经济发展，因此，能源类投资也是国家获取本国需要能源的主要方式之一，因而也成为投资者海外投资重点关注的投资领域之一。

---

〔1〕 参见［美］莱斯利·索美斯：《能源效率——实时能源基础设施的投资与风险管理》，韩冬筠译，经济管理出版社2014年版，第5～7页。

〔2〕 参见［英］艾琳·麦克哈格、［新西兰］巴里·巴顿、［澳］阿德里安·布拉德布鲁克、李·戈登主编：《能源与自然资源中的财产和法律》，胡德胜、魏铁军等译，北京大学出版社2014年版，第85～86页。

（二）能源类投资在全球投资中的地位

近年来，《世界投资报告》显示，石油和天然气领域的投资在全球投资中的地位逐步上升。以电力和天然气供应、电力设备、石油为代表的三大产业跻身投资产业前十位。[1] 能源类国际投资无论是在跨国并购还是新设投资均有良好的表现。据统计，新设投资中占据70%的服务业主要是由大型能源项目推动的。

在众多跨国投资并购领域中，能源类投资约占据了并购投资总额的41%。其中电力、天然气和水资源类并购投资占20%，采矿、采石、汽油类并购投资占15%，金属及金属产品占6%。电力、天然气、水资源的典型海外能源投资的比重也在所有投资领域位列第二，仅次于金融类投资。由于金融类投资通常被归为间接投资的范围，因而可以认为基础能源类海外并购已经成为国际直接投资最主要的投资领域。各类投资在新设投资即绿地投资中所占的比例：采矿、采石、汽油类投资，电力、天然气、水资源类投资，焦炭、汽油产品和核能类投资分别占据新设投资总额的8%，非金属矿产品类投资占新设投资总额的5%，以上所有能源类海外新设投资共占新设投资比例的29%，成为跨国资本流动新设投资中不可忽略的重要领域。

在海外能源投资的进程中，投资也逐渐向以清洁能源为代表的新能源倾斜。所谓"清洁能源投资"，包含国际可再生能源评估定义的可再生能源类别，包括水电、太阳能、地热、风能、生物能源、海洋和潮汐能。[2] 这些形式的"清洁能源"与传统能源不同的是对环境有益并不会产生温室气体，体现出未来海外能源类投资的发展趋势。总体而

---

〔1〕 UNCTAD：World Investment Report（2021），p. 9, available at https:// worldinvestmentreport. unctad. org, last visited on July 22, 2021.

〔2〕 Rachel A. Nathanson, *The Revocation of Clean – energy Investment Economic – support System as Indirect Expropriation Post – Nykomb：A Spanish Case Analysis*, 98 Iowa L. REV. 863（2013）p. 866.

言，当前能源类海外投资无论是在投资形式、投资水平还是投资前景方面，均成为全球国际投资最为引人关注的领域之一。

二、海外能源投资发展的基本进程

在能源领域中，政府作为资源的所有者，往往缺乏必要的专业技术或风险资金，而以跨国能源公司为代表的国际投资者恰好可以提供。同时，投资者需要东道国提供必要的法律和管理结构来从事商业并盈利。

然而，投资者和东道国之间的合作在各领域中仍存在潜在的冲突。投资者通常希望获得资金回报的最大化，确保投资项目的长期稳定性。由于包含巨大的利益，东道国政府希望能够获得所得份额以及管理能源产业方面的最大化。对市场运作产生影响的税收和管理资源经济活动往往可能产生风险。这些政治因素产生的成本将影响投资环境的稳定性和可信赖性，包括东道国吸引跨国资本的程度。事实上，投资者和东道国政府之间的博弈以及在自然资源产品生产周期的相对控制力决定了投资环节政治风险的程度。在双方的谈判过程中，起初有利于投资者，因为投资者对投资区域和资源产业具有较大的选择权。这样，投资者可以在谈判中向东道国提出更为有利的谈判条款。投资者进行能源投资的风险几乎在其掌控范围内。在特定产业，投资者则更具有独立选择权，东道国也在产业准入方面逐渐施加影响。当投资进展一段时间后，投资基本固定不变、项目的商业变化程度可以确定时，东道国的控制力也在逐渐加强。东道国可以对投资体制的变化施加影响。因此，东道国与投资者的博弈进入新的阶段，也在一定程度上增加了政治风险。

除了生产周期的转变，资源产品价格的波动也影响到投资者与政府之间博弈的实力。能源产品价格的攀升增加了对投资者的吸引力与竞争力。当能源产品价格持续走高时，投资者甘冒风险，东道国在设定投资关系的条件方面增加了优势，降低了对投资的吸引力。

以国际石油产业为例，自20世纪中叶起国际投资者的专业技术和巨额资金有效地控制着国际原油价格，并且面临的投资环境也有所变化。根据原油价格的变化以及投资者与东道国之间的博弈，国际投资环境大致经历了如表1-1所示变化：[1]

表1-1 原油价格变化与投资者东道国博弈

年份/年	原油价格	权力平衡中倾向	投资环境
1950~1973	平稳	投资者	开放（许可方式）
1973~1984	上升	东道国政府	限制（国有化、征收）
1985~1999	下降	投资者	开放（放松管制、私有化）
1999~2008	上升	东道国政府	限制（间接征收）

20世纪六七十年代，政府开始对资源施加政治控制，主张自然资源主权，并限制投资者的活动。东道国政府随后将能源视为最为重要的战略经济领域，将其视为经济发展的关键产业。由于能源资源在两次世界大战的重要战略作用，石油已经成为国家安全不可或缺的一部分。东道国政府开始设立对投资者不利的条款并在某些情况下对外国资产进行国有化和征收。随着石油输出国组织（Organization of the Petrooleum Exporting Countries，OPEC）市场控制力的增加，20世纪70年代中后期，石油价格开始迅速攀升。至1985年，非OPEC国家如安哥拉、墨西哥、挪威、英国等国家新探明原油储备，原油价格开始下降。新能源资源的开发降低了石油输出国组织对市场的控制力。由于20世纪80年代石油价格的下跌，石油不再作为全球单一资源生产交付，而是作为全球化市场自由贸易的一项普通产品。充足的石油储备、石油价格下跌以及石油的商品化再一次让投资者在与东道国的关系中处于下风。政府干预的领域主要是对综合项目的放松管制和私有化。石油生产国之间对国际投资资金份额的激烈竞争对国际投资者整体

---

〔1〕 See Oksan Bayulgen, *Foreign Investment and Political Regimes: The Oil Sector in Azerbaijan, Russia, and Norway*, Cambridge University Press (2010), p. 19.

产生了新的激励。此时的投资限制与石油立法再次被修正或被新法取代以重新强调投资保证和激励。在博弈模式中，东道国政府与投资者之间的变化关系明显降低了投资者在东道国面临的政治风险。1999 年由于 OPEC 成员国与非 OPEC 国家之间达成协议降低供应量，石油价格的拐点出现。而中国、印度等国家发展的需求加快了石油价格的增长。同时，自 2003 年以来中东局势的不稳定也导致石油价格节节攀升。

国际石油价格的上升也推动了国际石油领域直接投资的快速发展。商品价格较高的优势使国际投资者尽可能扩大生产规模，可获利的资源开采项目再一次产生了投资者和东道国之间的博弈。为了提高协商过程中的地位，不少东道国对国际投资者的政策也发生了变化。例如 20 世纪 80 年代之后，东道国政府直接采取国有化的可能性降低，外国投资者面临税收以及法律制度变动等政治风险的影响。特别是晚近出现的间接征收，成为东道国政府和外国投资者之间最主要的争议内容之一。

在能源投资发展的过程中，东道国与外国能源公司关系的变化以及与政治变化相关的政治风险在石油合同中得到明显体现，集中表现为投资关系中的税收、所有权、管制、资源使用和争端管理方面条款。由于各国投资关系的多样化，不同的能源投资合同也将产生不同程度的政治风险。

三、海外能源投资发展安全的重要意义

据统计，在新冠肺炎疫情危机暴发前，预计 2019 年至 2030 年的能源需求将增长 12%。[1] 与此同时，在经济转型与发展趋势良好的国家中，也面临着能源结构不合理、能源供应严重不足与对外进口依

---

[1] IEA：World Energy Outlook (2020), p. 20, available at http://www.iea.org/reports/world-energy-outlook-2020, last visited on July 23, 2021.

存度过高等问题。在海外能源投资的过程中,无论是从投资母国、投资者还是从东道国政府方面,保障能源投资的安全进程都具有极为重要的意义。

(一)对投资母国的意义

从投资母国的国际战略的角度看,能源类投资对于一国的国家安全稳定、国际战略都发挥着至关重要的作用。能源投资产业也作为国际投资领域的新兴产业备受关注。能源类国际投资也对各国的能源储备水平、国家综合实力具有重要的影响。全球竞争格局下,能源资源类的竞争关系着国家经济命脉,是民生发展的重要保障,也是未来经济可持续发展的关键所在。特别是在全球能源类产品价格不稳定的情况下,投资母国往往会根据资源类投资的潜在风险提前做出应对,积极采取全球能源战略并确保本国的能源供应安全。

(二)对东道国的意义

能源投资实际上同东道国对自然资源的主权以及对投资管制密切相关。国家经济主权长期以来被认为是国际经济法律中的基本原则,[1]在能源投资中得到集中的体现。可以认为,国际能源投资相关法律规范是直接体现国家投资战略方针和政策的制定、修改及完善。东道国对于能源投资具有管制权,管制涵盖了投资准入、投资设立、投资运营、投资退出等全部环节。同时,近年来不断爆发的区域性能源投资相关争端也应当引起东道国的关注,如投资准入阶段涉及的准入阶段国民待遇以及国家安全审查与反垄断审查机制;投资运营阶段涉及的东道国基于公共利益需要而将投资者资产征收归国家所有的行为、国际恐怖主义、政治动乱等危机对投资的直接影响、投资运营中的

---

〔1〕 参见余劲松、吴志攀:《国际经济法》,北京大学出版社、高等教育出版社 2014 年版,第 8 页。

环境监管等要求以及民族文化因素引发的政治风险；投资收回阶段面临的主要风险是限制货币自由汇兑与汇率波动影响投资收益以及国际投资争端解决数量和范围的扩大化。国际投资争端解决中心受理的全部争端案件中，有关能源投资争端的纠纷仍占据近半数的比例。[1] 近年来能源类投资争端的数量也随着基础设施建设的扩张而出现爆发式增长。在国际能源投资争端的领域中，以国家和投资者为主体的相对复杂的法律关系以及由此产生的大量投资实体和程序争议都是国际能源投资实践中所迫切需要解决的重要问题。

（三）对投资者的意义

从国际投资者的视角来看，作为海外能源投资安全的直接承受者以及东道国与投资母国沟通的桥梁，从微观视角积极推动海外能源投资的发展。虽然全球范围内已有越来越多的企业将投资目光转向国际市场，但由于战略规划和投资导向包括投资经验的缺乏，加之海外能源类投资的复杂性，往往并没有达到预期的收益效果，反而可能陷入东道国国内与能源投资相关的各类风险之中。特别是世界范围内，绝大多数东道国政府牢牢控制着能源类资源的所有权，对投资者开采、开发、运输能源的各个环节制定一系列原则、规则、规范与行政命令，随着能源投资中地缘政治、文化排斥等不稳定因素，极容易产生海外能源投资的亏损。而在与东道国政府的交涉过程中，部分投资者由于缺乏对海外能源投资相关救济机制的基本了解，也往往处于下风。因此，在海外能源投资的进程中，国际投资者有必要充分评估能源投资中所产生的各类风险以积极应对，并在此基础上探索运用海外能源投资的权利救济保障机制。

---

〔1〕 ICSID：The ICSID Caseload – Statistics（Issue 2021 – 1），p. 12，available at https://icisd.worldbank.org/resources/publications/icsid – caseload – statistics，last visited on July 23，2021.

第二节　海外能源投资的风险

在海外投资进程中,充满未知的风险。对海外能源投资风险进行层层深入的探讨,有助于厘清法律风险、投资风险与海外投资风险的相互差异和基本特征。

一、法律风险

不同的领域对风险有着不同的定义。“风险”一词在各类法律体系中有其特定的含义,法律风险的概念也在不同的法律规则中有所体现。明确风险的法律含义是各行业进行法律风险评估和预防的前提。

1. 风险

“风险”在法律上系指“一项结果、发生或损失的不确定性;或受伤害、赔偿或损失的概率;特别是存在一定程度上伤害的可能性”[1]。在民商事活动中,为了明确此种风险产生的损害或伤害由谁承担,各国民事法律体系中普遍规定了风险转移的规则,包括以交货时间或买卖合同成立的时间来决定风险转移的时间。同样地,国际商业交易领域中最为成功的国际公约之一《联合国国际货物销售合同公约》也对风险转移的具体规则作出了规定。[2] 在外贸业务中,一般都采用某种贸易术语简化贸易谈判,提高交易效率,并以此来确定买卖双方的风险的界限。在贸易术语中,FOB(Free on Board,船上交货)、CFR(Cost and Freight,成本加运费)、CIF(Cost, Insurance and Freight,成本、保险费加运费)作为适用于海运和内河水运的术语最经常使用。根据国际贸易惯例2020年《国际贸易术语解释通则》(Incoterms 2020)的规定,上述贸易术语的风险转移界限或风险转移时间都是货

---

[1] Bryan A. Garner, *Black's Law Dictionary*, Thomson Reuters (2014) Tenth Edition, p. 1524.

[2] United Nations Convention on Contracts for the International Sale of Goods (1980), Chapter Ⅳ, Passing of Risk, Articles 66 – 70.

物装上船。就现有的相关国内外立法而言,风险及其规则的目的是确定由于意外产生的损失的责任分担。

2. 法律风险

作为全球企业法律顾问的自律性组织,全球企业法律顾问协会(Association of Corporate Counsel)曾在2005年发布《国有企业建立现代企业法律治理制度指南》,其中第2条将企业法律风险定义为“企业所承担的发生潜在经济损害或其他损害的风险,包括:(1)经营性损失(收益或利润损失、成本或责任增加等);(2)民事索赔、判决或裁决(包括辩护及和解费用);(3)行政或刑事处罚或制裁;(4)企业资产(包括有形财产和无形财产)受损;(5)商誉受损;(6)其他损害”。同时,该指南还分析了造成上述损失和损害的原因包括:企业违反相关纪律;企业侵犯第三方合法权益;企业未履行其合同义务;企业未采取有效措施以获得、保护或行使其合法权益等。

“法律风险”的概念在我国成文规范中首次见于2004年国务院国有资产监督管理委员会颁布的《国有企业法律顾问管理办法》第1条,但是该文件并没有对其进行详细的界定。2011年2月1日,国家标准化管理委员会发布的《企业法律风险管理指南》(以下简称《指南》)正式实施。《指南》适用于各种类型的企业,用于指导企业在其整个生命周期和所有经营环节中开展法律风险管理活动。从企业的视角出发,《指南》认为企业法律风险系指“基于法律规定或者合同约定,由于企业外部环境及其变化,或者企业及其利益相关者的作为或者不作为导致的不确定性,对企业实现目标的影响”。关于外部法律风险环境信息,《指南》认为是指与企业法律风险管理相关的政治、经济、文化、法律等各种相关信息,包括但不限于:本行业的业务模式及特点;国内外与本企业相关的政治、经济、文化、技术及自然环境等;国内外与本企业相关的立法、司法、执法和守法情况及其变化;与本企业相关的监管体制、机构、政策以及执行等情况;与本企业相关的市场竞争情况;本企业在产业价值链中的定位及与其他主体之间的关系;企业主要的外部利益相关者及其对法律、合同、道德操守等的遵从情况;与企业法律风险及管理相关的其他信息。除此以外,内部法律风险环境信息是与企业法律风险及其管理相关的各种信息,包括法律风险和法律风险管理的历史及现状,包括但不限于:企业的战略目标;企业盈利模式和业务模式;企业法律事务工作及法律风险管理现状;本企业签订的重大合同及管理情况;本企业发生的重大法律纠纷案件或法律风险的情况,与本企业相关的法律规范库和法律风险库等诸多内容。

就"法律风险"的含义而言,理论界也有不同的观点。有学者认为"法律风险"有两种定义。[1] 狭义的定义是指在收购或投资协议签订后当地所在国和地区的法律(包括税法、环境法)和监管制度发生变化导致对投资项目发生消极影响。广义的定义是指从开始研究投资可行性研究和初期谈判,包括正式收购或投资协议谈判以及协议实施及交易完成后运营过程中所涉及的,基于当地所在国的法律(包括制定法和判例法等)和有关合同的规定对海外投资项目产生的风险。

3. 法律风险的基本特征

从上述对风险的法律含义以及法律风险的界定中可知:风险指某种事件或损失发生的不确定性。而法律风险属于风险的范畴,具备风险的基本属性。但法律风险同时具有建构性、可控性和规范性等法律属性,也被定义为"法律关系主体因其不当行为或不利的法律环境而导致其行为不达、人身财产损失以及承担法律责任等不利法律后果的可能性"。[2]

法律风险和风险相类似,具有绝对的不确定性。例如,合资企业最初的词源"joint venture"有共同冒险的含义,法律风险是否发生、何时发生以及发生后产生什么样的结果是无法判断的,因而具有绝对的不确定性。与此同时,法律风险往往伴随着损失。一旦发生法律风险,以个人或企业为代表的主体将会遭受较为严重的损失。法律风险

---

〔1〕 参见张利宾:《对中国企业海外投资法律风险的研究》,载《北京仲裁》2011 年第 4 期。

〔2〕 蒋云贵:《企业法律风险管理论》,光明日报出版社 2013 年版,第 57 页。

的第二个基本特征主要表现在以法律因素作为主要的特征，即导致法律风险产生的主要法律因素表现为法律状态、法律事件或法律主体的行为，这是法律风险独立于其他风险的本质特征。此外，相比自然风险与商业风险，法律风险又具有相对的确定性，特别是从损害的结果来看，当事人几乎可以对法律风险发生的最终影响进行预先判断。法律风险由于某种行为及相关法律而产生，因此行为人在做出行为之前对规范该行为的法律如果能做出预判，不仅可判断其行为是否能够引发法律风险，而且可以通过纠正该行为而达到降低损失的效果。这样，法律风险基本也可以通过事先防范控制的手段实现可防可控，因而成为讨论法律风险的实际意义所在。因此，法律风险表现为绝对的不确定性、相对的可控性以及由法律因素导致三个方面的主要特征。

二、投资风险

一般而言，对投资的分类根据投资者是否享有控制权可以分为直接投资和间接投资两大类。狭义的国际投资仅指国际直接投资。国内曾有学者对“投资风险”定义如下：“国际直接投资风险是指在国际投资活动中，因东道国或国际政治、经济因素的影响，或投资者自身经营管理等原因，使投资者的期望目标与投资实际状况发生差异，从而给投资者的利益造成损失的可能性。”[1]

（一）投资风险的分类

投资风险由于其自身的不确定性，存在多种类别的可能性，特别是在日趋复杂的商业交易环节中，投资风险几乎涉及了各个可能涵盖的领域。就国际直接投资而言，投资风险种类繁多复杂，也有学者对此进行了分类，[2]认为中国海外投资过程中主要存在股权投资存在的

---

〔1〕 丁伟：《国际投资的法律管制》，上海译文出版社1995年版，第155页。

〔2〕 参见许慧、胡曲应、许家林：《论中国企业海外投资风险的防范与监管》，载《中南财经政法大学学报》2009年第6期。

决策与政治风险、基金投资存在的决策与监管风险、并购投资存在的经营和文化风险以及衍生工具投资存在的认知不足与监管风险。从投资实践来看,投资风险主要可以分为商业风险、政治风险和其他风险。

商业风险是由投资对象的信用、行业、流动性、成长性等商业条件的不确定引起的投资收益的不确定性。其特点在于涵盖的内容非常广泛,包括投资市场的效率与流动性、投资对象所处行业的波动性和成长性等。商业风险经常呈现相互交错、互为因果的特点。[1] 值得注意的是,商业风险属于从事商业活动所固有的风险。通常情况下投资者能够预见或者应当预见到商业风险可能发生的客观情况的变化并有可能采取措施避免。商业风险是市场主体在经济活动中因对市场的不确定因素分析把握不足,造成经营失利而应承担的正常风险。在正常情况下,风险与收益是一种正相关的关系,高收益意味着高风险,而低风险意味着低收益。[2] 如发生商业风险,则投资者应当承担由此造成的经济损失。商业风险在投资的计划与发展、建设以及运营阶段均有可能发生。在对外投资的过程中,商业风险会因具体的投资领域、投资对象的特征而有所差异。

政治风险的概念较为模糊。有学者认为,从海外投资角度来看,通常认为政治风险是指在国际投资中东道国政局变动、政策不连续、地缘政治冲突、民族主义与宗教意识形态冲突、地区和局部战争、官僚体制与恐怖袭击等因素。[3] 在政治风险的分类中,也有做较为广泛的理解和分类。如 1988 年《多边投资担保机构公约》(以下简称《汉城公约》或 MIGA 公约)将投资保险的范围界定为政治风险,主要涵盖的种类有:货币汇兑风险、征收及类似措施风险、政府违约风险以及战

---

〔1〕 参见朱孟楠、胡潇云:《我国主权财富基金投资:风险识别与风险评估体系设计》,载《经济学家》2011 年第 11 期。

〔2〕 参见张建军:《情势变更与商业风险的比较探讨》,载《甘肃政法学院学报》2004 年第 2 期。

〔3〕 参见梁静波:《中国企业海外投资的政治风险与对策》,载《求实》2013 年第 4 期。

争内乱风险。通常,海外投资保险一般将风险分为商业风险和政治风险两大类别。前者可以通过某些预测事先进行计算,而后者政治风险特别是发展中国家的政治风险与投资者本国无法比拟,大致可以分为三种基本类型:[1]一是政治暴力如战争、革命、叛乱或发生国内斗争;二是东道国政府采取故意的行为包括征收,干预合同权利导致占有投资者的财产权;三是东道国政府限制当地货币兑换为外汇。也有学者直接将"政治风险"定义为东道国采取的对投资产生不利影响的行为,并由此应当承担国际法上的法律责任。[2] 政治风险产生的根源是国家主权行为导致的各种不确定性。通常,较低的政治风险会使投资机会更加具有吸引力。《中国海外投资国家风险评级报告(2021)》近期就政治风险重点关注了以下八项指标,即执政时间、政府稳定性、军事干预政治、腐败、民主问责、政府有效性、法制、外部冲突。[3]

比较上述对政治风险的不同表述可以发现对该类风险的界定通常采取较为宽泛的认定标准,即不局限于东道国国内纯粹的政治因素,还包含由于法律变动而导致的法制变化的风险。可以认为在投资风险特别是海外投资风险中,政治风险涵盖了东道国法律变动对投资者造成的影响、东道国自身不遵守法律或与投资者的协议产生的与法律相关的风险。

商业风险和政治风险一般被认为是投资保险针对的主要风险类型。除此之外,其他的投资风险还包括文化风险、意识形态风险等。例如,由于投资者所属国的特殊身份而采取的对待投资的敌对态度,或者由于文化以及宗教信仰的差异,可能导致的其他类别的投资风

〔1〕 See S. Linn Williams, *Political and other Risk Insurance: OPIC, MIGA, Eximbank and other Providers*, 5 PACE INT'L. REV. 59 (1993), p. 63.

〔2〕 See Molly Zohn, *Filling the Void: International Legal Structures and Political Risk in Investment*, 31 FORDHAM INT'I L. J. 230 (2007), p. 232.

〔3〕 参见中国社会科学院国家全球战略智库国家风险评级项目组、中国社会科学院世界经济与政治研究所国际投资研究室:《中国海外投资国家风险评级报告(2021)》,中国社会科学出版社2021年版,第12页。

险。相比商业风险和政治风险，此类风险具有高度的可预测性。对于投资者而言，可以通过事前综合判断在最大限度上降低该类风险可能造成的损失。

（二）投资风险与法律风险之间的关系

通过上述分析可知，投资风险与法律风险仅存在一定程度的重合，但两者分属不同的领域之中。在对风险的不同分类之中，几乎没有将二者归为同一级类别。法律风险可能发生在投资领域，也可能发生在其他领域如贸易、金融等。而投资领域中亦可能发生除法律风险以外的其他类型风险如商业风险、文化风险等。

由于投资风险和法律风险均具有较为广阔的范围，也具有各自的特征，因此二者存在显著的区别。如投资风险更多源于投资项目自身以及投资的控制权等问题，法律风险则可能源于投资所在国法律制度、投资管理制度以及投资协议自身实施情况。然而，投资风险和法律风险在一定范围内会出现重合部分，即投资领域中的法律风险。如图1－1所示，投资法律风险成为本书研究的基本前提。在此基础上，本书将采用层层深入的方式进一步剖析，在特定的范围和领域中对投资法律风险展开分析。

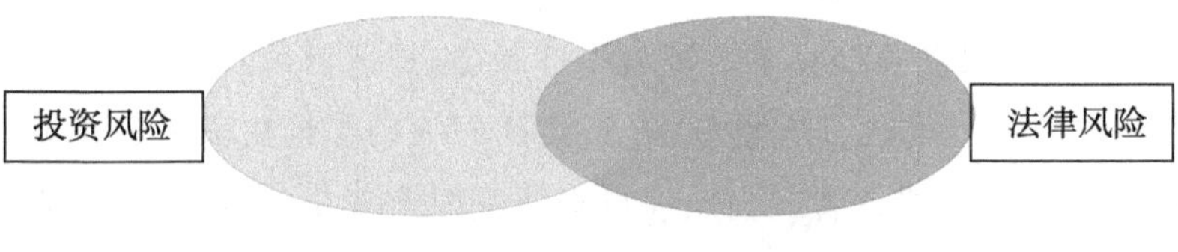

图1－1　投资风险与法律风险

三、海外投资风险

（一）海外投资风险概述

经历数年萧条，全球国际直接投资（Foreign Direct Investment，FDI）开始逐步回归。其中，绝大部分增长由发达国家贡献，而新兴经济体市场中的政治不确定性和区域不稳定性可能会对国际直接投资产生负面影响。2020 年,全球国际直接投资流量下降 35%,从 2019 年的 1.5 万亿美元降至 1 万亿美元。这是 2005 年以来的最低水平,比 2009 年国际金融危机后的低谷低了近 20%。世界各地为应对 COVID－19 大流行而实施的封锁减缓了现有投资项目的速度,而经济衰退的前景促使跨国企业重新评估新项目。全球国际直接投资的下降幅度明显大于国内生产总值和贸易的下降幅度。[1] 就我国而言,对外直接投资流量蝉联全球第二,存量保持全球第三。2019 年中国对外直接投资 1369.1 亿美元,同比下降 4.3%,流量规模仅次于日本(2266.5 亿美元)。2019 年末,中国对外直接投资存量达 2.2 万亿美元,次于美国(7.7 万亿美元)和荷兰(2.6 万亿美元)。中国在全球国际直接投资中的影响力不断扩大,流量占全球比重连续 4 年超过一成,2019 年占 10.4%;存量占 6.4%,与上年持平。[2]

然而,国际直接投资在快速发展的同时也有可能遭遇一系列风险并产生损失,如备受投资者关注的与具体投资相关联的特定风险如利率风险、外汇兑换风险、股权以及商品价格风险等。[3] 在海外投资的过程中,投资者也将面临各类不可预知的风险。如由于国际市场石油价格下跌,俄罗斯、墨西哥等国本国货币持续贬值。受此影响,开始出现部分当地企业推迟履约的情况,应当引起投资者对收汇安全的关注。又如阿富汗首都喀布尔频遭恐怖袭击,造成人员伤亡,埃及西奈半岛北部部分地区进入紧急状态,当地面临的恐怖主义形势十分严峻。对此,当地投资者应当加强自身及其财产安全防护,减少不必要

[1] UNCTAD:World Investment Report(2021), p. 9, available at https:// worldinvestmentreport. unctad. org, last visited on July 22, 2021.

[2] 商务部对外投资和经济合作司:商务部等部门联合发布《2019 年度中国对外直接投资统计公报》,载 hzs. mofcom. gov. cn/article/date/202009/20200903001523. shtml。

[3] OECD Benchmark Definition of Foreign Direct Investment(Fourth Edition, 2008), available at http://www. oecd. org/daf/inv/investmentstatisticsandanalysis/40193734. pdf, last visited on Dec. 24, 2020.

的外出。

中国企业“走出去”的步伐随着改革开放的深入发展正逐步加快，但企业海外投资风险管理控制能力并没有得到充分地提升，在跨越化发展的同时，也出现了投资环境恶化、企业管理能力不足、忽视社会责任等问题。[1] 海外投资风险是我国投资者在境外投资全过程中始终需要考虑的重要因素，该类风险具有来源多样化的特征。有学者将境外投资面临的主要风险分析为：[2]企业境外融资风险，即我国境外投资普遍存在的资金短缺问题；投资决策风险，如决策之前、决策实施以及决策之后缺乏必要的控制程序以及补救措施；政府监管及服务风险，如境外投资管理制度和监管、跟踪、统计、分析等管理服务功能缺乏有效指导；境外投资保护风险，主要针对东道国投资要承担的政治风险；投资环境风险，包括政治、经济、法律、自然风险和不可抗力破坏带来的风险。近年来，我国投资者在海外投资项目中时常由于对海外投资风险的预判不足，在投资项目上遭遇“滑铁卢”，造成严重亏损，降低了海外投资的效率。面对资本的国际流动，更有必要充分了解海外投资风险的产生及变化，以尽早做好应对之策。

（二）海外投资风险的发展变化

在过去相当长的一段时间内，海外投资风险随着全球范围内投资广度和深度的提高不断扩大。纵观“二战”后半个多世纪的和平发展期，海外投资的风险主要经历了以下几个阶段的发展历程。

第一阶段，20 世纪五六十年代，在广大发展中国家推动下由联合国第六届会议、第十七届会议通过了《关于经济发展与通商协定的决议》和《关于自由开发自然资源和自然资源的权利的决议》。20 世纪

---

[1] 参见赵爱玲：《中国贸促会会长万季飞：中企海外投资风险防范刻不容缓》，载《中国对外贸易》2012 年第 9 期。

[2] 参见刘红霞：《中国境外投资风险及其防范研究》，载《中央财经大学学报》2006 年第 3 期。

70 年代，联合国第六届特别会议通过了《建立国际经济新秩序宣言》和《建立国际经济新秩序行动纲领》以及联合国大会第二十九届会议通过了《各国经济权利和义务宪章》。上述纲领性的法律文件确认了各国对本国境内的全部自然资源享有完整主权，并强调各国对本国一切经济活动也享有完整和永久的主权。在此背景下，国家主权行为极容易引发海外投资者经济损失的政治风险，如国有化、征收征用以及其他类似措施等。征收范围对于在东道国完成项目并拥有有形资产的投资者而言尤为重要，而征收本身也被认为是东道国政府对投资者投资的价值的控制与剥夺。[1] 在国有化浪潮的推动下，“二战”后 30 年之中国际直接投资面临着较为严峻的政治风险。

第二阶段，1973 年的国际石油危机、全球货币经济体系的变迁、20 世纪 80 年代左右的拉美债务危机、20 世纪末的亚洲金融危机等不可预知事件产生了大量的政府违约的情形。部分拉美国家由于自身的债务风险没有得到很好的控制，导致在贷款和投资的过程中频频发生政府违反与投资者签订的投资协议的情形，从而造成投资者投资的严重损失。在这一阶段，新兴市场的金融风暴导致政府财政形势极端恶化，几乎临近崩溃。除了直接投资领域，在间接投资领域的证券市场一路走低，国家信贷风险进一步增大，导致资本疯狂外逃、国际储备持续下滑，也进一步影响了外国投资者的投资信心。因此，该阶段国际金融市场显著波动，间接投资与直接投资相互交融，金融危机、财政危机等造成一连串“多米诺骨牌效应”，对国际投资领域造成较为严重的负面影响。从该阶段开始，全球范围内国际投资争端明显增加，以阿根廷为代表的拉美国家成为国际投资争端解决中心处理国际投资争议中被申诉最多的国家。

第三阶段，进入 21 世纪以来，海外投资风险的领域进一步拓宽。

---

[1] See Alex Khachaturian, *Are we in Good Hands – The Adequacy of American and Multilateral Political Risk Insurance Programs in Fostering International Development*, Connecticut Law Review (2006), Vol. 38, p. 1051.

除了传统领域中的政治风险及商业风险外，越来越多的不可预知的因素开始影响国际直接投资的流动和进程，如恐怖主义势力在全球范围内局部兴起，单边主义影响日益明显，禽流感、埃博拉以及新冠肺炎疫情的蔓延，日趋紧张的国际贸易摩擦等不可预知的因素导致海外投资的风险呈现更加不确定的特征。海外投资风险的多元化是当前国际直接投资面临的主要问题，无论投资风险产生于投资项目、投资合作伙伴还是投资所在的东道国。近年来，在我国企业进军海外市场参与国际投资的过程中，受国际经济政治局势直接和间接影响，企业面临风险，成为企业对外直接投资的障碍。[1] 因此，在全球国际直接投资风险多样化的背景下，投资者更应当对海外投资风险提前进行应对，把握市场与投资发展的趋势，尽可能降低海外投资风险造成的损失。

（三）海外投资阶段中的风险

海外投资具有跨国性、多样性、复杂性的特征，因而各个环节中伴随着主要风险，包括投资准入阶段、投资运营阶段、投资推出以及投资争端解决阶段，海外投资风险也是“一带一路”背景下国际投资安全的主要关注目标。值得注意的是，下文讨论的风险仅限于国际投资安全中涉及的非商业风险，即排除任何商业投资活动中固有的风险，而更侧重考察由于政治经济文化等外部因素造成的政治风险。

1. 投资准入阶段的主要风险

投资准入阶段主要涉及的风险包括能否获得准入阶段的国民待遇以及面临海外投资的国家安全审查制度的考验。海外投资进入东道国领域内可能首先会面临行业准入的问题，这往往体现在东道国国民待遇的负面清单或其他相关规定上。当前，投资者试图争取包括准入前国民待遇在内的全程投资国民待遇，对应的负面清单已经开始向

---

〔1〕 参见李建军：《企业海外投资风险预警与防范研究述评》，载《经济纵横》2014 年第 10 期。

系统化、多样化的方向进行，考虑了投资的国家安全因素、特殊的行业部门因素以及缔约国情况的差异。不同于投资准入，国家安全审查制度的重点在于降低或消除外国投资对国家安全的威胁，尽管在一定程度上会与对行业的关注相重叠，如重点敏感行业。国家安全审查制度对于消除或降低外国投资对本国产业的控制具有重要的意义，其实施阶段几乎可以贯穿投资的全部过程。此外，国家安全审查制度针对的投资类型主要为并购投资，该类投资占据海外直接投资 2/3 以上的份额。关注投资类型的不同也是其与投资准入制度的明显区别之一。以美国外国投资委员会为例，海外投资的安全审查主要包括但不限于下列方面：强制审查、分类信息、关键技术、被许可或管理的固有的危险或敏感的经济活动、敏感的政府活动以及关键基础设施。[1] 如果一项交易没有超过这些范围，通常不会引起对国家安全利益的讨论。典型实例如中海油收购尤先科、中铝收购力拓、华为收购三叶公司等均因所在投资国严苛的国家安全审查制度导致投资最终失败。

2. 投资运营阶段的主要风险

投资运营阶段涉及的风险更加多样化，包括所在投资国基于公共利益需要而将投资者资产征收归国家所有的行为，如富通危机引发中国平安集团在比利时等国的投资活动遭受巨大亏损；国际恐怖主义、政治动乱等危机对投资的直接影响，如利比亚、叙利亚、苏丹等地区资源开发血本无归；投资运营中的环境监管等要求，如中石油在非洲乍得遭遇 12 亿美元巨额索赔；民族文化因素引发政治风险，如缅甸政府非法搁置中国继续投资密松水电站建设，造成巨额投资损失等。在众多运营阶段的风险中，最为突出的是投资者所面临的间接征收风险。间接征收通常是以管制为目的采取的征收，对外国投资者财产的经济价值产生的影响足以被视为一项征收。管制可能并不直接剥夺财产，

[1] 参见张正怡：《美国国家安全审查制度的刚性、弹性与应对——以罗尔斯案为线索》，载《学习与实践》2015 年第 8 期。

然而对投资期待的回报会产生不利的影响。政府措施可能通过实行新规则或者修改规则来降低财产的价值。管制将发生在不同的领域中如税收、环境、健康、人权以及社会的其他福利利益。根据被征收方的经验，东道国往往采取提高税率或颁布新税法，歧视性立法，限制投资者的某些权利，并出于环境保护、人权保护或其他原因采取措施对外国投资财产进行干预。投资运营环节面临的最大问题在于区分必须要给予补偿的间接征收和不需要给予补偿但干预私有财产权的合法的政府措施。政府行为的经济影响，尽管其单独不足以使政府行为构成间接征收但构成了对投资者合法的投资期待的干预，除极少数情形如东道国的非歧视管制是用于实现公众健康、安全和环境保护等合法的公共福利目标外，通常应当允许投资者可以通过有效渠道寻求相应救济。

3. 投资收回阶段的主要风险

投资收回阶段面临的主要风险是限制货币自由汇兑与汇率波动影响投资收益等。以俄罗斯为例，近年来卢布对美元贬值超过 50%，使中国在俄罗斯企业的汇率风险急剧上升，直接影响了中国企业的内部利益。投资回收阶段对投资者具有更为直接的效果，决定着投资者的经济收益。在此阶段，由于东道国的不当干预，对投资待遇的实施产生了较大的阻碍，如各国普遍在国际条约中承认的公平公正待遇，要求东道国为投资者提供包括汇兑自由在内的稳定的商业环境与法律环境。近期大量国际投资仲裁庭法律实践实际上也贯彻了与经济合作与发展组织有关国际投资工作报告《国际投资法中的公平公正待遇标准》的分析，后者包括了诸如勤勉履行义务、正当程序、善意原则、不专断原则等要素。

4. 投资争端索赔的主要风险

国际投资索赔通常要求用尽当地救济方可启动国际投资争端解决机制，由于地方保护、投资所在国法律程序要求，将给投资索赔带来时间上的拖延，如三一重工集团启动当地诉讼程序历经 3 年，经过法院初审、上诉审阶段，并最终通过调解才告一段落。2012 年年初，三一重工在美国的 Ralls 公司从希腊电网公司 Terna Energy USA Holding Corporatoin 处收购了美国俄勒冈州 Butter Creek 风电场项目并取得了该项目建设的所有审批和许可后，即被美国海外投资委员会以涉嫌威胁美国国家安全为由叫停。此后，三一重工通过在当地法院提起诉讼维权。2015 年 11 月，各方宣布该案最终进入调解。本案是中国海外投资者首次运用当地司法救济解决投资争端，也经历了漫长的司法诉讼程序。

第二章

海外能源投资案例争议焦点

近年来能源类投资作为全球范围国际直接投资发展较为迅速的领域之一,引起了国内外法律人士的密切关注,也产生了大量的实践案例。本章以海外能源投资权利救济的仲裁机制为基础,梳理能源宪章条约以及国际投资争端解决中心下的典型能源类投资仲裁案件,并分析其中涉及的主要争议焦点:管辖权方面对投资、投资者的认定以及临时适用、冷却期与岔路口条款;实体方面涉及投资待遇主要是公平公正待遇、充分保护与安全以及征收尤其是间接征收问题;损失补偿方面涉及因果关系以及补偿的评估与计算标准。

第一节　海外能源投资争端案件概述

综观当前国际投资法律制度体系,能源宪章条约(Energy Charter Treaty,ECT)作为当前存在的唯一关注能源类投资的多边条约架构体系,历经 20 多年的发展积累了大量的相关投资法律规则与仲裁实践案例,为明确海外能源投资争议焦点提供参考。

一、ECT 争端解决机制成案概况

ECT 目前汇集了该条约争端解决机制 20 年来已经公开的全部案件,并分析其中涉及的投资相关法律问题。值得关注的是,2015 年荷

兰部长会议中,《国际能源宪章》(International Energy Charter)正式通过,包括中国在内的主要能源供需大国均已正式签署该文件,预示着能源领域国际合作近阶段的到来与新一轮能源投资法律基础的构建。

据统计,截至2020年,ECT争端解决机制下的投资案件总数已达到136件,较以往得到前所未有的扩张。其中,已经经过仲裁庭审理并公开裁决的案件达56件,已超过四成,[1]主要通过国际投资争端解决中心、斯德哥尔摩国际仲裁院、联合国国际贸易法委员会、海牙国际常设仲裁院(Permanent Court of Arbitration,PCA)进行裁决处理。下表列举了ECT公开裁决案件的基本概况(如表2-1所示)。

表2-1 ECT公开裁决案件一览

案件编号	申请方	被申请方	仲裁机构	裁决发布日期
2	Nykomb	拉脱维亚	SCC	2003年12月16日
3	Plama	保加利亚	ICSID	2008年8月27日
4	Petrobart	吉尔吉斯斯坦	SCC	2005年3月29日
6、7、8	Yukos	俄罗斯	PCA	2014年7月18日
9	Ioannis Kardasso-poulos	格鲁吉亚	ICSID	2010年3月3日
10	AMTO	乌克兰	SCC	2008年3月26日
11	HEP	斯洛文尼亚	ICSID	2015年12月17日
12	Libananco	土耳其	ICSID	2011年9月2日
13	Azpetrol 等	阿塞拜疆	ICSID	2009年9月8日
15	Cementownia	土耳其	ICSID	2009年9月17日
16	Europe Cement	土耳其	ICSID	2009年8月13日
17	Liman 等	哈萨克斯坦	ICSID	2010年6月22日
18	Electrabel	匈牙利	ICSID	2015年11月25日

[1] ECT Investment Dispute Settlement cases, available at http://www.energychartertreaty.org/cases/list-of-cases, last visited on July 24, 2021.

续表

案件编号	申请方	被申请方	仲裁机构	裁决发布日期
19	AES 等	匈牙利	ICSID	2010 年 9 月 23 日
20	Mohammad	塔吉克斯坦	SCC	2010 年 6 月 8 日
22	Alapli Elektrik B. V.	土耳其	ICSID	2012 年 7 月 16 日
24	Vattenfall	德国	ICSID	2011 年 3 月 11 日
26	EVN	北马其顿	ICSID	2011 年 9 月 2 日
27	Energoalians Ltd.	摩尔多瓦	UNCITRAL	2013 年 10 月 23 日
28	AES Corporation 等	哈萨克斯坦	ICSID	2013 年 11 月 1 日
29	Anatolie 等	哈萨克斯坦	SCC	2013 年 12 月 19 日
30	Khan 等	蒙古	PCA	2015 年 3 月 2 日
32	Mamidoil Jetoil Greek Petroleum Products Societe Anonyme S. A	阿尔巴尼亚	ICSID	2015 年 3 月 30 日
33	Mercurio Solar S. à. r. l 等	西班牙	PCA	2020 年 2 月 28 日
35	Charanne B. V 等	西班牙	SCC	2016 年 1 月 21 日
37	State Enterprise Energorynok	摩尔多瓦	SCC	2015 年 1 月 29 日
39	Antaris Solar GmbH 等	捷克	PCA	2018 年 5 月 2 日
40	Voltaic Network GmbH	捷克	PCA	2019 年 5 月 2 日
41	CW Europe Investments Limited	捷克	PCA	2019 年 5 月 15 日
42	Photovoltaik Knopf Betriebs - GmbH	捷克	PCA	2019 年 5 月 15 日

续表

案件编号	申请方	被申请方	仲裁机构	裁决发布日期
43	WA Investments – Europa Nova Limited	捷克	PCA	2019 年 5 月 15 日
49	Isolux Infrastructure Netherlands B. V.	西班牙	SCC	2016 年 7 月 6 日
50	RREEF Infrastructure（G. P.）Limited 等	西班牙	ICSID	2019 年 12 月 11 日
51	Antin Infrastructure Services Luxembourg S. à. r. 1 等	西班牙	ICSID	2018 年 6 月 15 日
53	Eiser Infrastructure Limited 等	西班牙	ICSID	2017 年 5 月 4 日
54	Masdar Solar & Wind Cooperatief U. A.	西班牙	ICSID	2018 年 5 月 16 日
55	Blusun S. A. 等	意大利	ICSID	2016 年 12 月 27 日
57	NextEra Energy Global Holdings B. V 等	西班牙	ICSID	2019 年 5 月 31 日
58	InfraRed Environmental Infrastructure GP Limited 等	西班牙	ICSID	2019 年 8 月 2 日
64	Cem Cenzig Uzan	土耳其	SCC	2016 年 4 月 20 日
66	Stadtwerke München GmbH 等	西班牙	ICSID	2019 年 12 月 2 日
71	9REN Holding S. à. r. l.	西班牙	ICSID	2019 年 5 月 31 日
74	Cube Energy S. C. A.	西班牙	ICSID	2019 年 7 月 15 日

续表

案件编号	申请方	被申请方	仲裁机构	裁决发布日期
79	Greentech Energy Systems A/S	意大利	SCC	2018 年 12 月 23 日
82	OperaFund Eco – Invest SICAV PLC	西班牙	ICSID	2019 年 9 月 6 日
84	SolEs Badajoz GmbH	西班牙	ICSID	2019 年 7 月 31 日
85	Belenergia S. A.	意大利	ICSID	2019 年 8 月 6 日
87	Northsea Spain S. L 等	西班牙	ICSID	2020 年 1 月 21 日
89	Eskosol S. p. A. in liquidazione	意大利	ICSID	2020 年 9 月 4 日
91	CEF Energia B. V.	意大利	SCC	2019 年 1 月 16 日
92	Novenergia Ⅱ – Energy & Environment (SCA) (Grand Duchy of Luxembourg),SICAR	西班牙	SCC	2018 年 2 月 15 日
93	Foresight Luxembourg Solar 1 S. à. r. l.	西班牙	SCC	2018 年 11 月 14 日
97	ESPF Beteiligungs GmbH	意大利	ICSID	2020 年 9 月 14 日
106	Sun Reserve Luxco Holdings S. à. r. l. 等	意大利	SCC	2020 年 3 月 25 日
111	Lotus Holding Anonim Ş irketi	土库曼斯坦	ICSID	2020 年 4 月 6 日

除个别案件通过裁决附带调解书的形式，绝大部分案件都是由仲裁庭经过管辖权、实体问题的分析审理完成，其中包含对能源类投资主要争议法律问题的解读。所涉仲裁机构主要为 SCC、ICSID 以及

PCA，其中ICSID仲裁庭处理的能源类投资仲裁数量过半。在ECT投资争端仲裁登记的全部案件中，被申诉方前十位主要来自西班牙、捷克、俄罗斯、土耳其、哈萨克斯坦、意大利、匈牙利、乌克兰、阿尔巴尼亚、阿塞拜疆、摩尔多瓦等国。ECT下的国际投资仲裁现状表明，除个别西欧国家如西班牙、德国外，以中东欧国家为主体作为国家投资者仲裁的被申请方主体的情形正在形成。其中不乏大量的苏联范围内国家，由于对能源的控制性和近年内国内体制的巨大变化，这些国家极容易被投资者以违反ECT的相关条约内容为依据，提起国际投资仲裁。

二、国际投资争端解决中心能源类投资案件概况

国际直接投资自度过全球经济金融危机以来开始持续走高，尽管受到全球新冠肺炎疫情的影响，但以石油、天然气、金属、煤炭开采等为代表的能源产业仍占据较大比重。ICSID投资争端解决体制下，能源类投资案件几乎占据了受理案件总数的一半。由于ICSID的裁决部分具有保密性，现将自21世纪以来ICSID公布的仲裁庭作出的能源类投资争端裁决按登记时间顺序梳理如下（见表2－2）：

表2－2　ICSID公布的能源投资争端裁决

案号	申请方	被申请方	争议事项	裁决日期
ARB/18/36	Société d’Energie et d’Eau du Gabon等	加蓬	水利服务与电力许可	2019年3月29日
ARB/18/15	NEPC Consortium Power Limited	孟加拉国	水利服务与电力许可	2021年4月12日
ARB/17/38	Petronor E&P Gambia Limited等	冈比亚	烃类许可	2020年10月27日
ARB/17/30	Lotus Holding Anonim Sirketi	土库曼斯坦	电力能源	2020年4月6日
ARB/17/23	Grenada Private Power Limited等	格林纳达	电力企业	2020年3月19日

续表

案号	申请方	被申请方	争议事项	裁决日期
No. UNCT/18/1	Naturgy Energy Group,S. A. 等	哥伦比亚	电力分销	2021 年 3 月 12 日
ARB/16/17	Sun – Flower Olmeda GmbH& Co KG 等	西班牙	可再生能源生产企业	2021 年 6 月 22 日
ARB/15/41	Standard Chartered Bank(Hongkong) Limited	坦桑尼亚	电力购买协议	2019 年 10 月 11 日
ARB/15/40	Belenergia S. A.	意大利	可再生能源生产企业	2019 年 8 月 6 日
ARB/15/6	Mobil Investments Canada Inc.	加拿大	石油发展项目	2020 年 2 月 4 日
ARB/15/2	Lighthouse Corporation Pty Ltd 等	东帝汶	燃料供应协议	2017 年 12 月 22 日
ARB/14/23	Bumi Mauritania S. A.	毛里塔尼亚	铁矿开采项目	2018 年 7 月 27 日
ARB(AF)/14/3	Gorona Materials,LLC	多米尼加	采矿采石项目	2016 年 5 月 31 日
ARB(AF)/14/1	Anglo American PLC	委内瑞拉	采矿许可	2019 年 1 月 18 日
ARB/14/8	CETA	黑山	铝生产	2016 年 7 月 26 日
ARB/13/33	PNG Sustainable Development Program	巴布亚新几内亚	金铜采矿工程	2015 年 5 月 5 日
ARB/13/28	Transglobal Green 等	巴拿马	电力天然气生产	2016 年 6 月 2 日
ARB/11/7	Natiaonl Gas	埃及	天然气管道建设	2014 年 4 月 3 日
ARB(AF)/11/1	Nova Scotia Power	委内瑞拉	煤炭供应	2014 年 4 月 30 日
ARB/10/17	TECO	危地马拉	电力传输	2013 年 12 月 19 日

续表

案号	申请方	被申请方	争议事项	裁决日期
ARB/10/6	RSM 等	格林纳达	石油开采	2010 年 12 月 10 日
ARB/09/18	Cambodia Power	柬埔寨	电力生产运输	2011 年 3 月 22 日
ARB/09/17	Commerce Group	萨尔瓦多	采矿许可	2011 年 3 月 14 日
ARB/09/10	EVN AG	前南斯拉夫马其顿	电力运输	2011 年 9 月 2 日
ARB/08/13	Alapli	土耳其	电力许可	2012 年 7 月 16 日
ARB/08/7	ITERA 等	格鲁吉亚	天然气运输	2009 年 12 月 4 日
ARB/08/4	Murphy 等	厄瓜多尔	烃类许可	2010 年 12 月 15 日
ARB/07/25	Transglobal	约旦	天然气开发许可	2009 年 4 月 11 日
ARB/07/22	AES Summit 等	匈牙利	电力生产	2010 年 9 月 23 日
ARB/07/19	Electrabel S. A	匈牙利	电力生产	2015 年 11 月 25 日
ARB/07/15	Ioannis Kardassopoulou 等	格鲁吉亚	石油天然气运输	2010 年 3 月 3 日
ARB/07/14	Liman Caspian Oil BV	哈萨克斯坦	烃类开采	2010 年 6 月 22 日
ARB/06/13	Aguaytia Energy 等	秘鲁	电力生产传输	2008 年 12 月 1 日
ARB/06/11	Occidental 等	厄瓜多尔	烃类许可	2012 年 10 月 5 日
ARB/06/8	Libananco	土耳其	电力生产运输	2011 年 9 月 2 日

续表

案号	申请方	被申请方	争议事项	裁决日期
ARB/06/3	Rompetrol	罗马尼亚	石油精炼	2013 年 5 月 6 日
ARB(AF)/06/2	Cementownia	土耳其	电力许可	2009 年 9 月 17 日
ARB/05/24	Hrvatsk Electroprivre-da	斯洛文尼亚	核电站	2015 年 12 月 17 日
ARB/05/07	Saipem S. p. A	孟加拉国	天然气管道工程	2007 年 3 月 21 日
ARB/04/19	Duke Energy	厄瓜多尔	发电设施	2008 年 8 月 18 日
ARB/04/14	Wintershall	阿根廷	天然气石油生产	2008 年 12 月 8 日
ARB(AF)/04/6	Vannessa	委内瑞拉	金铜采矿工程	2013 年 1 月 16 日
ARB/04/1	Total S. A.	阿根廷	天然气电力生产	2013 年 11 月 27 日
ARB/03/24	Plama	保加利亚	石油精炼	2008 年 8 月 27 日
ARB/03/15	El Paso Energy	阿根廷	烃类电力许可	2011 年 10 月 31 日
ARB/03/11	Joy Mining Machinery	埃及	硫酸盐采矿工程	2004 年 8 月 6 日
ARB/03/3	Impregilo S. p. A	巴基斯坦	水力发电工程	2005 年 4 月 22 日
ARB/02/16	Sempra Energy	阿根廷	天然气供应运输	2007 年 9 月 18 日
ARB/02/5	PSEG Global	土耳其	发电站工程	2007 年 1 月 17 日
ARB/02/1	LG & E 等	阿根廷	天然气分配	2007 年 7 月 25 日

续表

案号	申请方	被申请方	争议事项	裁决日期
ARB/00/2	Mihaly	斯里兰卡	电站	2002 年 3 月 15 日

资料来源：根据 ICSID 官方网站整理，ICSID：Concluded Cases with Details：https：//icsid. worldbank. org/cases/concluded，last visited on 25 July，2021。

上述梳理仅为 ICSID 受理能源类投资争端案件的一部分，在仲裁庭作出的裁决中，各仲裁庭围绕管辖权、实体、因果关系与赔偿等问题对申请方、被申请方的观点进行综述，并提出了自己的观点。上述投资者国家间能源类投资争端仲裁裁决为我国海外投资者提供了大量的可借鉴的案例，尤其是其中的法律争端分析为我国海外能源投资保障机制的构建、提高法律风险规避能力以及国内立法水平提供参考。

第二节　能源类投资争端中的管辖权

管辖权是申请运用投资争端解决机制的前提条件，也将直接决定投资争端是否能够被仲裁庭所受理。ECT 第 26 条与第 45 条分别界定了投资仲裁人的对物管辖权、对人管辖权、时效管辖权，即合格的投资、合格的投资者以及时效等问题。《关于解决国家与他国国民之间投资争端公约》（以下简称 ICSID 公约）第 25 条规范了管辖权内容，其中第 1 款强调了各争端方对提交 ICSID 的同意。本节以能源类投资争端成案为基础，对能源类投资案件中仲裁庭就上述管辖权事项的争议焦点进行分析，梳理管辖权事项的争议焦点以及仲裁庭的基本观点。

一、能源类投资争端对物管辖权——投资界定

尽管 ECT 第 1(6)条将“投资”界定为“各种由投资者所有、或直接或间接控制的资产”并列举了六项形式，然而由于 ICSID 公约并没有界定投资的含义，使相关仲裁庭在对物管辖权的判定特别是对投资

的解释方面具有较大的灵活性，下文将对能源投资争端仲裁庭就对物管辖权案件“投资”的定义推理进行综述。

在 PNG Sustainable Development Program v. 巴布亚新几内亚案中，申请方提请仲裁庭注意对投资的判定应当经过两个步骤：第一，每一项投资是否属于《投资促进法》第 3 节中定义的“投资”；第二，相关工具是否属于 ICSID 公约第 25 条项下的投资。[1] 对此，仲裁庭在对该法进行解释时，采取了文义解释、效果解释、上下文以及宗旨解释，并参考了立法历史以及投资促进的材料。仲裁庭甚至参考了巴布亚新几内亚投资促进局和巴布亚新几内亚驻美国大使馆网站信息，然而并没有能够得出《投资促进法》以及投资促进局允许提交 ICSID 仲裁的结论。

在 Transglobal Green 等 v. 巴拿马案中，被申请方的反对意见认为申请方无法证明其宣称的投资符合双边投资条约（Bilateral Investment Treaties，BIT）的管辖要求，不能将没有做出或不属于投资者的投资延伸到 BIT 的保护范围之中。被申请方认为申请方从事的仅仅是投资前活动，与相关公司进行谈判，但并没有导致申请方获得特许权。申请方在合伙转让协议（Partnership Transfer Agreement）下的权利仅仅针对工程，并且由于无法获得转让，申请方无法享有或控制特许协议下的权利。关于合伙转让协议，被申请方认为其不符合 ICSID 公约下投资的客观定义，仅仅作为合同下权利的工具。对此，申请方认为其已经持有投资公司 70% 股份，根据 ICSID 公约第 25（2）条要求的“外国控制”，申请方注意到其他 ICSID 仲裁庭对外国控制的概念相当具有弹性，仲裁庭可以基于管理、投票权、股份控制或其他合理的依据进行考虑。[2] 本案中，仲裁庭接受了被申请方的意见，认为申请方通过

---

〔1〕 PNG Sustainable Development Program Ltd. v. Independent State of Papua New Guinea, ICSID Case No. ARB/13/33 Award, p. 131.

〔2〕 Transglobal Green Energy, LLC and Transglobal Green Panama, S. A. v. Republic of Panama, ICSID Case No. ARB/13/28 Award, paras. 76, 97.

错误主张试图对已经存在的国内争端人为创造国际管辖权,构成了对程序的滥用,应当被禁止。

在 Nova Scotia Power v. 委内瑞拉案中,仲裁庭注意到各方同意有关 BIT 下投资含义的争端应当适用《维也纳条约法公约》(Vienna Convention on the Law of Treaties,VCLT)第 31 条,要求"条约根据其通常含义按上下文并参照条约之目的及宗旨善意解释"。仲裁庭认为 BIT 对投资的定义不足以解释当前的投资,因为 BIT 定义中的列举非穷尽,投资也具有其内在的特征。仲裁庭将投资的内在特征归纳为三要素,即贡献、期间和风险,[1] 通过对比 ICSID 早期仲裁庭的案例事实进行判定,仲裁庭认为虽然在期间上满足,但仅仅承诺在交付货物后付款不足以被认为构成一项投资的基础即贡献,该类活动的政治风险也较小。因此,仲裁庭认为申请方没有证明满足投资的上述三项标准,一项销售货物的合同无法被视为一项投资。在 Liman Caspian Oil BV 等 v. 哈萨克斯坦案中,仲裁庭在分析管辖权事项时提出了三项与投资相关的问题并分别作出了回答:第一,申请方的投资在哈萨克斯坦的法律以及/或者是在国际法中是否合法;第二,如果投资是违法的,其是否在被申请方同意的中心所能够管辖的范围之外;第三,申请方的投资作为一个公共政策问题是否应被保护。[2] 考虑过当事方的主张后,仲裁庭认为交易没有生效、自始无效以及交易仅仅是可撤销的之间是有区别的。鉴于一个没有生效或自始无效的交易从最初就没有法律效力,而一场可撤销的交易在被一个仲裁庭公告为无效前都是有法律效力的,因此,仲裁庭推断一项违反国内法的交易只是没有生效。无效声明在被发布之后,一般是具有溯及既往的效力的,交易自订立时起即归为无效。仲裁庭认为,被申请方同意的管辖范围应被

---

[1] Nova Scotia Power Incorporated (Canada) v. Bolivarian Republic of Venezuela, ICSID Case No. ARB(AF)/11/1 Award, para. 84.

[2] Liman Caspian Oil BV and NCL Dutch Investment BV v. Republic of Kazakhstan, ICSID Case No. ARB/07/14 Award, paras. 183, 187, 194.

理解为因违反哈萨克斯坦法律而导致无效的投资。由于许可的转让并不是自始无效,而仅仅是无效的,因此申请方的投资并没有在被申请方所同意管辖的范围之外。仲裁庭同意当事方援引的关于其对于违反国际公共政策的投资没有管辖权的依据。然而,对于原始投资是否有欺诈和贿赂这一点,被申请方负有证明义务。仲裁庭认为,被申请方对于其主张的许可是由对能源部进行欺诈性虚假陈述以及/或对少数股东进行欺诈而获得的,没有提供足够的证据。因此,仲裁庭认为被申请方没有能够履行其证明有事实表明已违反国际公共政策的义务。由此,仲裁庭肯定了投资的存在以及其自身对案件的管辖权。

在 Libananco v. 土耳其案中,关于申请方是否能证明在 2003 年 6 月 12 日之前其拥有 CEA Ş和 KEPEZ 股份从而去确定投资的问题,仲裁庭认为为了确立管辖,申请方必须证明在主张违反 ECT 的期间内,其拥有 ÇEA Ş和 KEPEZ 股份。投资条约的管辖规定包括 ECT 和 ICSID公约可以为本案提供参考。ECT 第 1(6)条将"投资"界定为"各种资产,拥有或由投资人直接或间接控制的"。然而,申请方对股份证书具有控制但不享有所有权。[1] 因此仲裁庭确定对本案没有管辖权。

在 Saipem S. p. A v. 孟加拉国案中,仲裁庭在管辖权事项中提出 Saipem 是否根据 BIT 第 1(1)条作出投资的问题。在这个问题上,仲裁庭不准备根据东道国法律判断 BIT 第 1(1)条,即不参考孟加拉国的法律。[2] 事实上,BIT 中对投资的定义为"各种财产",其定义相当广泛。仲裁庭认为 Saipem S. p. A 作出的投资属于 ICSID 公约第 25 条含义下的投资。

在 Vannessa v. 委内瑞拉案中,仲裁庭详细分析了界定投资的两个

---

〔1〕 Libananco Holdings Co. Limited v. Republic of Turkey, ICSID Case No. ARB/06/08 Award, para. 130.

〔2〕 Saipem S. p. A. v. The People's Rupblic of Bangladesh, ICSID Case No. ARB/05/07 Decision on Jurisdiction and Recommendation on Provisional Measures, para. 120.

步骤:任何种类的资产以及根据东道国法律所有或控制。关于前者,被申请方认为应当适用 ICSID 公约下投资的定义,申请方的投资不满足投资存在的 Salini 案标准,即贡献、持续时间的合同履行、参与交易风险、对东道国发展作出贡献。被申请方认为本案根据附加便利规则进行,与 ICSID 公约下的投资无关。仲裁庭认为,该案的事实表明申请方作为一家加拿大公司按 50 美元的价格购买了一家委内瑞拉公司的股份,对股份的所有权或控制权符合 BIT 对投资的定义。仲裁庭仔细分析了申请方在委内瑞拉的投资,区分作出投资与购买对东道国法律主张的区别,多数仲裁员认为申请方是善意作出的投资。

在 El Paso Energy v. 阿根廷案中,仲裁庭明确合格投资必须符合 ICSID 公约和 BIT 中的双重规定。尽管 ICSID 公约并未对"投资"进行定义,但是判例基础允许对投资的构成进行判断,其核心目的在于保护外国投资者。投资的存在是仲裁庭获得管辖权的必要条件,因而需要判断案件中受保护的投资的范围。仲裁庭认为 ICSID 和 BIT 以及判例中都没有提出对投资持续所有的要求,只是要求在同意仲裁和登记申诉时投资者需要对投资具有所有权或控制权。[1] 因此仲裁庭对申请方在阿根廷公司中的股份构成投资进行了分析,并由此推导出申请方属于合格投资者。

在 Impregilo S. p. A v. 巴基斯坦案中,仲裁庭严格区分了合同之诉与条约之诉,认为意大利巴基斯坦 BIT 第 9 条已经明确将争端范围限定在投资者和东道国之间,并没有包含其他实体缔结合同的违反,因此仲裁庭对基于违反合同确定的申诉没有管辖权。[2] 此外,仲裁庭还援引先前判例,认为违反合同需要参考合同自身准据法,而违反 BIT 则需要根据国际法,仅在特许协议的情况下根据合同准据法。即

---

〔1〕 El Paso Energy International Company v. The Argentine Republic, ICISD Case No. ARB/03/15 Award, para. 149.

〔2〕 Impregilo S. p. A. v. Islamic Republic of Pakistan, ICSID Case No. ARB/03/3 award, para. 216.

便二者有所重合,仍然需要进行区分,因为 BIT 义务的责任和违反合同的责任归因是不同的。仲裁庭注意到申请方提出的条约申诉主要基于合同履行、争端解决条款的受挫以及巴基斯坦自身的行为。仲裁庭认为需要证明违反 BIT,则需要证明有关实体的行为可以归因于巴基斯坦。显然,证明违反合同构成违反条约的门槛较高,仲裁庭最终认为申请方的主张不符合 BIT 的要求,因而认为自身缺乏管辖权。

在 Mihaly v. 斯里兰卡案中,仲裁庭承认由于 ICSID 公约没有对投资进行普遍的定义,仲裁庭需要回顾 ICSID 当前和过去的实践以及对国家有约束力的多边和双边安排。仲裁庭将投资界定为一项法律问题。有关跨国公司理论与实践的专家意见可以作为辅助方式进行判断。[1] 仲裁庭认为申请方唯一参考的 BIT 中有关投资的定义不应当无限扩张,因而排除了自身的管辖权。

在 Anatolie 等 v. 哈萨克斯坦案中,申请方认为所有行为都发生在 ECT 于 1998 年 4 月 16 日对罗马尼亚和哈萨克斯坦生效之后。申请方的投资符合 ECT 第 1(6)条对于投资的定义。申请方指出,该定义比其他投资协议中的定义还要宽泛,包括投资者所有或控制的各种资产,包括有形的和无形的资产,公司或企业,股份,参股,债务,金钱或行为的债权,收益和法律或合同授予的任何形式的权利。拥有哈萨克斯坦下层土使用合同和使用资格的能源公司,可以开发和生产碳氢化合物。申请方在哈萨克斯坦有形和无形的资产包括对石油和汽油井的所有权、钻孔设备、收集管道、设备储存、车辆、办公室和厂房、股权以及哈萨克斯坦基于合同所授予的权利。这些都是"与能源领域经济活动有关联的投资",包含在 ECT 第 1(6)条的范围内。此外,申请方还认为,根据 Salini 的判断标准,投资需满足两个条件,即可适用的投

---

〔1〕 Mihaly International Corporation v. Democratic Socialist Republic of Sri Lanka, ICSID Case No. ARB/00/2 award, para. 58.

资协议和 ICSID 惯例，该标准并不适用于此，只适用于 ICSID 案例。[1] 申请方对于投资的主张得到了 SCC 仲裁庭的支持，并确认了对物管辖权。

在 Khan 等 v. 蒙古案中，仲裁庭首先分析申请方将开采和勘探许可看作为一个单一投资的观点，是否是“一种投资”的问题决定了责任和赔偿的结果。仲裁庭认为，开采和勘探许可必须分开处理。假设许可作为“一种投资”的说法不成立，仲裁庭必须分别考虑被申请方是否违反其以下义务：[2]第一，加拿大 Khan 公司和 CUAC 公司在采矿许可证方面的义务；第二，荷兰 Khan 公司在勘探许可证方面的义务。在调查责任分配的问题中，仲裁庭还必须评估估值期间申请方在蒙古的投资价值。

在 Petrobart v. 吉尔吉斯斯坦案中，SCC 仲裁庭考虑到吉尔吉斯斯坦与美国、英国、瑞典在 BIT 中所接受的广泛的投资定义，如与投资有关的金钱主张或具有经济价值的履行主张。有关 ECT 下投资的定义，仲裁庭同样考虑到“与投资有关的具有经济价值的合同履行或金钱主张”，认为 ECT 下构成投资的资产同样应当包括能源领域经济活动根据法律授予的任何许可证或者法律或合同授予的任何权利。[3]

综观上述仲裁庭有关能源类投资争端案件管辖权中的投资界定，可以认为通过 ECT 和 BIT 进行投资定义相对比较明确，这是因为上述文件多数按照概括加列举的方式明确了投资的基本范围。而当仲裁根据 ICSID 机制组成时，对投资概念的把握相对比较模糊，除了早期判例 Salini 案和学说中界定的投资要素外，实践中难以得出统一的标准。事实上，ICSID 公约的起草过程中就产生了两方截然相对的阵

---

〔1〕 Anatolie Stati, Gabreil Stati, Ascom Group S. A., Terra Raf Trans Traiding Ltd. v. The Republic of Kazakhstan, SCC Arbitration V(116/2010) Award, paras. 748 – 749.

〔2〕 Khan Resources Inc, Khan Resources B. V., CAUC Holding Company Ltd. v. The Government of Mongolia, PCA Case No. 2011 – 09, Award on the Merits, paras. 291 – 292.

〔3〕 Petrobart Limited v. The Kyrgyz Republic, SCC No. 126/2003 Arbitral Award, p. 72.

营:多数发展中国家试图在最大限度上限制 ICSID 的管辖权,而多数发达国家试图确立广泛的管辖权包含任何可行的经济活动。[1] 对"投资"定义的失败在很大程度上来自两大阵营的博弈。尽管如此,ICSID 公约仍然作为开放的程序供投资者选择以保护其投资。

二、能源类投资争端对人管辖权——投资者界定

确定能源类投资仲裁管辖权的另一项重要内容是对人管辖权,即对投资者的界定。相对投资的界定,对投资者的界定的统一程度相对较高。投资者国家仲裁中,投资者的独特身份可以使其相对自由地以可行的方式在管辖权阶段进行条约主张,即使这些主张可能与合同有关。[2]

在 CEAC v. 黑山案中,有关投资者身份事项仲裁庭提出了三项问题,即申请方是否于 2014 年 3 月 11 日在塞浦路斯注册公司、申请方是否被塞浦路斯经营并控制、塞浦路斯税收居民的判定标准是否等同于 BIT 中的"所在地"(seat)。本案中只有证明申请方确实在塞浦路斯具有"所在地",才能符合塞浦路斯黑山 BIT 第 1 条中的投资者构成要件。本案中,令仲裁庭有所怀疑的是在请求仲裁之日,申请方是否实际在塞浦路斯注册了办公室。即便根据塞浦路斯法律,注册办公室证书也无法推导出已经存在注册的办公室。[3] 申请方作为控股公司的身份也备受质疑。此外,仲裁庭认为塞浦路斯税收法应当严格解释,根据上下文,其内容无法用来判断 BIT 中的术语"地点"。

在 PNG Sustainable Development Program v. 巴布亚新几内亚案

---

[1] See Julian Davis Mortenson, *The Meaning of "Investment": ICSID's Travaux and the Domain of International Investment Law*, Harvard International Law Journal(2010), Vol. 51, p. 280.

[2] See Eduardo Savarese, *Investment Treaties and Investor's Right to Arbitration between Broadening and Limiteing ICSID Jurisdiction*, The Journal of World Investment and Trade (2006), Vol. 7, p. 414.

[3] CEAC Holdings Limited v. Montenegro, ICSID Case No. ARB/14/8 Award, para. 210.

中，申请方对属人管辖权的证明路径是即使有私人投资者的要求，无论从分支机构、结构和功能的角度，申请方均符合私人投资者的定义。[1] 此外，申请方认为其同样符合 ICSID 公约和巴布亚新几内亚法律中“外国投资者”的定义。然而，由于已经否定了投资的存在，仲裁庭并没有就投资者问题展开分析。

在 National Gas v. 埃及案中，仲裁庭认为证明存在管辖权包括同意的责任主要在申请方，申请方应当通过必要的事实证明仲裁庭具有管辖权。本案中，申请方和被申请方主张的核心差异是对 ICSID 公约第 25(2)(b)条的理解：具有争端缔约国国籍的任何法人如果被外国控制，缔约方是否应当将其视为本公约下的另一缔约国国民。当事方在本案中均假定两个缔约国之间已经就此达成了一致，仲裁庭基于此进行仲裁。仲裁庭分析认为 ICSID 公约第 25(2)条包含了两项标准：主观标准为“缔约方同意被视为本公约下另一缔约国国民”；客观标准为“由于外国控制”。[2] 要证明投资者的身份，申请方必须同时满足上述两项标准。

在 Cambodia Power v. 柬埔寨案中，仲裁庭在属人管辖权中重点分析了申请方的代理公司是否适格以及该类情形是否符合 ICSID 公约第 25(1)条的要求，认为作为缔约国分支机构或代理的实体必须由该国以书面形式直接正式通知到中心，仅存在仲裁协议不足以证明申请方代理公司的身份。[3]

在 Libananco v. 土耳其案中，由于仲裁庭已经决定申请方没有证明在关键日期作出投资，严格意义上不必讨论其他管辖权反对的条

---

[1] PNG Sustainable Development Program Ltd. v. Independent State of Papua New Guinea, ICSID Case No. ARB/13/33 Award, para. 124.

[2] National Gas S. A. E v. Arab Republic of Egypt, ICSID Case No. ARB/11/7 Award, paras. 134 – 135.

[3] Cambodia Power Company v. Kingdom of Cambodia, ICSID Case No. ARB/09/18 Decision on Jurisdiction, para. 269.

件。事实上,一旦申请方无法在相关时间被视为其主张投资的所有者,无论其是否属于 ICSID 公约或 ECT 下潜在投资者的分类,都无须再讨论其投资者的资格,因为没有做出投资便无法产生投资者。[1]

在 Cementownia v. 土耳其案中,有关申请方投资者的身份问题比较特别的是双方均请求仲裁庭驳回主张,因为申请方缺乏提起申诉的资格。申请方无法提供原始股份证书,但依然主张在相关时间内对两家土耳其公司具有利益。被申请方要求仲裁庭考虑申请方的资格并驳回其有关损失赔偿的主张。[2] 仲裁庭对举证责任以及股份转移的问题进行了详细的分析,最终以 ECT 第 1(7)条作为主要理由之一驳回了申请方的主张。

在 Impregilo S. p. A v. 巴基斯坦案中,仲裁庭对于属人管辖权的判断提出了三个问题,即申请方是否有权代表合伙企业 Ghazi - Baratha Contractors(GBC)提起仲裁、申请方是否有权代表 GBC 的其他出资者提起仲裁、申请方自身是否可以提起仲裁。仲裁庭认为,属人管辖权确立的前提是申请方是在巴基斯坦作出 BIT 项下投资的合法成立的意大利法人。[3] 仲裁庭参考先前 ICSID 的判例,认为申请方因被申请方违背 BIT 就自己的损失提起仲裁是常见的,因此肯定申请方有权就自己的损失提起仲裁。

在 Petrobart v. 吉尔吉斯斯坦案中,申请方主张其符合条约下在吉尔吉斯斯坦投资的投资者条件。申请方认为,其主张的金钱合同以及 1998 年 12 月 25 日 Bishkek 法院作出的有利于申请方的判决都表明申请方的投资是根据能源宪章条约(ECT)条约第 1(6)条的投资。在对

---

〔1〕 Libananco Holdings Co. Limited v. Republic of Turkey, ICSID Case No. ARB/06/08 Award, para. 537.

〔2〕 Cemetownia"Nowa Huta"S. A. v. Republic of Turkey, ICSID Case No. ARB(AF)/06/2 Award, para. 106.

〔3〕 Impregilo S. p. A. v. Islamic Republic of Pakistan, ICSID Case No. ARB/03/3 Decision on Jurisdiction, para. 163.

仲裁请求的回应中,吉尔吉斯斯坦否认申请方作为条约下“投资者”以及申请方做出条约下“投资”的主张。被申请方作出“积极抗辩”认为申请方并非条约下的“投资者”却做出“投资”因而在仲裁中没有权利。在抗辩中,吉尔吉斯斯坦并没有具体陈述该事项,而是认为先前程序中已经决定申请方不是作出投资的投资者,该决定构成一事不再理。仲裁庭注意到因为吉尔吉斯斯坦在仲裁请求的回复中主张申请方不是条约下做出投资的投资者,但是并没有在后续主张中恢复。仲裁庭认为被申请方的观点并不明确,并确定了自身对案件的管辖权。[1]

应当说,ECT 第 1(7)条已经明确了投资者的基本含义,但是由于能源类投资案件所援引的法律依据并不局限于 ECT,因而根据 ICSID 公约第 25 条确立对人管辖权就略显模糊并具有一定的难度。其中,仲裁庭对投资者定义的引导以及 ICSID 判例中的分析对于确立仲裁庭的属人管辖权具有重要的作用。

三、能源类投资争端时效管辖权

通常时效条款大多规定在条约的最后,包括生效日期、有效期、条约的延展以及条约生效前的有关适用问题。[2] 其中,能源类投资仲裁庭涉及较多的是条约的临时适用问题。

ECT 第 45 条包含了一项独特的具有实践效果的条款,即 ECT 对签署方的临时适用。根据临时适用规则,ECT 同样适用于签署方,在正式生效前将 ECT 下正在形成的义务转化为具有约束力的义务。临时适用授予缔约国投资者和区域经济一体化组织获得非缔约国的

[1] Petrobart Limited v. The Kyrgyz Republic, SCC No. 126/2003 Arbitral Award, p. 71.

[2] 参见白中红:《〈能源宪章条约〉争端解决机制研究》,武汉大学出版社 2012 年版,第 94 页。

ECT 保护。[1] ECT 第 45 条包含复杂和相互关联的条款，其中部分条款已经在 Kardassopoulos v. 格鲁吉亚、Petrobart v. 吉尔吉斯斯坦以及 Yukos 的股东对俄罗斯联邦提起的仲裁案件中得到实践。分析临时适用 ECT 的要素包括：根据 VCLT 的规定分析临时适用条款的性质、ECT 第 45 条所涉及的争议事项、临时适用条款的终止和效果、"投资者"概念的相关性。

对于原始签署方，ECT 的临时适用自签署日期 1994 年 12 月 17 日至生效日期 1998 年 4 月 16 日，除了排除临时适用的签署方。ECT 生效后，继续对签署但未批准的 ECT 的签署方临时适用，除非签署方不选择临时适用。根据能源宪章秘书处，只有白俄罗斯根据第 45 条临时适用 ECT，澳大利亚、冰岛、挪威并没有选择临时适用。俄罗斯对 ECT 的临时适用到 2009 年 10 月 18 日为止。[2]

在条约生效之前，临时适用并没有对缔约方通过条约创设的权利或施加的义务构成例外。维也纳公约第 26 条认识到只有生效的条约才约束缔约方，规定"每个生效条约对缔约方具有约束力，必须善意遵守"。VCLT 第 25 条通常允许条约的临时适用：第一，条约或条约的部分于条约生效前在下列情形下临时适用：(1)条约本身如此规定；(2)谈判国以其他方式协议如此办理。第二，除条约另有规定或谈判国另有协议外，当一国通知其他临时适用条约的国家其不成为条约缔约国时，条约或条约的部分对该国临时适用终止。

根据 VCLT 第 25(1)(a)条，条约自身可规定临时适用。ECT 则属于该类情形。ECT 第 45 条明确规定 ECT 签署方的临时适用。VCLT 和 ECT 都没有明确界定"临时适用"。然而，VCLT 第 25 条和

---

[1] See Crina Baltag, The Energy Charter Treaty: The Notion of Investor, Wolters Kluwer (2012), p. 31.

[2] Energy Charter, Members and Observers, available at http://www.energycharter.org/who-we-are/members-observers/countries/russian-federation/, last visited on 24 July 2021.

ECT 第 45 条表明临时适用不会引发条约生效。

签署方适用临时适用规则有不同的原因，通常是迫切需要立即适用已签署但未批准的条约。例如，迫切需要解决特定海域边境位置，或推动国际商品、贸易协定，或者开始准备新的国际组织，或者创造统一的新发展的国际法实体规则。事实上快速执行是决定起草者在 ECT 最终草案中插入临时适用的原因。

根据第 45 条，ECT 的临时适用取决于两个条件。第一，临时适用不得与签署方的宪法、法律、法规不一致。ECT 第 45(1)条规定签署方同意临时适用 ECT“只要临时适用不与宪法、法律、法规不一致”。第二，签署方不得向保管处声明排除临时适用。ECT 第 45(2)(a)条允许签署方通过作出声明不选择临时适用，这样他们不得接受 ECT 的临时适用。

ECT 第 45(1)条与第 45(2)(a)条具有一定的关联程度。ECT 实践有关两个问题：一是根据第 45(2)(a)条作出的声明是否局限于第 45(1)条所列举的原因；二是第 45(1)条的条件是否自动引发临时适用规则还是需要签署方对此提交声明。

在 Kardassopoulos v. 格鲁吉亚案中，格鲁吉亚认为争端与 ECT 生效之前的情形相关。当判断 ECT 是否对格鲁吉亚和希腊临时适用时，仲裁庭认为“第 45 条第 1 段和第 2 段之间没有必要联系”。关于签署方是否要根据第 45(2)条提交声明以及第 45(1)条规定的 ECT 临时适用是否与签署方宪法、法律、法规的不一致，Kardassopoulos v. 格鲁吉亚的仲裁庭不认为国家根据第 45(2)条作出声明意味着承认临时适用与国内法不一致。[1]

第 45(2)(a)条的措辞区分了第 45(1)条由于和签署方法律不一致而无法临时适用的情形以及签署方决定向保管处做出临时适用的

---

[1] Ioannis Kardassopoulos and Ron Fuchs v. The Republic of Georgia, ICSID ARB/07/15 Decision on Jurisdiction, para. 228.

声明。VCLT 第 31(1)条要求条约需要根据其上下文术语的通常含义进行解释。当条约术语“按其自然和通常含义”可以理解则不需要运用其他方法解释。Yukos 案中，仲裁庭认为：第 45(1)条和第 45(2)条术语的通常含义表明根据第 45(1)条作出的声明与第 45(1)条的限制条款没有必然联系。[1]

第 45(2)(a)条的措辞表明如果无法临时适用 ECT，缔约方可以选择不进行临时适用。该情形并不局限于法律与 ECT 临时适用不一致。只要签署方没有根据第 45(2)条提交声明表明其不能接受临时适用，ECT 即可临时适用。如果签署方作出声明不进行临时适用，第 45(2)(c)条规定 ECT 第七部分有关 ECT 结构和体制包括对能源宪章秘书处和能源宪章会议经费的提交应当适用。第 45(2)(a)条规定当签署方作出上述声明时，签署方可以在任何时候撤回声明，开始 ECT 的临时适用。

第 45(1)条没有规定对术语“不一致”的解释。通常，术语“不一致”指不相容。只有临时适用 ECT 与签署方法律对此规定不一致时第 45(1)条才有效。当临时适用与签署方法律不一致时，需要评估 ECT 的签署日期。国际公法的原则阻止签署方在之后的实践通过立法违反 ECT 的规定及其目标和宗旨。在 Kardassopoulous v. 格鲁吉亚案中，仲裁庭考虑了签署 ECT 时适用的法律并排除在该日期之后生效的法律。[2]

关于 ECT 第 45(1)条的争端集中于“该临时适用与签署方宪法、法律或法规不一致”表述的含义。该表述可以通过两种方式解读：第一，第 45 条的临时适用本身不与签署方的宪法、法律和法规不一致；第二，ECT 整体及其各个条款都与签署方法律不一致。在 Yukos 案

[1] Yukos Universal Limited v. The Russian Federation, PCA Case No. AA 227 Award, para. 264.

[2] Ioannis Kardassopoulos and Ron Fuchs v. The Republic of Georgia, ICSID ARB/07/15 Decision on Jurisdiction, para. 229.

中,仲裁庭考虑该原则并得出结论:根据条约必须遵守原则和 VCLT 第 27 条,一国禁止援引国内立法作为理由不履行条约。仲裁庭认为,国际法基本原则(国际法优于国内法)对第 45(1)条向国内体制承认临时适用的签署方扩大解释不利,应当避免临时适用条约的基础与国内法相冲突。该解释将成为影响缔约国同意条约临时适用的根本原因。[1]

第 45(1)条规定各签署方同意在整体上临时适用本条约。ECT 第 45 条的措辞表明临时适用作为"单一概念和方式"。在 Kardassopoulos v. 格鲁吉亚案中,仲裁庭认为本条约临时适用,是指条约整体而不仅仅是部分。在 Yukous 案中,仲裁庭同意 Kardassopoulos v. 格鲁吉亚案的观点:仲裁庭认为从上下文先前的解释,根据 VCLT 第 31(1)条进行了更好的通常含义的定义。不考虑其他要求,参考"本条约"意味着条约整体而不是部分。条约应当作为整体考虑,部分适用条约必须明确规定,并由当事方允许并同意。统一性原则在 VCLT 中被认可,特别是第 44(10)条关于条约规定的可分性:一方的权利减损、撤回或终止条约运作只能针对条约整体除非条约规定或缔约方同意。

对 ECT 第 45(1)条第二种解释的一项理由是措辞"在一定程度上临时适用不一致"。这表明该术语在一定程度上可以引发"一部分 ECT 的临时适用,即在一定程度上 ECT 规定与签署方宪法、法律或法规不一致"。在 Yukos 案中,仲裁庭考虑了该理由,但是予以拒绝并解释了"该临时适用":[2] 仲裁庭同意短语"在一定程度上"通常是起草者在条约或法律中试图明确一项条款仅在一定情况下适用的语言。与限制条款的含义不同,适用介绍短语"在一定程度上"要求仲裁庭仔

---

〔1〕 Yukos Universal Limited v. The Russian Federation, PCA Case No. AA 227 Award, para. 313.

〔2〕 Yukos Universal Limited v. The Russian Federation, PCA Case No. AA 227 Award, para. 303.

细核查之后的表述,即“该临时适用不与各签署方的宪法、法律或法规不一致”。

关于临时适用的效果,条约临时适用并不导致生效。VCLT 第 25(1)条规定条约临时适用使生效待定。类似地,ECT 第 45(1)条也表明临时适用使得生效待定。Kardassopoulos v. 格鲁吉亚仲裁庭得到同样的结论:临时适用 ECT 与生效相矛盾。因此,临时适用与生效并不相同。[1]

尽管如此,在临时适用期间,签署方仍需要受约束并遵守 ECT 的义务。条约即使没有生效,临时适用 ECT 也产生了类似的效果。签署方的投资者临时适用 ECT 可以同 ECT 缔约方的其他投资者一样利用 ECT 条款的优势。Kardassopoulos v. 格鲁吉亚仲裁庭解释认为,ECT 临时适用引导各签署方同意第 45(1)条:遵守其他法律义务。第 45(1)条的措辞可以解释为各签署方有义务,即使在 ECT 正式生效之前,如果已经临时适用应当适用 ECT 整体。[2]

有关临时适用的效果,实践中的困难是一些 ECT 条款系指 ECT 生效的时间而非 ECT 开始临时适用的时间。条约条款必须根据其上下文以及目标和宗旨予以解释。ECT 条款系指 ECT 生效但不限定于其文字含义,也应当考虑第 45 条的条款。Kardassopoulos v. 格鲁吉亚仲裁庭建议:只要协商国明确表明条约临时适用的意图,不能被认为该意图受到条约严格字面形式一致性的限制。当 ECT 起草者考虑到 ECT 生效日期的缔约方义务时,该条款被理解为签署方临时适用 ECT。更为具体的是,相关上下文 ECT 第 1(6)条“投资者”背景系指“投资”概念,已经“包括”投资,必须从开始临时适用的日期起算。

此外,第 45 条规定了终止 ECT 临时适用的两种情况。发生以下

---

〔1〕 Ioannis Kardassopoulos and Ron Fuchs v. The Republic of Georgia, ICSID ARB/07/15 Decision on Jurisdiction, para. 327.

〔2〕 Ioannis Kardassopoulos and Ron Fuchs v. The Republic of Georgia, ICSID ARB/07/15 Decision on Jurisdiction, para. 211.

两种情况,临时适用可以终止:根据第45(1)条,ECT对临时适用的签署方生效;或者根据第45(3)(a)条,签署方通知其不愿意成为ECT的缔约方。

在第一种情形下,第45(1)条规定各签署方同意在ECT对该国生效之前临时适用该条约。尽管该情形在实践中没有明显产生问题,但作为争议事项在Petrobart v. 吉尔吉斯斯坦案中提及。吉尔吉斯斯坦认为申请方不是缔约方投资者,因为ECT不适用于Petrobart的注册地直布罗陀。根据吉尔吉斯斯坦的观点,直到1994年12月17日签署ECT,英国表明其将ECT临时适用于大不列颠和北爱尔兰以及直布罗陀海外领土。1996年12月13日,临时适用范围扩展至大不列颠和北爱尔兰、英国皇家属地泽西岛和马恩岛。仲裁庭认为ECT仍然临时适用于直布罗陀,因为英国没有将直布罗陀包含在ECT的批准文件中。仲裁庭认为,如果英国试图终止对直布罗陀的临时适用,需要根据第45(3)条提出通知排除ECT对直布罗陀的临时适用。仲裁庭考虑:应当认为英国如果要终止对直布罗陀的临时适用,应当在批准书中根据第45(3)(a)条作出通知或与批准有关的其他形式的宣言。仲裁庭认为,无论是出于政治还是其他原因,批准的事实并没有包含直布罗陀,因此不能认为英国对直布罗陀撤销了临时适用的基础。这不仅仅保护直布罗陀投资者在其他国家的权利,也是对直布罗陀外国投资者的保护。

仲裁庭对Petrobart v. 吉尔吉斯斯坦案的决定仍存在争议。直布罗陀是英国的海外领域,无法以自己的名义签订条约。代表直布罗陀签订条约一直到对直布罗陀延伸适用条约的权利属于英国。由于具有特殊性,第45条必须结合上下文理解,特别是根据ECT第40条适用于缔约方负责的领域的规定。ECT第40条重新声明了VCLT第29条领域统一的原则。该条系指条约适用一方的全部领域,“除非条约或确立了不同的意图”。类似地,ECT第40(1)条允许签署方或缔约方排除其负责的一项或多项领域,但必须在签署、批准、接受、核准或加入时作出声明,并从 ECT 生效时产生效果。根据 ECT 临时适用规则,签署时作出的声明对 ECT 的签署方临时适用生效。因此,根据第 40(1)条,英国有关直布罗陀的声明开启了 ECT 对直布罗陀以及英国的临时适用。该问题在 Petrobart v. 吉尔吉斯斯坦中不作为争端,争议是在 ECT 对英国生效后对直布罗陀的临时适用是否终止还是继续有效。

ECT 第 40(3)条规定签署方或缔约方的任何有关领域的声明必须以向保管处通知的方式撤回,该通知在保管处收到该通知的一年之后生效。当英国批准 ECT 时,仅包含了英国皇家属地泽西岛和马恩岛,排除了包括直布罗陀在内的其他领土作为 ECT 的适用范围。ECT 第 40(3)条没有对缔约方提交保管处的通知方式作出要求。此外,英国在 ECT 的通知排除了直布罗陀。英国于 1996 年 12 月 13 日作出申请,一旦做出 ECT 通知,即根据第 40(3)条将直布罗陀排除在 ECT 之外。根据 ECT 第 45(3)条,临时适用终止 ECT 尚未生效时,签署方仍然受到有关另一方投资者在该领域作出的投资保护促进条款的保护长达 20 年。在 Petrobart v. 吉尔吉斯斯坦案中,Petrobart 是在直布罗陀注册的公司,主张其在吉尔吉斯斯坦做出了投资。该情况不属于 ECT 第 45(3)(b)条的情形,因此不属于仲裁庭管辖。Petrobart v. 吉尔吉斯斯坦裁决反映出 ECT 条款和 ECT 上下文根据条约解释规则需要恰当解释之间的强烈关联。

四、能源类投资争端管辖权其他问题

在仲裁庭确立管辖权的过程中,由于依据的多边或 BIT 中往往规范了提出仲裁的程序要求,如要求各方同意提交仲裁、从争端产生至提交仲裁的“冷却期”、争端解决方式中的岔路口条款等,这些内容在确立仲裁庭管辖权时也会涉及。

(一)同意提交仲裁的判断

在 Murphy 等 v. 厄瓜多尔案中,被申请方根据 ICSID 公约第 25

(4)条(同意条款)作出同意成为争论的焦点。ICSID 公约第 25(4)条允许缔约国将其未来提交 ICSID 管辖的争端类型通知 ICSID。为了解释 ICSID 公约第 25(4)条,仲裁庭仅决定根据该条作出的通知是否可以撤回通知国之前的同意的问题。仲裁庭认为被申请方当局没有明确撤回之前的同意,也没有证明其存在对之前同意的撤回。考虑到 1969 年 VCLT 第 31(1)条对条约的解释,仲裁庭认为 ICSID 公约第 25(4)条的语言较为明确,认为不需要使用补充解释方法。仲裁庭认为 ICSID 公约第 25(4)条表明缔约国通知中心其在未来提交中心管辖权的争端种类。该通知可以在任何时候通过向中心单方申明的方式进行,秘书长应当将该通知转达给所有缔约国。然而,仲裁庭认为 ICSID 公约第 25(4)条的效果是告知缔约方通知国未来将提交或不提交中心管辖的争端类型。条文本身已经明确该通知不构成第 25(1)条的通知。[1] 显然,仲裁庭认为 ICSID 公约第 25(4)条并没有单方修改另一条约的同意。本案中的同意已经在两个主权国家即厄瓜多尔和美国的 BIT 中表达,授予双方投资者权利。根据条约必须遵守(pactasunt servanda)原则,BOT 项下的所有义务必须得到遵守。VCLT 第 26 条也规定凡有效之条约对其各当事国有拘束力,必须由各国善意履行。基于厄瓜多尔 2007 年 12 月 4 日做出同意提交 ICSID 仲裁的通知,仲裁庭驳回了针对同意的管辖权反对意见。

在 PNG Sustainable Development Program v. 巴布亚新几内亚案中,申请方与被申请方之间围绕同意展开了激烈的交锋。被申请方认为无论根据巴布亚新几内亚法律还是国内法以及从国内法延伸到国际法的混合性质的条款,均明确规定书面同意作为 ICSID 管辖权的必要条件。申请方则认为根据条约解释的方法,被申请方无法否认

[1] Murphy Exploration and Production Company International v. Republic of Ecuador, ICSID Case No. ARB/08/04 Award on Jurisdiction, para. 72.

ICSID适用于本争端,也无法否认其宣言中对同意的表达。[1] 仲裁庭通过分析相关国内规定的立法史,认为同意仲裁的表达并没有延伸至ICSID 管辖权。

就同意的具体表现形式来看,实践中通常采用东道国与投资者的仲裁协议、东道国立法表示同意、双边投资协定的方式表示同意、多边条约方式表示同意等方式进行。[2] 关于接受中心仲裁管辖的方式,从可能性的角度来看可以分为全面同意、逐案同意、有限同意以及全面同意加重要例外的方式。[3] 这四类同意方式各有利弊,为不同国家提供了选择模式。以美国、加拿大为代表的投资保护协定范本通常选用全面同意加例外的方式。在投资仲裁实践中,仲裁庭往往通过推导分析的方式来确定涉案缔约国的同意方式,从而确立自身的管辖权。

(二)争端解决方式中的"冷却期"

在 Murphy 等 v. 厄瓜多尔案中,仲裁庭裁决申请方没有满足"冷却期"要求提起仲裁。该裁决引发了国际仲裁关于 BIT 在国家投资者仲裁之间适用的讨论。早在 1987 年,Murphy 厄瓜多尔石油有限公司与代表厄瓜多尔共和国的厄瓜多尔汽油公司签订了服务合同并加入联合企业,Murphy 厄瓜多尔石油有限公司由 Murphy 国际公司所控制。随后,Repsol 公司在合同中获得利益并成为联合公司的运作者。2006 年厄瓜多尔修订了烃类法律并通过了 2006 - 42 号法律,该修订以及后续相关立法提高了厄瓜多尔在国有石油公司现存石油合同的经济参与度。Murphy 国际公司主张该立法违反了美国和厄瓜多尔的

---

〔1〕 PNG Sustainable Development Program Ltd. v. Independent State of Papua New Guinea, ICSID Case No. ARB/13/33 Award, para. 120.

〔2〕 参见湛茜:《论 ICSID 仲裁中当事方的同意》,载《北京仲裁》2010 年第 1 期。

〔3〕 参见王海浪:《"落后"还是"超前"? ——论中国对 ICSID 管辖权的同意》,载《国际经济法学刊》2006 年第 1 期。

BIT,并对 Murphy 厄瓜多尔石油有限公司造成严重的经济损失,Murphy 国际公司的投资位于厄瓜多尔。2008 年 3 月 3 日,Murphy 国际公司提出了仲裁请求,认为修改烃类法律以及相关举措违反了厄瓜多尔美国 BIT 中全面保护与安全、公平公正待遇、非歧视待遇的保证。

厄瓜多尔美国 BIT 第 6(2)条规定当事方应当在提交争端至仲裁之前尽力通过磋商和协商解决争端,第 6(3)条规定自争端产生之日起 6 个月后,一方可以提交仲裁。本案中,被申请方提出的反对管辖权的理由为:第一,Murphy 国际公司没有遵守提起仲裁的前提即协商和磋商;第二,没有满足厄瓜多尔美国 BIT 中 6 个月的通知要求。关于 6 个月的冷却期要求,厄瓜多尔认为由于其在 2008 年 2 月 29 日才收到 Murphy 国际公司的 BIT 争端通知,显然没有满足。

仲裁庭认为 6 个月的冷却期自厄瓜多尔意识到违反 BIT 开始起算。仲裁庭需要考虑如果自产生不遵守之日起的 6 个月等待期,有关主张违反条约的权利是否构成一项投资争端。尽管 BIT 没有正式通知要求,BIT 下的争端在各方没有主张违反条约时不得提交仲裁。Murphy 没有证明厄瓜多尔在 2008 年 2 月 29 日之前已经知晓 BIT 争端。2007 年 11 月 12 日,Repsol 代表联合公司对厄瓜多尔提起的争端仅仅源于厄瓜多尔与西班牙的 BIT,而非厄瓜多尔与美国的 BIT。关于是否要求进行协商,仲裁庭认为联合公司和厄瓜多尔之间的先前协商不适用于本案。任何产生于厄瓜多尔西班牙 BIT 的争端不适用于厄瓜多尔美国 BIT 的争端。仲裁庭不同意 Murphy 国际公司关于同厄瓜多尔的协商是无效的观点,认为没有初次尝试无法判定协商是否无效。仲裁庭还否定了 Murphy 国际公司关于冷却期仅作为程序事项对仲裁庭管辖权无影响的主张。仲裁庭认为冷却期不仅仅是一项形式,作为许多 BIT 的必要机制,冷却期促使各方真正采取行动在提交仲裁之前进行善意协商。基于上述观点,仲裁庭认为 Murphy 国际公司没有遵守美国厄瓜多尔 BIT 第 6 条的要求,不构成明显不遵守行为并由此导致仲裁庭对该案无管辖权。[1] 尽管本案中的管辖权裁决对投资者不利，但并不会导致投资者寻求除仲裁之外的其他途径寻求救济。以条约为基础的仲裁已经被证明是解决投资者与外国争端的可靠的中立方法，无论是否在 ICSID 机制下进行。[2] 当然，本案对 BIT 仲裁公平和公正的讨论以及程序条款的设计仍具有一定的启示意义。

（三）提交争端解决的“岔路口条款”

岔路口（Fork – in – the – Road）条款通常是指在投资争端解决程序中，投资者只能单向选择用尽当地救济或者国际仲裁机制，二者不可并用。ICSID 公约自身也规定，一旦选择运用 ICSID 公约，则 ICSID 机制下的救济方式为终局性的。

在 RSM 等 v. 格林纳达案中，被申请方认为条约中的“岔路口条款”阻碍了当前程序的进行。申请方认为即使关于岔路口条款的分析是正确的，也无法阻止申请方的主张，因为申请方并不是先前仲裁的当事方。仲裁庭将岔路口条款与滥用程序的主张合并分析，认为申请方在先前的仲裁庭就 RSM 和格林纳达合同权利主张没有获得支持，但不意味着仲裁庭有必要决定岔路口条款构成这些主张的法律障碍。[3] 即使争端当事方没有提交国内争端机制解决，仲裁庭认为不应支持申请方要求重新判定先前仲裁庭对合同的认定的申请，因为 ICSID 公约自成体系并且具有排他的审查途径。

国际投资法律实践中，外国投资者试图进一步扩大对国际仲裁和当地救济的选择权，通常愿意接受岔路口条款赋予其选用国际仲裁机

---

〔1〕 Murphy Exploration and Production Company International v. Republic of Ecuador, ICSID Case No. ARB/08/04 Award on Jurisdiction, para. 157.

〔2〕 Richard Deutsch, *An ICSID Tribunal Denies Jurisdiction for Failure to Satisfy BIT's "Cooling – Off" Period: Further Evidence of a Sea Change in Investor – State Arbitration or a Meaningless Ripple?* Houston Journal of International Law (2011), Vol. 33, p. 604.

〔3〕 Rachel S. Grynberg, Stephen M. Grynberg & Miriam Z. Grynberg, RSM Production Corporation v. Grenada, ICSID Case No. ARB/10/6 Award, p. 43.

制而排除用尽当地救济原则的权利，但在可能的情况下仍希望从国际仲裁和当地救济中取得双重收益。[1] 对此，国际投资仲裁庭的基本态度可以归纳为原则上岔路口条款不应当成为阻碍仲裁庭受理案件的缘由，即便出现在国际投资条约中，其影响力也极为有限。

第三节 能源类投资争端中的投资待遇

能源类投资争端在实体问题中的争议焦点之一是有关投资待遇的授予。通常，申请方会以违反条约中的公平公正待遇以及充分保护与安全、国民待遇等投资待遇向东道国提出主张。投资待遇中最惠国待遇也常用于对条约争端的解决。此外，BIT 中的相关条款也在能源类投资仲裁实践中产生争议。

一、能源类投资争端中的公平公正待遇

在 TECO v. 危地马拉案中，仲裁庭分析了多米尼加共和国、美国和中美洲自由贸易协定（Dominican Republic - Central America FTA, CAFTA - DR），其中第 10(5) 条规定了对外国投资者以及涵盖投资的最低标准。然而公平公正待遇与充分保护和安全中并不要求超越该标准。申请方则主张授予投资的待遇应当根据国际习惯法，特别是公平公正待遇。仲裁庭认为国家对投资者的行为如果是专断的、明显不公正的、歧视性的并且缺乏正当程序，则违反了 CAFTA - DR 第 10(5) 条公平公正待遇的最低标准。[2] 关于双方争议的实体焦点之一申请方在投资时的合法期待，申请方认为被申请方作出的具体陈述包括申请方在国家电力产业的投资，这样损害了申请方自投资时产生的

---

〔1〕 参见徐崇利：《国际投资条约中的"岔路口条款"：选择"当地救济"与"国际仲裁"权利之限度》，载《国际经济法学刊》2007 年第 3 期。

〔2〕 Teco Cuatemala Holdings LLC v. The Republic of Guatemala, ICSID Case No. ARB/10/17 Award, para. 454.

合法期待。被申请方则认为陈述和备忘录都不具有约束力，不能被视为国家向投资者作出的具体承诺。在分析该问题时，仲裁庭认为任何投资者都期待相关可适用的法律框架不能以专断的方式适用。然而，该期待与评估国家是否对其组织的专断行为负责无关。本案要考虑的问题是国家的行为是否在客观上具有专断性而不是投资者在事实之前的期待。一项恶意的法律或者管理者的专断即构成了对最低标准的违反，不需要再考虑合法期待。因此，仲裁庭认为没有必要进一步讨论合法期待的问题。

在 AES Summit 等 v. 匈牙利案中，仲裁庭就公平公正待遇的义务进行了三个方面的分析：[1]

第一，仲裁庭关于合同义务认定的结论。仲裁庭在开始阶段确认，其仅对条约主张具有管辖权。关于违反合同权利以及随之导致的公平公正待遇义务，仲裁庭认为无法处理该类主张。事实上 ECT 第 26 条包含保护伞条款，允许将违反条约第三部分义务的主张提交国际仲裁争端解决。条约第三部分的义务为"各缔约方应遵守与另一缔约方投资者签订的有关投资者或其投资的义务"。然而，ECT 附件所载缔约方的名单，其中包括匈牙利，不允许投资者提交关于违反此义务的争端。因此，仲裁庭认为其有权确定匈牙利的行为是否违反合同义务和特定条约的义务。作出这一评估时，仲裁庭不应该被认为是分析合同义务的履行。

第二，关于合法期待的认定。在 2006 年和 2007 年重新引入行政价格的情形下，申请方主张违反了其作出投资时依据的基本内容和合理期待，从而违反了公平与公正待遇标准。合理期待只能在投资作出时产生，根据一些 ICSID 仲裁庭先前判例，仲裁庭认为，根据国际法确立的善意原则，要求缔约方提供的国际投资待遇不影响外国投资者作

---

〔1〕 AES Summit Generation Limited, AES – Tisza Erömü Kft v. The Republic of Hungary, ICSID Case No. ARB/07/22 Award, p. 45 – 46.

出投资时考虑的基本期待。除了国家有义务提供稳定的法律和商业环境,公正和公平待遇还要求考虑投资者在作出投资时的期待是否依据东道国所授予的保护。其他一些仲裁庭已经确立期待只能在投资时产生。对于1996年协议产生的争端而言,毫无疑问AES Summit当时在匈牙利做出了投资。因此,考虑其是否在当时具有合理期待并受到匈牙利干涉是恰当的。对于该问题,仲裁庭得出结论,AES Summit在投资时对如今主张的匈牙利行为没有合理期待。相关投资协议明确匈牙利将继续在未来对电力销售设立最高行政价格,该价格仅受"合理回报"投资原则的调整。因此,仲裁庭转移了调查方向:当时向申请方作出的陈述和保证是否是申请人所依赖并主张的;匈牙利的行为方式是否违背了上述的陈述和保证。对此,仲裁庭的结论是,匈牙利没有对申请方主张的核心实质做出陈述或保证。在上述情况下,仲裁庭的结论是,申请方无法对并没有在匈牙利政府确定的行政定价制度下形成合理期待,在2001年的协议期限内将不会在任何情况下重新引入合理期待。

第三,有关稳定法律和商业框架的认定。根据ECT和可适用的国际法原则与规则,被申请方有义务提供一个稳定的商业法律环境。特别是,ECT第10(1)条的规定,"各缔约方应根据本条约的规定,鼓励并为投资者其他缔约方创造稳定的条件……"ECT提到与投资发生的框架有关的稳定条件,但不是一项稳定条款。一个法律框架的定义可进行更改并适应新环境的变化,并且一个主权国家有权行使其权力,其中包括立法行为。因此,为确定稳定条件范围,一个国家必须鼓励和创造一个使投资者决定投资以及国家为公共利益采取措施的具体环境,这是一项复杂的任务。然而,本案中仲裁庭认为,匈牙利没有做出具体承诺来改变自身法律,如采纳稳定条款使合法取得的投资者认为法律不会发生变化。因此,仲裁庭认为,匈牙利未能提供一个稳定的法律和商业框架从而违反了公平与公正待遇标准。

在Electrabel S. A v. 匈牙利案中,仲裁庭在决定中对申请方主张搁浅成本适用 ECT 公平公正标准产生的相关争议没有进行说明。根据 ECT 第 10(1)条,公平公正待遇标准要求匈牙利"全程授予其他缔约方投资者投资公平公正待遇"。在仲裁庭决定中,仲裁庭认为对程序中的其他决定或裁决不影响判断匈牙利对待申请方净搁浅成本是否违反或继续违反公平公正待遇标准。关于申请方对 ECT 下公平公正待遇标准的合理期待主张,仲裁庭认为没有证据表明匈牙利在投资时告知申请方其将采取不同的方式。本案中由于缺乏证据,仲裁庭认为不能达到申请方合理期待的情形。在之前决定中,仲裁庭认识到有关合理期待的具体陈述并不总是与 ECT 的公平公正待遇标准相分离:仲裁庭可能仅仅对确认投资者情况和合理期待的合理性的情形作出区别。然而,即使缺乏具体陈述,投资者需要基于合理理由确立相关期待,而申请方并没有这么做。

尽管申请方提出了五项主张证明违反公平公正待遇,仲裁庭认为当事方的最终主张匈牙利必须与本裁决目标一致。考虑该方法,仲裁庭归纳了主要结论如下:[1] 第一,本案中,ECT 下公平公正待遇责任的问题是当事方的争议焦点,而不是赔偿数量的争议,这样仲裁庭不需要进一步提供损失的证据,但缺乏对实际或假设的净搁浅损失的最终计算。当事方对此明确同意,特别是为本案特定的目的,仲裁庭必须接受他们的联合方法。第二,匈牙利开始计算净搁浅成本的方法基于先前而不是后续的计算方法。该方法是由欧盟法、委员会搁浅成本方法和委员会补偿决定产生的。匈牙利没有公开对未来的净搁浅成本所采用的方法,但是即便如此,仲裁庭不认为本案中仅仅因没有采取之后计划就被认定为违反 ECT 公平公正待遇。匈牙利基于假设基础计算搁浅成本的做法也存在困难。此外,匈牙利已经提供足够的机会来评论匈牙利的计算方法。第三,这些情况下,匈牙利是否违反

---

〔1〕 Electrabel S. A. v. Hungary, ICSID Case No. ARB/07/19 Award, paras. 190, 211 – 213, 217.

ECT 公平公正待遇标准的相关时间是匈牙利执行计划时，即收到委员会 2010 年 4 月 27 日批准计划的补偿决定时，而非 2008 年。直到委员会批准计划时，补偿决定才成为有效文件。第四，匈牙利有必要要求履行补偿决定所涉的款项。其当然应当适用欧盟法，但是要考虑影响匈牙利发电商的情况，同样还要考虑已经多年在市场价格之上补贴发电商的匈牙利消费者的情况。仲裁庭认为，当前事实难以证明主张匈牙利存在“保留资金”的意图。值得注意的是匈牙利做出决定的时期正是全球经济金融危机导致的财政紧缩而产生的大规模政治经济变化时期。第五，在证据方面，仲裁庭不接受申请方关于匈牙利经过委员会批准可以根据欧盟法在任何时间对有利于未来关于搁浅成本的事件进行调整的主张。此外，根据欧盟相关法律规定，合作原则不能用来修改匈牙利的计划。

仲裁庭最终认为匈牙利是否提供不同的数据并不是 ECT 下公平公正待遇标准的权利问题。争议焦点在于匈牙利当时是否是善意行为，以理性的方法达到 ECT 公平公正标准的要求。仲裁庭的答案有利于匈牙利。

在 Ioannis Kardassopoulou 等 v. 格鲁吉亚案中，被申请方认为公平公正待遇类似于国际习惯法标准，而申请方则持相反观点。仲裁庭被要求根据条约本身的含义及其背景、目标和宗旨按 VCLT 第 31(1) 条进行解释。根据格鲁吉亚以色列 BIT 第 2(2) 条，仲裁庭注意到公平公正待遇条款要求“各缔约方应当在其领域内为另一缔约方投资者的投资鼓励和创造有利条件”。该案中，仲裁庭认为被申请方对公平公正待遇下合法期待的解释限制了公平公正待遇根据 BIT 背景解释的含义。[1]

在 Venessa v. 委内瑞拉案中，仲裁庭意识到对公平公正待遇的确

---

[1] Ioannis Kardassopoulos and Ron Fuchs v. The Republic of Georgia, ICSID ARB/07/15 Award, para. 439.

切含义形成了不同的标准,但是注意到其中的共性是该标准并不能确保投资收益的成功但是要求投资待遇不低于所有投资者有权期待的最低的公平和公正。[1] 仲裁庭认为本案不得被认为低于最低标准,因而并没有违反加拿大委内瑞拉 BIT 中的义务。

在 Plama v. 保加利亚案中,仲裁庭就公平公正待遇相关的几个要素如稳定、公平、有利、透明的投资条件,公平与公正,持续保护与安全等展开了如下分析:[2] 关于申请方主张被申请方无法创造稳定、公平、有利、透明的条件。申请方将其主张限于其受制于被申请方不断作出"偶然的和不透明的"决定与创造"不稳定、不公平、不有利、不透明的条件"来反复"干涉"投资。申请方是"长期不可预见情况下"的受害者。

然而,申请方没有陈述该项标准的内容或准确解释该标准。关于此项唯一精确的参考是环境法修正案涉嫌创造不稳定、不公平的环境。仲裁庭注意到 ECT 第 10(1)条中的第 2 句话阐明第 1 句话中所列条件"应包括长期给予其他缔约国投资者所作出的投资公平公正待遇的承诺书",下一句则把这些投资与此条款保护措施的剩余部分联系起来。第 10(1)条第 1 句中的条件的适用以此种方式扩展到了投资的所有阶段而不只限于投资前事项。

关于公平公正待遇的具体含义,由于公平公正待遇标准的措辞过于简单,过去几年中的仲裁庭作出的裁决为确定此项标准的内容提供了一些指导。当事人双方同意该标准包括投资者对保护措施的合理期待与稳定的法律机制。然而,仲裁庭认为,无论是否对 ECT 中该标准作出法律解释,本案都可以基于事实进行裁决。因此,为了作出合理的裁决,仲裁庭认为该项法律解释对申请方已最为有利。

---

[1] Vanessa Ventures Ltd. v. The Bolivarian Republic of Venezuela, ICSID Case No. ARB (AF)/04/6 Award, para. 222.

[2] Plama Consortium Limited v. Republic of Bulgaria, ICSID Case No. ARB/03/24 Award, p. 52 – 56.

关于合理期待的保障，仲裁庭注意到其包括外国投资者在做投资项目时所考虑的“合理、正当的”预期。因此，其应包括在作出投资时国家特别提供给投资者的条件与投资所依赖作出的条件。这些预期将同样包括“东道国善意、正当程序、非歧视地遵守这些已被大家接受的基本标准”。

法律体制的稳定性已被视为“国际法上新兴的公平公正待遇标准”。然而，国家通常仍保留调整法律的权利，而且此项权利在评估公平公正待遇标准时也应被考虑在内。CMS v. 阿根廷案中仲裁庭的解释为：需要讨论法律机制是否需要暂停，因为法律总在发展过程中并且可以适应不断变化的环境。外国投资法及其保护措施已经以避免不利的法律影响的具体宗旨而发展成熟。最后，仲裁庭注意到 ECT 第 10(1)条第 1 句话中的公开透明条件可以与公平公正待遇建立联系。透明公开对投资者的合理期待与法律机制稳定性的保障来说是重要因素。

关于持续保护与安全原则，ECT 第 10(1)条内容也要求东道国为投资者的投资项目提供“持续保护与安全”。双方当事人都同意此项标准施加了“审慎调查”的义务。如此，该标准包括积极构架安全保障体系的义务。尽管已在实体安全方面有所发展，但是部分仲裁庭仍会将相关的法律安全保障包括在内。最后，仲裁庭也认为这条标准不是绝对的，不意味着其是东道国的严格责任。

关于不合理与歧视性措施，根据 ECT 第 10(1)条，东道国也必须避免向投资者的投资施加“不合理与带有歧视性的措施”。仲裁庭注意到，在大多数情况下，投资仲裁中仲裁庭发现此标准与公平公正待遇标准存在强烈联系。“合理”标准的内涵和与之相关的“公平公正待遇”标准的内涵并无不同，这对于“非歧视”标准同样适用。因此“合理”标准在这个方面要求国家行为显示出与一些政策有合理的联系。而“非歧视”标准要求对外国投资者的任何不同待遇要具备合理的理由。然而，仲裁庭认为虽然这些标准可能在某些争议中重叠，但是依然能够被独立定义。那些不合理或武断随意的措施是没有理由或事实依据支撑的，是建立在随意、偏见与个人偏好之上的。

在 El Paso Energy v. 阿根廷案中，申请方认为公平公正待遇的概念包容性较强，被申请方则认为该待遇应当限定在国际习惯法最低标准之中。仲裁庭则围绕公平公正待遇进行了两方面事项的讨论：[1]第一，公平公正待遇与国际习惯法的关系；第二，公平公正待遇的内容和范围。仲裁庭认为公平公正待遇与国际习惯法采取了两种不同的方式，并且都经历之前仲裁庭的实践。一种方式是部分仲裁庭将公平公正待遇等同于一般国际法规定的最低待遇标准，另一种方式是要求公平公正待遇比一般国际法规定的最低待遇标准给予投资者更多保护的权利。仲裁庭认为本案的真正问题是决定通过公平公正待遇标准授予投资者何种实体保护。仲裁庭认为公平公正待遇不需要参考国内法，但是需要根据国际法进行解释。但是如果国内法或者授予外国人的待遇超过了最低国际标准，应当适用前者。关于公平公正待遇的范围，仲裁庭认为 ICSID 仲裁实践中产生的案件差异较大，但基本上应当从善意义务中推导出各方的合法和合理期待。

在 Sempra Energy v. 阿根廷案中，申请方主张被申请方违反了美国阿根廷 BIT 条约第 2(2)(a)条的公平公正待遇，包括没有善意行事，影响了申请方的合法期待并且不合理干涉了投资者的财产权。申请方认为该标准源于国际法下的善意义务，逐渐通过决定和条约形成了与投资者期待相等的待遇。被申请方认为在本案中采取的措施在经济危机和国家经济条件变动的背景下明显是合理的。仲裁庭在分析本案时明确表达了对于公平公正待遇表述过于宽泛的现状，认为本案中采取的措施显然改变了影响投资决定和执行的法律商业框架。如果商业框架稳定，情况则会相反，关税体制就是明显的例证。即便

---

〔1〕 El Paso Energy International Company v. The Argentine Republic, ICSID Case No. ARB/03/15 Award, p. 116 – 119.

被申请方出于善意引导,仲裁庭也明确其客观上违反了条约规定的公平公正待遇。[1]

在 PSEG Global v. 土耳其案中,申请方主张被申请方违反了 BIT 第2(3)条的公平公正待遇。申请方主张在近期的裁决中,该标准特别被表述为不得以明显不公平不公正的方式专断行动或导致损害结果,其同样要求在程序中保持透明和公平,遵守投资者合理信赖的陈述,不得恶意进行制裁等。申请方认为本案中法律的变化直接针对项目和可行性研究的批准以及合同的执行等内容,让投资者对此产生了合法期待。而被申请方撤回协定收回合同权利的行为则极大影响了投资者的期待。与此相对应,被申请方则认为公平公正待遇取决于个案,其适用具有弹性,并且需要较高的证据标准,只有明显显示出恶意忽略低于国际标准的义务并恶意行为才被视为违反该标准。仲裁庭承认了公平公正待遇标准在国际投资中的地位日益提升,其作用随个案而发生变化,导致公平公正待遇的概念独立于其他标准,并确保投资保护充分得以实现。[2] 仲裁庭对本案的分析得出三项结论:由于没有处理与申请方的协商,被申请方已经违反了公平公正待遇,从而产生了责任问题;滥用权力导致对公平公正待遇的违反;立法的持续变化产生了类似"过山车"效果而严重违反了公平公正待遇。

在 Nykomb v. 拉脱维亚案中,申请方主张拉脱维亚共和国对其行为负有责任,构成对 ECT 第 10 条下拉脱维亚共和国的部分义务的违背,并且申请方已经递交了该主张方面的证据。被申请方否认其违反 ECT 第 10 条包含的或规定的国际义务,并已提交了证据和相关解释。仲裁庭认为,一般而言,对于拉脱维亚共和国所宣称负责的行为可能构成违反 ECT 的多项规定。仲裁庭进一步指出,因未支付双重关税

---

[1] Sempra Energy International v. Argentine Republic, ICSID Case No. ARB/02/16 Award, para. 304.

[2] PSEG Global Inc. and Konya Ilgin Electrik üretim ve ticaret limited Sirketi v. Republic of Turkey, ICSID Case No. ARB/02/5 Award, para. 239.

的行为而造成的损害或损失亦是如此。因此，为了证明拉脱维亚共和国的法律责任，申请方需要充分证明违反条约某条款的结果。ECT 第 10(1)条特别规定"……任何缔约方不得以任何方式包括不合理或歧视性措施损害[投资]的使用、享有或处置"。申请方认为其子公司一直受到拒绝支付双重关税的歧视性措施。被申请方没有正当理由因上述两种企业区别对待其子公司。被申请方不否认支付给上述两家公司双重关税的事实，但认为情况没有可比性。被申请方已提供受到损害的名单，并就拉脱维亚存在的 28 家热电厂的一些细节作出说明。仲裁庭承认，在评估方面只有同类事物间才能做比较。然而，相比本仲裁中的其他证明文件，被申请方采用或授权采用计算税率的标准或方法相关事项的文件都较少。另外，所有提供给仲裁庭的资料显示，本案三家公司可以进行比较，而且受共同的法律和法规调整。在这种情况下，并根据公认的国际法规则，举证责任在于被申请方，应当由被申请方证明不存在歧视行为或正在发生的歧视行为。仲裁庭裁决认为此种举证责任没有得到满足，基于上述理由，仲裁庭认为没有必要裁定在本次仲裁中提出的其他违反条约的行为。[1]

在 Anatolie 等 v. 哈萨克斯坦案中，ECT 第 10(1)条要求被申请方公平公正对待申请方的投资，公平公正条款在 ECT 中并无规定，该条款必须结合诚实信用原则、上下文文意和条约的宗旨和目的进行解释。ECT 中对"公平公正"范围的界定不为政府的疏忽大意及过失行为提供辩解的余地，但仲裁庭应当根据具体情况来裁定具体事项是否公平公正。

针对公平公正的常规理解，申请方引用了 ICSID 仲裁案例 MTD v. 智利中的结论，对公平公正的常规理解应当是适度、公平、无偏见、合法。申请方同时主张仲裁庭应该考虑近些年国际投资中仲裁庭结

---

[1] Nykomb Syergetics Technology Holding AB v. The Republic of Latvia, SCC Case No. 118/2001 Award, p. 33.

合国际法做出的对公平公正待遇标准的解释。被禁止的行为具体包括:侵犯投资者对其投资的合法的期待可能性;签订不平等条约或使投资市场不稳定;违反了法定程序或导致拒绝司法救济,具体包括但不限于违反司法或行政程序或对其进行干预;干预合同关系;对待投资者或其投资的行为前后矛盾、含糊或举措缺乏透明度;针对可能会对投资造成重大影响的即时举措没有尽到提前告知义务;歧视性行为;骚扰性与强制性的行为;缺乏善意的行为。

公平公正标准要求所有条约缔约方不得剥夺外国投资者对投资的合法期待。外国投资者希望缔约方不要用前后矛盾、模棱两可的态度对待和投资者的关系,这样投资者才可以在投资前知晓管理其投资行为的法律法规以及会对其投资造成影响的相关的直接间接的行政措施以便于其能在投资过程中遵守相关规定。外国投资者也希望东道国的行为能够一致协调而非表现得前后矛盾,如东道国不能随意撤销或废除在投资前做出的决定或许可,因为这是投资者在东道国的商业运行及活动得以维持的基础。投资者也希望东道国的行为能够遵守其既定的法律规定,不能在没有赔偿的基础上对投资者赖以维持商业活动的产权进行征收。

在公平公正标准的适用中用尽当地救济原则是不需要考虑的。[1] 仲裁庭认为,当事方双方似乎对公平公正标准的定义都没有太大的分歧,而且都认为出于对公平公正原则的遵守东道国不应该进行与投资者的期待不一致的立法活动。仲裁庭根据对于公平公正概念的延伸,联系 ECT 上下文及其目标和宗旨对公平公正进行了解释,认为被申请方违反了 ECT 中有关投资的义务。

通过上述案件推导的归纳和分析,不难得出仲裁庭在分析公平公正待遇标准时着重考虑了合法期待、稳定的法律和商业环境、正当程

---

〔1〕 Anatolie Stati, Gabriel Stati, Ascom Group S. A, Terra Raf Trans Traiding Ltd. v. The Republic of Kazakhstan, SCC Arbitration V (116/2010) Award, p. 209.

序、专断及透明度的问题等要素，这也是近年来仲裁庭就公平公正待遇要素进行分解的主要方向。

从对公平公正待遇标准的界定因素来看，考虑因素从合法期待、稳定的法律和商业环境逐渐扩张到正当程序、专断以及透明度等。尽管排除了对合同义务的管辖权，但仲裁庭对其他考虑因素的分析却更加细致和全面。在分析传统的合法期待与稳定的商业和法律环境因素之后，仲裁庭对有关正当程序、专断以及透明度等要素进行分析。仲裁庭以事实为依据，通过回顾相关重要事实来推断匈牙利政府的行为是否构成合法的管制行为，尽管对专断性和透明度要素没有进行具体分析而是融合在正当程序之中，但仲裁庭明确列明有关上述要素的裁决，已经体现出其试图从多角度分析公平公正待遇标准的倾向。

从对公平公正待遇标准的分析方法来看，仲裁庭采取了遵循先例、全面归纳的方法，以期得出更为准确的判定。通常，仲裁庭认为分析公平公正待遇需考量投资者作出投资决策时对东道国给予的保护的依赖程度，并承认对“投资时”这一概念的解释应当较为宽泛。仲裁庭对该要素的分析充分考虑了先前判例确立的判定标准，并进一步细化分析，归纳总结出判定该项因素必须满足的条件。

当然，对判定公平公正待遇标准的部分具体因素仍存在模糊混杂的局面，也反映出仲裁庭在分析公平公正待遇标准中的不确定性。多年来，公平公正待遇标准从最初出现在 ICSID 仲裁庭裁决援引的条约和法条中，到目前成为仲裁庭着重分析的实体因素之一，其在国际投资法律实践中的地位不断上升。

二、能源类投资争端中的最惠国待遇条款

最惠国待遇在投资领域系指东道国在相同情况下将给予任何第三国投资者及其投资的待遇不低于与东道国定有最惠国待遇条款的缔约国的投资者及其投资的待遇，其本质在于为投资者提供平等的竞

争环境。在能源类投资争端实践中,最惠国待遇可否适用于争端解决机制似乎成为对该条款最有意义的讨论,仲裁庭也提供了不同的观点。

在 PNG Sustainable Developmeng Progarm v. 巴布亚新几内亚案中,被申请方否认其《投资促进法》中包含最惠国待遇条款,申请方则认为该法第 37(1)条的基本含义是国家对外国投资者授予投资保障,除非 BIT 授予了更为优惠的待遇。[1] 被申请方认为该条并不能被认为是最惠国待遇条款,申请方所援引的其他国内立法与巴布亚新几内亚议会的意图并不相关。但由于仲裁庭认为申请方没有证明被申请方的书面同意,因而并没有考虑最惠国待遇条款的适用问题。

在 Transglobal Green 等 v. 巴拿马案中,被申请方极力反对申请方基于最惠国待遇条款的主张,认为其缺乏法律依据。被申请方认为申请方没有证明处于"相同情形"、被申请方对其他投资者的待遇优于申请方、申请方受到的待遇与合法的国家利益无关。[2] 仲裁庭由于支持了被申请方关于滥用程序反对管辖权的主张,因而不再考虑其他反对。

在 AES Summit 等 v. 匈牙利案中,申请方认为被申请方所依据的事实与歧视性措施有关,同样导致其违反最惠国待遇义务。被申请方认为,统一方法适用于所有电厂,基于合理回报率的封顶回报并不是歧视措施,因为某些电厂之前已经超过其他电厂的"合理"水平。仲裁庭经分析认为 ECT 第 10(7)条要求各缔约方给予"不得低于其给予其本国投资者的投资或任何其他缔约方或任何第三国投资者及其相关活动的待遇"。基于与歧视措施相同的事实,申请方主张被申请方违反提供国民待遇义务,而仲裁庭认为政府并没有采取歧视措施,即

---

〔1〕 PNG Sustainable Development Program Ltd. v. Independent State of Papua New Guinea, ICSID Case No. ARB/13/33 Award, para. 142.

〔2〕 Transglobal Green Energy, LLC, Transglobal Green Panama, S. A. v. Republic of Panama, ICSID Case No. ARB/13/28 Award, para. 89.

每位发电商的价格是根据统一方法来确定。本案中,申请方受到的待遇"没有低于"其他类似地位的投资者。因此,仲裁庭认为匈牙利没有违反 ECT 下向申请方提供最惠国待遇的义务。[1]

在 Wintershall v. 阿根廷案中,仲裁庭梳理了调整 BIT 中最惠国待遇条款的基本原则,结合先例指出:多数仲裁庭认为当前条约规定的最惠国待遇条款并不够清晰,并不足以涵盖条约争端解决条款。[2]

在 Impregilo S. p. A. v. 巴基斯坦案中,申请方根据合同之诉认为意大利巴基斯坦 BIT 第 3 条包含了最惠国待遇条款,而巴基斯坦在与其他国家签订的 BIT 中又存在保护伞条款,应当持续确保其遵守有关对待另一方投资者投资的义务,否则将构成违约。申请方认为该条款可以通过最惠国待遇被引用到意大利巴基斯坦 BIT 中。[3] 对此,仲裁庭认为合同争议发生在申请方和水力发电局之间,巴基斯坦并不是当事方,就此援引意大利巴基斯坦 BIT 中的最惠国待遇条款没有实际意义,并否认其对申请方基于合同违约提起的争议具有管辖权。

从上述案件仲裁庭的主要观点来看,各仲裁庭似乎并没有形成有关最惠国待遇适用范围的统一口径,部分仲裁庭甚至采取了回避的态度。对此,有学者认为可以有条件地将 BIT 中的最惠国待遇条款适用于争端解决的程序性问题,但不可绝对化。[4] 当然,部分国家也开始在签订或更新 BIT 的过程中考虑通过前置条件等要求排除或限制最惠国待遇条款用于程序事项。对于发展中国家而言,基本上呈谨慎的态度,以防止出现"挑选条约"的不利结果,从而与外国投资者正当延

---

[1] AES Summit Generation Limited, AES – Tisza Erömü Kft v. The Republic of Hungary, ICSID Case No. ARB/07/22 Award, para. 12.

[2] Wintershall Aktiengesellschaft v. Argentine Republic, ICSID Case No. ARB/04/14 Award, para. 105.

[3] Impregilo S. p. A. v. Islamic Republic of Pakistan, ICSID Case No. ARB/03/03 Award, para. 220.

[4] 参见刘颖、封筠:《国际投资争端中最惠国待遇条款适用范围的扩展——由实体性问题向程序性问题的转变》,载《法学评论》2013 年第 4 期。

伸自己权利的目标相违背。[1]

三、能源类投资争端中的保护伞条款

近年来,投资仲裁庭在实践中也涉及所谓的保护伞条款,即在许多双边投资条约中,该类条款规定缔约国明确同意从国家的视角向投资者承担某些义务。投资仲裁庭认为保护伞条款加强了国家有关条约的义务,如东道国所承诺的以公平公正方式对待外国投资者。[2]

在 Nova Scotia Power v. 委内瑞拉案中,关于被申请方主张的在英国委内瑞拉 BIT 的保护伞条款下仲裁庭缺乏管辖权,仲裁庭认为由于本案已经界定投资的存在,没有必要再考虑该问题。[3]

在 Plama v. 保加利亚案中,关于东道国对投资者承担的义务,ECT 第 10(1)条最后一句话要求东道国遵守已经与投资者或者投资者的投资项目约定的所有义务,这被申请方称为"保护伞条款"。仲裁庭可以限制 ECT 第 10(1)条中的宽泛措辞,因为该条款指向"任何义务"。无论如何,东道国必须承担这些对投资者的义务。根据条款的宽泛解释或临时委员会提议的更严格的解释,ECT 第 10(1)条最后一句话包含了约定义务。因为当事人双方仅关注 ECT 第 10(1)条最后一句话对此类义务的适用,仲裁庭就不需要再进行深入分析。[4]

事实上,运用保护伞条款需要符合一定的条件:第一,对合同的违

---

〔1〕 参见徐崇利:《从实体到程序:最惠国待遇适用范围之争》,载《法商研究》2007 年第 2 期。

〔2〕 Katherine Jonckheere, Practical Implications from an Expansive Interpretation of Umbrella Clauses in International Investment Law(2015), Vol. 11, p. 144.

〔3〕 Nova Scotia Power Incorporated (Canada) v. Bolivarian Republic of Venezuela, ICSID Case No. ARB(AF)/11/1 Award, para. 150.

〔4〕 Plama Consortium Limited v. Republic of Bulgaria, ICSID Case No. ARB/03/24 Award, p. 57 –58.

反必须归因于国家；第二，违反合同必须构成对保护伞条款的违反。[1] 仲裁庭在决定第二项内容时往往适用了不同的标准，导致当前保护伞条款及其适用范围具有相当的模糊性。积极肯定保护伞条款的观点认为该条款能将东道国违反投资合同的争议直接上升到国际法层面依据条约予以解决，投资者可以据此将其与东道国的投资合同争端直接提交国际投资争端解决机制，[2] 但该观点在实践中并没有得到明确的支持。

第四节　能源类投资争端中的间接征收

国际投资法制的发展赋予了投资者充分的权利保护，也对东道国的主权进行了一定程度的限制。间接征收作为近年来能源类投资争端的焦点问题之一，集中体现了二者之间的潜在冲突。在投资仲裁实践中，对间接征收的认定以及补偿问题的争议也形成了各类不同的标准，但总体目标依然在于增加间接征收的可预测性和完整性。

一、能源类投资争端对间接征收的认定

在 AES Summit 等 v. 匈牙利案中，申请方认为，匈牙利通过修订 2001 年《电力法》以及发布《价格法令》，进行随意征收并获得了大量收入。这种行为被认为是申请方认为的"等同于国有化或征收"。对此，申请方认为，因为大量仲裁庭裁决已经表明间接征收这一行为无异于征收，因为采取间接征收的国家剥夺了投资者的合同权利，即使该行为不涉及占有。此外，申请方认为，征收可能是间接的，只要存在对财产使用的干预，即便是偶然的，甚至国家未从干预中受益，也应当被认定。

---

〔1〕 See Michael Feit, *Attribution and the Umbrella Clause – Is there a Way out of the Deadlock*, Minnesota Journal of International Law (2012), Vol. 21, p. 23.

〔2〕 参见赵红梅：《投资条约保护伞条款的解释及其启示——结合晚近投资仲裁实践的分析》，载《法商研究》2014 年第 1 期。

被申请方认为，申请方没有法律依据主张直接或间接征收，匈牙利的行为并没有从使用和控制中剥夺了申请方的投资，申请方并没有被剥夺一切有意义的价值，这是仲裁庭判断征收存在的前提。此外，被申请方认为，申请方不主张其受到的伤害相当于传统的征收，并无法运用间接征收的原则涵盖可能导致其利润暂时缩减的行为。根据被申请方的观点，申请方自己也承认了欧共体的价格调控不是匈牙利例外规则，因为在2006年2月13日的信函中，申请方描述价格管制为“简单的中止”。

仲裁庭认为，显然许多国家的行为或措施会影响投资，修改现有的法律或法规可能是最常见的这类行为或措施之一。不过，对投资造成负面影响的国家的行为并不能自动被视为征收。如果发生征收投资者必须被全部或部分剥夺了财产或能够对投资实施的有效控制，但是在本案中，2001年《电力法》的修订以及《价格法令》的颁布并没有干扰申请方财产所有权或使用权。申请方保留在任何时候对AES Tisza Ⅱ工厂的控制，因此没有剥夺申请方对投资的所有权或控制权。此外，申请方在2006年和2007年获得的丰厚收入来自其投资，这足以证明其投资价值并没有明显减弱，而投资者并没有失去全部投资价值或投资价值的重要部分。在这些情况下，仲裁庭的结论是，再次引入《价格法令》的效果不足以构成对申请方投资的征收。[1]

在Ioannis Kardassopoulos等v. 格鲁吉亚案中，Kardassopoulos先生认为第178号法令极大影响了管道设施的专属权，其投资并没有因此得到相应的补偿。Kardassopoulos先生指出ECT第13(1)条的所有条件都必须满足才能构成合法征收，而本案中的征收不符合任何一项条件。此外，他还认为格鲁吉亚违反了合资合同中的稳定条款，该行为构成不法征收。对此，被申请方的主要抗辩是不存在征收，因为申

---

〔1〕 AES Summit Generation Limited, AES - Tisza Erömü Kft v. The Republic of Hungary, ICSID Case No. ARB/07/22 Award, p. 93 - 94.

请方不具备相应的权利,并且征收是合法的。关于合法征收的标准,被申请方认为在国际习惯法下并不存在对公共目标的定义。仲裁庭通过对 ECT 第 13 条进行分析,认为本案中 Kardassopoulos 先生提出的是一项典型的征收,第 178 号法令已经剥夺了 Kardassopoulos 先生在早期石油管道中的利益,仲裁庭认为该行为无法被视为国家善意行使政策权力。关于合法征收的标准,很显然格鲁吉亚政府从未补偿过 Kardassopoulos 先生,更不用提充分、及时、有效的标准。[1] 因此,仲裁庭认定被申请方通过第 178 号法令对 Kardassopoulos 先生的权利进行了非法征收,违反了 ECT 第 13(1)条的规定。

在 Vannessa v. 委内瑞拉案中,仲裁庭认为在加拿大委内瑞拉 BIT 下申请方权利受到侵犯的主张需要与各方的历史和商业结构以及相关法律文件相联系。为了证明国际法下的征收,国家的行为必须超出通常缔约方可以采取的行为。本案中,2002 年的一系列法律措施影响了申请方的有关权利,这些措施基于工作合同的终止而产生。仲裁庭注意到本案发生的三次合同终止并没有割裂单独的合同纠纷以及违反征收条约规定。由于工作合同自身已经规定了委内瑞拉终止合同的条件,有关征收实体资产的行为,申请方并不具有主张损失的权利。[2]

在 El Paso Energy v. 阿根廷案中,仲裁庭单独分析了间接征收的问题。对于可适用规则的法律分析,仲裁庭认为某些一般管制可以构成间接征收:作为一项原则,一般管制不构成间接征收;例外的情况是不合理的一般管制可以构成间接征收。征收的必要条件是使用投资的功能发生变化:这意味着至少一项财产权的必要功能必须被剥夺,

---

〔1〕 Ioannis Kardassopoulos and Ron Fuchs v. The Republic of Georgia, ICSID ARB/07/15 Award, para. 389.

〔2〕 Vanessa Ventures Ltd. v. The Bolivarian Republic of Venezuela, ICSID Case No. ARB (AF)/04/6 Award, para. 215.

而仅仅损失投资价值并不构成间接征收。[1] 仲裁庭结合先前 ICSID 的相关判例,认为要证明征收的存在,要求投资者不仅被实质性剥夺了利益而且被剥夺了对投资的使用。关于间接征收,即等同于征收的措施的概念,仲裁庭分析了申请方所主张的合同权利及其主张的出售在阿根廷公司的股份的情形,认为这种情形并不是由阿根廷实施的措施单独造成的,因此不构成征收。但是在税收事项方面,仲裁庭回顾了法律第 7(2)条的规定,认为税收事项仅适用于征收、转移、遵守投资协定的执行。仲裁庭在措施的分析方面认为创设对石油和天然气的出口税是在危机背景下合理的政府管制,2002 年阿根廷比索对美元贬值 200%,该背景下,对石油和天然气的出口税仅维持在 4.67% ~ 16.67%,这应当被认为是合理的。此外,税收措施仅对申请方财产权具有有限的影响。仲裁庭经分析最终认定由于政府行为的合理性,本案中并没有导致申请方财产权利的中立化因而没有构成间接征收。

在 PSEG Global v. 土耳其案中,仲裁庭分析了等同于征收的措施是否构成征收投资的争议。仲裁庭并不否认间接征收可以采取多种形式,但是间接征收必须剥夺投资者对投资的控制,如公司日常管理、干涉运作、阻止分红、干涉高管任命或者剥夺公司全部或部分财产。但是仲裁庭并不认为本案中存在这样极端的干涉行为。尽管等同于征收的措施使得所有权问题与行为无关,但是同样也需要证明对合同权利进行明显的干涉。[2] 因此,仲裁庭认为被申请方没有违反条约,但不意味投资者财产或权利的价值没有受到影响。

在 Nykomb v. 拉脱维亚案中,申请方没有主张被申请方因与 ECT 第 13(1)(a)条至第 13(1)(c)条的要求相符合构成直接的征收,从而导致不支付双重关税的金额,偏向于主张其构成"间接"或"诱导性"

---

〔1〕 El Paso Energy International Company v. The Argentine Republic, ICSID Case No. ARB/03/15 Award, para. 233.

〔2〕 PSEG Global Inc. and Konya Ilgin Electrik üretim ve ticaret limited Sirketi v. Republic of Turkey, ICSID Case No. ARB/02/5 Award, paras. 278 – 279.

征收。被申请方通过剥夺申请方子公司大部分主要的销售收入,导致申请人的投资急剧贬值。被申请方辩称,即使根据最新的国际条约法以及国际惯例发展出的更为广泛的意义,被申请方仍然否定拉脱维亚不支付金额的行为等同于征收。仲裁庭认为,各方提供的专家法律意见以及类似条约作出的仲裁裁决在这种情况下需要被参考。仲裁庭认为“管制性征收”可能的情况下相当于征收或等同于征收。[1] 构成征收事实的决定性因素必须主要是企业有争议的措施带来的占有或控制程度。在目前的情况下,除了普通的监管规定生产许可证、承购协议等外,被申请方没有对申请方或其资产采取控制,没有干扰股东权益、管理的控制、企业的运行。因此,仲裁庭得出结论认为,被申请方根据条约扣缴支付双重关税税款的行为并不构成征收。

在尤科斯 v. 俄罗斯案中,申请方认为截至 2003 年 10 月,尤科斯仍是世界上最大的石油公司之一。尤科斯持有 Sibneft 92% 的股份,拥有 3 家核心生产子公司(Yuganskneftegaz, Samaraneftegaz 以及 Tomskneft)以及炼油和营销子公司。由于俄罗斯扣押尤科斯的资产并将其所有权转让给国有的 Rosneft 和 Gazprom 的一系列行动,截至 2007 年 11 月 21 日,尤科斯不再作为一个公司而存在。对于俄罗斯的行动唯一合理的解释就是瓦解公司并将其资产转归国有以及免除作为潜在的政治对手的 Khodorkovsky 先生的职务。这些行动的结果是全面且彻底地剥夺申请方的投资。俄罗斯也无法满足 ECT 第 13(1)条中规定的四项条件中的任何一条。征收申请方的投资这一行为明显不是出于公众利益,没有按照正当法律程序进行,并且没有支付任何补偿,更不用说及时、充分和有效的补偿。俄罗斯违反了 ECT 的第 10(1)条和第 13(1)条中规定的义务,所以其有义务向申请方做出充分赔偿。

---

〔1〕 Nykomb Syergetics Technology Holding AB v. The Republic of Latvia, SCC Case No. 118/2001 Award, p. 33.

关于征收的认定即ECT第13条采纳的法律标准，当事方分两步来分析第13条，首先通过确定没收的构成或“具有相当于同化或没收的影响的措施”，接着通过讨论合法征收的构成，比如，ECT第13(1)条中的四种征收情况：征收是为公共利益；无差别对待；正当法律程序下进行；支付及时、适当且有效的赔偿。仲裁庭首先概括当事人的主要争论是关于ECT第13条的法律标准，并且将在重视这些标准的情况下复审现有的案件事实。申请方注意到ECT第13(1)条是关于解决国有化和占有问题还有其他相关问题。申请方主张这些相关问题包括“干扰财产的使用、剥夺所有者可预见的经济财产效益”。申请方强调，在考虑被申请方是否根据ECT第13(1)条征收了申请方的投资，仲裁庭应当总体地来看待而不是分离地看待被申请方的行为。申请方主张，问题并不在于被申请方的每个行为是否在俄罗斯法律下合法，或是在其他的司法管辖区的实践是否有区别，而在于被申请方的所有行为是否在国际法中合法。

申请方主张，相较于被申请方的主张，征收的标准并没有限制投资者的合法期望。被申请方在这方面对于各国的条约实践参考是无意义的，无论其他关于正当期望的条约是否最终建立征用的标准都与ECT的解释无关。根据征收在公共利益中的界定，申请方主张国际仲裁庭已经强调的征收必须发生在“真实的公共愿望”情况下而不是在“纯粹的没有关联的政治原因”或“报复”的情况下。申请方主张国家的广泛自由裁量权决定公共利益的构成。申请方主张，“不正当的差别处理，不论是根据法还是根据事实”的裁决均被认为是歧视。ECT定义一项征收必须是“根据法律正当程序提出”，而不像其他投资文本那样规定征收不仅需要符合当地的正当程序标准而且还要符合国际的正当程序标准。申请方主张正当程序包括实质的和程序的要素，认为“不论国家什么时候利用财产，利用的方法必须与专断无关”，“利用的或可行的行政或司法机构必须至少符合国际法需要的最低要求”，要求投资者必须被给予“合理提前的通知，一场公平的听证会以及一位无偏见的仲裁员来评估仲裁中的行为"。

被申请方主张 ECT 第 13 条中的征收标准不能与第 10(1)条中的公平、公正的处理标准合并。本案中，被申请方认为申请方必须证明其股票的损失是属于被申请方的行为不可避免的后果，行为不排除 ECT 第 21 条的适用。因此，申请方不能因自己的行为或其投资行为要求征收赔偿。被申请方提出答辩，认为没有主权国家的具体承诺，投资者没有权利或合法预期非执行或免除税收和相关处罚。此外，当投资者提供不完整、不准确信息时，合法预期不能基于主权国家的承诺。被申请方也认为，非法的合法预期包括"监管制度的演变的期望，包括通过法律解释或适用，即使没有先例，也可以通过立法修正并改变"。此外，被申请方认为，必须区分 ECT 中征收措施违反东道国的义务和一个国家的监管权的正当行使，包括征收和税收。因此，在目前的情况下，要证明被申请方违反 ECT 第 13(1)条，申请方必须证明在俄罗斯法院支持税收措施的决定，以及在尤科斯破产的背景下出台的决定，都是具有相当于国有化和征收措施的效果。因此，被申请方认为，申请方必须证明这些决定明显违反了俄罗斯法律，通过与国际标准比较，认为俄罗斯税收自由裁量权幅度过大。最后，被申请方提出，申请方必须证明其主张的行为违反 ECT 第 13(1)条的要求。有关非歧视性的要求，被申请方提出第 13(1)条证明相似案例，但没有提出合理的理由。因此，申请方必须提出基于国外所有权的不同待遇。[1] 最终，仲裁庭认定被申请方违反了 ECT 第 13(1)条有关征收规定的义务。

在 Anatolie 等 v. 哈萨克斯坦案中，仲裁庭在征收问题中单独分析了间接征收：[2] 间接的征收一般被解释为对投资的干涉，干涉并不影

---

〔1〕 Yukos Universal Limited v. The Russian Federation, PCA Case No. AA 227 Award, p. 548.

〔2〕 Anatolie Stati, Gabriel Stati, Ascom Group S. A., Terra Raf Trans Trading Ltd. v. The Republic of Kazakhstan, SCC Arbitration V (116/2010) Award, p. 240.

响投资者的所有权但会使其有效利用所有权获得的权利受到影响。此案并非那种极其缓慢的间接征收量变到严重后果的情形，而是几项连贯的行为导致间接征收的情形。被申请方实质上剥夺了申请方的所有权。这些行为可以定义为法理学上的间接征收。而间接征收被经常定义为对权利或投资的所有权的实质性的剥夺。本案的事实导致了哈萨克斯坦在 2008 年 10 月到 2010 年 7 月对投资者的错误作为，类似情况也曾出现在 PSEC v. 土耳其案中。该案对间接征收的构成要素进行了总结：投资者对其投资的控制和管理权被削弱，如公司日常经营管理、行政干涉、分红、管理人员及其他职工的任命等权利，或者被申请方对其公司的部分或全部资产进行了剥夺。与被申请方的观点相反，申请方认为在对申请方的投资进行调查之前，申请方是没有过错的。被申请方从来没有提出过投资者之前有违法行为。相反，该调查成为了哈萨克斯坦对申请方公司采取措施的理由，最终导致了申请方资产全部被其控制。哈萨克斯坦早在 2008 年 11 月就提出金融警察需要对管道重新分类并且指出投资者在过去的许多年中的收入为非法所得的结论。对此，仲裁庭决定不采用被申请方提供的证据。毫无疑问，哈萨克斯坦的恶意征收行为是违反 ECT 及相关国际法规定的。

从上述仲裁庭的裁决来看，事实上对间接征收的含义基本上已经达成一致，多数 BIT 中也会用"等同于征收的措施"来表述投资中的间接征收，甚至表述为"事实征收、渐进式征收或者伪装的征收"。[1] 对间接征收认定标准的差异，成为当前投资仲裁实践中的主要争议焦点之一，也集中反映出发展中国家与发达国家、维护东道国权威与保护

---

〔1〕 Ivan Pupolizio, *The Right to an Unchanging World – Indirect Expropriation in International Investment Agreements and State Sovereignty*, Vienna J. on Int'l Const. L., Vol. 10, p. 151(2016).

外国投资者私人利益、经济价值与非经济价值之间的三对矛盾。[1]

现有国际投资协定与仲裁庭实践也基本上明确了判断征收特别是间接征收行为的四要件:公共目的、非歧视、法律程序正当以及迅速、恰当、充分的补偿。尽管出现了对公共目的、法律程序正当以及补偿规则的讨论,但合法征收的基本条件仍然处在多样化的讨论之中,间接征收作为当前常见的征收类型也包含了如下要素:第一,公共目的。公共目的的要求在国际习惯法中已经被认可,已经在一些多边和双边的投资条约以及联合国大会第 1803 号决议中得到体现。然而,第 1803 号决议缩小了限制的基础。其中第 4 条指出“国有化、征收或者获得财产将以公共使用、安全或者国际利益为基础,这超越了无论是国内还是外国的纯粹的个体或私人利益”。决议将公共利益作为一项国际公共政策超越了个体或私人的利益。但是对公共目的的判断则较为困难,因为公共目的是一个广义的概念,国际法没有对公共目的范围的明确指引。因此,这对判断征收是否具有公共目的造成了困难。第二,非歧视。歧视在征收中不能被接受。因此,如果一国对投资者的措施是基于投资者的国籍或者宗教,这将被归入歧视国家待遇。歧视行为明显违反了国际基本准则,因而是非法的。合法占有中的非歧视标准作为国际习惯法、多边和双边条约法以及判例法的一部分,在国际实践中受到认可。通常,条约建立了征收不得采取歧视措施的规则。但是并没有给出歧视措施的具体定义。因此,缺乏指引将使判断一国行为是歧视性的还是非歧视性的更加复杂。非歧视原则在国际习惯法和国际条约中都应该得到适用。该原则的适用并不是不顾事实情况的一味适用,在适用的过程中,仲裁员必须仔细考量所有的相关情形。第三,法律程序正当。程序正当意味着占有必须依据可适用的法律和正当程序。对征收的决定和对执行的决定必须经过

---

〔1〕 参见蔡从燕、李尊然:《国际投资法上的间接征收问题》,法律出版社 2015 年版,第 26 页。

恰当的审查,特别是东道国司法机构的审查。这一要求对评价补偿特别重要。法律程序正当在大量多边条约,双边投资协定以及投资协议中均有出现。第四,补偿。目前理论与实践对支付补偿的必要性没有疑问,但是对于“公正补偿”的构成存在两种不同的观点。一种观点认为补偿应当“迅速、恰当、充分”。这意味着支付应当充分可信、自由转移并且不得迟延。这就是“郝尔规则”。郝尔规则在许多双边和多边条约以及投资协议中都出现过。另一种观点支持“适当补偿”或者“恰当补偿”。这种情况下,政府应当支付占有财产的完全价值或者市场价值,该观点也在联合国大会宣言中得到支持。联合国大会第 1803 号决议第 4 条宣称国家有权对财产采取国有化或征收,但必须基于“公共使用、安全或者国家利益”并支付“恰当补偿”。通常,资本输入国不愿意接受“郝尔规则”而采取了“恰当补偿”。该术语主要为发展中国家所使用,通常根据其采取的措施和自身的法律体系来决定采取补偿的数额。

二、能源类投资争端对损失补偿的界定

为了实现对间接征收造成的损失的救济,损失补偿被仲裁庭视为一项常见的方式。由于不同国家法律制度对损失界定存在较大的差异,国际投资争端实践中对损失的界定与补偿计算也较为复杂。其中,损失的估价方法及其考虑因素不仅直接影响损失的计算,也成为国际投资争端实体问题特别是责任界定的内容。

在 Occidental 等 v. 厄瓜多尔案中,仲裁庭分析了公平市场价值(Fair Market Value)与贴现现金流量法。对于前者,申请方认为国际法对条约的违反规定的恰当的救济中,公平市场价值是最为恰当的救济方式。被申请方则认为即使仲裁庭裁决其对申请方的投资存在征收,也应当自征收被知晓的日期起算。仲裁庭认为应当根据条约裁决投资的公平市场价值,并援引了 Kalt 教授有关公平市场价值的定义:衡量公平市场价值需要恰当考虑市场的结果,特别是通过多年项目运

作来评估净收入流,数额等同于买方合理期待被支付的卖方放弃净收入流的数额。本案中应当将申请方认为是卖方,按其合理并自愿接受合同的情形进行考虑。[1] 对于后者,仲裁庭认为其是衡量公平市场价值的标准经济方法,以合同终止结果作为计算申请方遭受累计经济损失。

在 Rompetrol v. 罗马尼亚案中,仲裁庭分析了直接损失和精神损失。对于后者,申请方提出应当给予精神损失的补偿。申请方认为精神损失涵盖了无法以数字评估的损失,需要仲裁庭裁量决定。申请方援引了仅有的两项授予精神损失赔偿的案例并指出仲裁庭在该问题上具有绝对的自由裁量权。通过对专家意见的考察,仲裁庭适当考虑了专家意见,但最终认为精神损失无法被证明为实际的经济损失,因而无法进行裁量。[2]

在 LG & E 等 v. 阿根廷案中,仲裁庭对损失的衡量方法进行了分析。为了使用公平市场价值判断损失,申请方倾向于使用股票价格和大宗股票购买价值主张天然气运输公司的价值。征收主张和其他主张的差异在于当地价值。仲裁庭认为如果投资者受到干涉丧失了投资所有权或财产权导致等同于征收的情形发生时,适用该方法较为恰当,但本案中并没有出现这样的情形,因此仲裁庭驳回了申请方认为阿根廷措施属于间接征收的主张。[3] 仲裁庭认为,本案的补偿不受资产价值的影响,无法反映出申请方遭受的实际损失。实际损失作为不法行为的结果应当被给予恰当的补偿。

在 Nykomb v. 拉脱维亚案中,评估损失或损害的原则被认为是根据 ECT 第 13(1)条所采取的在特殊情况下投资被收归国有、被征收或

---

〔1〕 Occidental Petroleum Corporation, Occidental Exploration and Production Company v. The Republic of Ecuador, ICSID Case No. ARB/06/11 Award, para. 707.

〔2〕 The Rompetrol Group N. V. v. Romania, ICSID Case No. ARB/06/3 Award, para. 293.

〔3〕 LG&E Energy Corp, LG&E Capital Corp, LG&E International, Inc. v. Argentine Republic, ICSID Case No. ARB/02/1 Award, para. 35.

采取相当于国有化或征收效果措施的补偿原则。仲裁庭并不认为拒绝支付双重关税的行为相当于 ECT 第 13(1)条所指的征收。仲裁庭认为,ECT 第 13(1)条规定的赔偿原则并不适用于因违反 ECT 第 10 条造成的损害或损失的评估。另一项评估规则包含在 ECT 第 26(8)条,规定根据第 26 条的仲裁裁决可以包括利息的裁决。仲裁庭认为,双方已商定根据 ECT 第 10 条规定,被申请方违反其义务产生的损失或损害必须首先按照国际法习惯既定原则找到解决方案。这些原则已被 2001 年 11 月国际法委员会通过的关于国家责任条款草案重申。[1] 根据该草案第 34 条和第 35 条恢复原状被认为是赔偿的主要补救措施。第 35 条规定:国家有义务负责将国际不法行为恢复原状,也就是说,重新确立其存在的不法行为作出之前,国家应当在某种程度上恢复原状。本案中,恢复原状是可行的,无论是通过的拉脱维亚法律保障申请方子公司的双重关税的权利,还是通过司法赔偿合同以货币归还双重关税和实际支付的关税之间的差额。但是,即使投资可能通过对缔约国国家的子公司实施间接造成损失,恢复原状仍应当主要被看作是一项适当的补救措施。因此,仲裁庭认为至仲裁时应当采取适当的方式对申请方投资上的损失或损害进行评估。

在 Mohammad v. 塔吉克斯坦案中,申请方主张由于延迟发放许可证的损害赔偿。被申请方辩称,当天发放的许可证的价值将远远低于其于 2001 年发放的许可证的价值。关于评估补偿的标准,《国家间国际不法行为责任(草案)》确认,补偿的成立需满足由于在政府不法行为造成的损害范围内进行的恢复原状未能很好地赔偿受害者的条件。若补偿成立,则补偿包括金钱上可评估的损失和确立的损失利益。申请方要求补偿的不是许可证应颁发后所拥有的价值,而是两个不同假设的情景下的差额:在 2001 年被申请方在未违反契约情况下所估算

---

[1] Nykomb Syergetics Technology Holding AB v. The Republic of Latvia, SCC Case No. 118/2001 Award, p. 38.

的许可证价值，以及被申请方在 2001 年颁发的许可证。申请方专家证人 Gustason 先生对其 2001 年至 2009 年每一次的价值评估。即使仲裁庭特别授权履行，此项损害也不能通过恢复原状来进行有效赔偿。ECT 没有对仲裁庭在补偿标准的适用上作出任何规定。然而，仲裁庭认为不需要采纳在其他案件中被其他仲裁庭适用的各种补偿标准和方法，即使这些补偿标准和方法在本案中也可以适用。申请方提交了基于这些许可证在以上两种假设情形下的差值的评估报告。仲裁庭注意到，基于价值的方法已经被大量的投资仲裁庭认为是适用于合同违约而非征收所采用。

资产的价值可以使用不同的方法来评估。申请方的专家证人使用贴现现金流量法来评估许可证在两种假设情形下的预期收益。贴现现金流量法具有前瞻性，用于形成于某个项目的计算未来现金流在当下价值的方法。按照世界银行的解释贴现现金流量值“系指在今后每年的经济周期中合理项目减去该年预期的现金收入的现金值，在真实情况下反映出货币机制的时间、可能的通货膨胀以及与该现金流相联系的风险贴的因素来贴现每年净现金流。”[1] 假定符合上述某些条件，这将也成为一个可以接受的评估资产价值的方法。在此必须指出的是，贴现现金流量法并不计算未来失去的收益。

为了将价值评估更符合贴现现金流量法，仲裁庭认为必须对企业持续经营和具有良好的盈利能力记录两项内容进行严格的界定。世界银行同样对企业持续经营做了如下定义：“企业持续经营，即企业为创收财富，并且在一段时期内进行操作形成未来评估收入所需要的合理确定的预期数据，若未创造出财富，则为在一般市场环境下依照政府的调控创造合法的收入。”仲裁庭注意到，在其他案件中某些项目并未真正开始实施，而仅仅在计划阶段或实施的时间少于两年的项目的

---

〔1〕 World Bank Guidelines on the Treatment of Foreign Directive Investment, available at https://www.acerislaw.com/wp-content/uploads/2018/11/World-Bank-Guidelines-on-the-Treatment-of-Foreign-Direct-Investments.pdf.

情形下,仲裁庭通常拒绝适用贴现现金流量法。被申请方拒绝申请方进行勘探资源所必需的许可证申请,因此申请方并没有开始进行勘探和生产。申请方没有生产石油、天然气,甚至未发现任何石油、天然气,并且没有从四个地区获得任何收入。事实上,在仲裁庭裁决范围内,申请方自从合同签署以后并未在四个项目地区从事任何活动。对于损害赔偿的计算是一个完全不具有任何过去盈利记录的前瞻性分析。

仲裁庭认为,虽然在特殊情况下贴现现金流量分析适用于未开始实施的争议中的投资项目。仲裁庭重申在 Vivendi 案中仲裁庭的观点:"为确定补偿损失的依据,申请方必须充分证明失去利益的可能性。仲裁庭也承认在一个类似的案件中,即使申请方在缺少真实的企业持续经营的条件下,也应该证明其完全失去利益的可能性。"例如,申请方能明确地创办一项投资,比如特许权,本应在当下专家意见的证据下完全实现获利,并且证明在同样条件下通过特许权能实现获利的记录。仲裁庭认为此项申请应被证明是合法的,尤其是在争议中的油气勘探。基于油气储量勘探的预期现金流的判断不需要依据过去盈利能力的记录。全世界有许多的油气储量,大量数据显示预期现金流应认可贴现现金流量计算法。仲裁庭认为在预计现金流之前须经过四个步骤:勘探的资金、发现油气资源、负担提取物的费用以及出售。

申请方提请仲裁庭采纳其本将获得对勘探活动的资金支持的假设,但是申请方没有提供确切的资金的证明,仅表示各方基于勘探活动的利益与兴趣。申请方认为其本应发现油气资源,虽然发现的可能性很低,并且截至目前没有任何证据表明其他公司已经发现了油气资源。申请方仍认为其本将能够开采并销售掉油气成品,虽然申请方没有证明在这些领域具有相当的经验的主张。

仲裁庭认为,很多简单的未经证实的假设难以评判贴现现金流量法的适用。贴现现金流量法无法适用于证明资助的资金对于必要的勘探活动的效用，即使被申请方在2001年已经颁发许可证。

申请方并未提交可供选择的损害赔偿的评估方法。假设申请方要求以贴现现金流量法所计算的损失利益作为可供选择的选项，仲裁庭也将以上述原因拒绝对这项申请。仲裁庭认为，申请方有可能将四份合同中许可证所赋予的权利出售给第三方，虽然这样对于申请方不利。申请方专家证人证明计算的预期值与市场可能的价值略有不同。此外，申请方专家证明其并未计算投资的总额和申请方的损失。

因此，仲裁庭得出结论，尽管被申请方具有一定的义务，如违反了BIT而产生的损害评估。但是，由于申请方没有证明由于被申请方违反了BIT而使其遭受损失，申请方的此项补偿请求被驳回。关于未颁发许可证的赔偿损失的请求，申请方要求仲裁庭裁决，若在本仲裁生效六个月之内许可证仍未颁发，被申请方应有义务赔偿未来任何一个时期内申请方所遭受的任何可被业内专家计算的损失，该项主张仍然被驳回。关于诉请未来的损害赔偿，申请方进一步要求"被申请方应对由于被申请方的行为或者疏忽的行为造成的未来的损失以及未来不能计算的损失负责"。此项请求目前未被各方承认，因此不属于仲裁庭的管辖范围。在仲裁中，申请方有机会提供证据证明是由于被申请方违反ECT造成的损害从而要求仲裁庭行使部分裁决管辖权。为了明确争议范围，申请方认为被申请方应承担其他行为或疏忽的行为的责任，或未来将要产生的损害赔偿责任，或目前为止仍未被计算出但未来仍可能发生的责任，但此条件不适用于本案。仲裁庭对申请方将来是否可能将基于未来条件下的损害赔偿在未来进一步的仲裁中提出没有回应。[1]

在Anatolie等v.哈萨克斯坦案中，仲裁庭经过分析详细讨论了精神损害赔偿的问题。申请方认为，被申请方已经承认精神损害赔偿是

---

〔1〕 Mohammad Ammar Al – Bahloul v. The Republic of Tajikistan, SCC Case No. V (064/2008) Award, p. 17.

允许的，在以下特殊情况中可以对精神损害进行赔偿：国家行为隐含人身威胁、非法拘禁或其他类似的虐待行为，与对文明国家的期待行为相抵触；国家行为会导致健康恶化、压力、焦虑和其他精神痛苦（如屈辱、羞耻和堕落），或名誉、信用和社会地位的损失等，上述影响必须是严重或实质性的。虽然仅是一项特殊救济，但申请方已经例证了其所遭受的虐待。申请方还认为，在投资实践中精神损害赔偿已经越来越受到接受和认可。申请方认为其已经证明裁决范围可以包括精神损害，被申请方的行为也属于该范围。申请人对哈萨克斯坦的不端行为忍受了多年。被申请方对案件证人 Cojin 先生的证词没有作出反对。证词表明，申请方相关公司的经理在哈萨克斯坦工作处于威胁和骚扰中，并作为目标被监视，被经济警察跟踪，最终被迫离开该国。哈萨克斯坦对申请方施加压力，并且通过恐吓手段以及错误的刑事指控、诽谤和没收财产使申请方名誉受损，因此其有责任赔偿申请方，仲裁庭应当行使自由裁量权裁决申请方应当获得精神损失赔偿。被申请方则认为申请方要求精神损害赔偿是没有依据的。

仲裁庭认为：[1]双方当事方都同意仅在特殊情况下对投资条款适用精神损害赔偿。因此，申请方负有举证责任。的确如申请方所承认的，鲜有国家在争端中如哈萨克斯坦一样，用如此严重、蓄意及其一切可用的手段粗暴地对待投资者并记录在案。同时，关于债务判决，仲裁庭已经确认了被申请方行为的时间轴，必须一同列入考虑。在此情况下，仲裁庭认为被申请方已经构成对能源宪章条例的违反，申请方需要被提供公正公平的对待，但并不意味着必须获得精神损害赔偿。

国际实践中，赔偿并不总是遵循国际法规则的标准，部分案件的

---

〔1〕 Anatolie Stati, Gabriel Stati, Ascom Group S. A., Terra Raf Trans Trading Ltd. v. The Republic of Kazakhstan, SCC Arbitration V（116/2010）Award, p. 390.

赔偿决定也含有主观因素。[1] 尽管国际投资仲裁中裁决赔偿的做法较为普遍，具体计算方式因个案有所差异，但授予精神损害赔偿的做法在实践中并不常见。

〔1〕 Iramgard Marboe, *Calculation of Compensation and Damages in International Investment Law*, Oxford University Press, 2009, p. 396.

第三章 海外能源投资的私法保障

私法调整平等主体之间的关系。在私法领域中,义务主体面对相应的权利主体。[1] 海外能源投资的私法保障系指通过私法救济的方式为海外能源投资提供相应的法律支持体系。综观全球海外能源投资实践,主要通过国际性的能源投资合同的选择以及相应法律条款如稳定性条款、法律适用条款以及争端解决条款的确定来实现对海外能源投资的私法保障。

第一节 国际能源投资合同概述

海外能源投资确定的重要方式是通过投资者与资源所有国即国际投资中的东道国签订国际能源投资合同展开。国际能源合同具有一系列特色鲜明的条款,包含多种不同类型的合作模式,既是东道国与国际投资者正面博弈的基础性法律文件,同时也是海外能源投资在合同领域私法救济的最主要依据之一。

---

〔1〕 参见[奥]凯尔森:《法与国家的一般理论》,沈宗灵译,商务印书馆 2016 年版,第 301 页。

一、国际能源投资合同的概念与特征

海外能源投资中，国际能源合同是指东道国或能源东道国国家能源公司同外国能源投资者为合作开采本国能源资源，依法订立的包括能源勘探、开发、生产和销售在内的一种国际合作合同。[1] 通常，海外能源投资以国际能源投资合同为基础，涉及东道国政府或代表其政府的国有公司、海外投资者在能源开发方面的权利义务分配。

与其他类型的法律合同相一致，国际能源投资合同作为双方或多方的法律行为，是东道国政府或国家能源开发公司与外国投资者意思表示一致达成的文本。合同中，东道国政府或国家能源公司承认外国投资者开发开采本国自然资源的权利，就投资成果进行协商分享如进行生产收益的分配，因而是等价有偿的法律合同。但就合同主体身份而言，国际能源投资合同一方为东道国政府及其国家能源公司，代表着国家对其自然资源永久主权的分配和决定权；另一方则是国际直接投资的推动者，以跨国公司等为代表的能源开采技术和资金的所有者。二者虽然在国际能源投资合同中力图达成平等友好的合作关系，但就其各自优势和特点而言，仍然存在公权力主体与私权利主体的基本差异。

国际能源投资合同多见于石油、天然气等主要资源类开发开采过程中，由于内容涉及的专业性和复杂性较强，因此也带有格式合同的特征，即整体上由单方事先拟定，订立合同的相对方对合同版本的修改程度较为有限。此类做法虽然可以极大地节约订立合同的时间、提高交易效率，但也有可能在一定程度上限制合同交易方特别是外国投资者的自由。

在国际能源合同的订立过程中，一般采用招标或立法方式进行。前者主要通过向公众招标开发资源的过程中附带公布相应的合同范

---

〔1〕 参见隋平：《海外能源投资法律与实践》，法律出版社 2011 年版，第 6 页。

本的方式，由外国投资者经过竞标后参与订立；后者则主要通过东道国专门立法的方式，确立国际能源合同的主要条款，如智利《汽油法》规定立法体制中的豁免以及税收利益应当记录并适用于运营合同中并持续整个合同期间，[1]这样往往确立某些能源开发合同如产量分成合同的范本。

二、海外能源投资合同的合作机制

海外能源投资过程中，各方往往通过国际能源合同来确定东道国与国际投资者之间的收益分配机制。事实上，除美国等少数国家和地区允许私人拥有能源资源如油气资源，绝大部分国家和地区的能源资源所有权仍归属于东道国政府。以石油领域为例，一般认为石油生产的总收益包括常规投资收益、常规税收和资源地租三部分收益。[2]石油生产收益的三个组成部分在东道国即能源资源所有国和合同缔约方即国际投资者之间进行分配。其中，常规投资收益通常由能源投资的开发方即国际投资者获得，常规税收由行使税收主权及社会管理职能的主权国家东道国获得，而资源地租由于资源稀缺产生的超额利润，大部分归属于东道国、小部分归属于国际投资者。

在国际能源合同的具体合作类型上，根据生产的能源产品的所有权归属大致分为租让制与合同制两种类型。在租让制中，东道国政府允许国际投资者获得矿产资源的所有权，投资者根据同东道国签订的租让合同，在合同约定的特定时间与特定的地区进行资源勘探生产。该模式下，投资者承担勘探的全部风险并享有资源的所有权并通过生产利润来获利，而东道国通过收取投资者的采矿费用和所得税等税费

---

〔1〕 Decree – Law No. 1089(1975) Art. 12. See AFM Maniruzzaman, *National Laws Providing for Stability of International Investment Contracts: A Comparative Perspective*, 8 Journal of World Investment and Trade 234 (2007), p. 241.

〔2〕 参见王年平：《国际石油合同模式比较研究——兼论我国石油与能源法的借鉴》，法律出版社2009年版，第12页。

获利。在合同制中,资源产品的所有权归属于东道国政府。政府保留矿产所有权,国际投资者通过签订合同获得相应的回报。合同制下投资者在未来产品中逐年收回成本,有权收取若干份额的剩余产品或现金并以此作为承担风险以及进行开发服务而获得的回报。[1] 国际投资者以实物形式获得回报的合同模式被称为产量分成合同或产品分成合同(Product Sharing Agreement)。产量分成合同中,投资者承担资源投资中可能发生的风险,但可以获取一定份额的产品分成作为回报。通过产量分成,投资者除了可以收回投资成本,还可以根据合同约定获得一定的产量分成。与此相对应,国际投资者获得以现金为回报的合同通常被称为服务合同。在服务合同项下,自然资源的开发成果归属东道国政府,投资者根据合同约定通过现金形式收回投资成本并获取一定收益。根据投资者在服务合同中是否承担风险,服务合同又可继续分为风险服务合同与纯粹服务合同。在前者模式下,国际投资者依据风险进行收费;在后者模式下,国际投资者仅按规定的标准进行收费。通常实践中采用风险服务合同(Risk Service Agreement)的情形较为多见,国际投资者承担开发资源中的风险但对开发的资源产品并不享有所有权。在海外能源投资实践中,采用上述两种方式进行的混合型合作模式也常常出现。

除此之外,国际能源合同还包含资源开发阶段的生产、开发以及恢复开发生产合同。外国投资者通过采取合资经营合同、合作经营合同以及合作开发自然资源合同等方式[2]确立的投资合同也多见于国际能源投资的过程中。

三、海外能源投资合同的功能

海外能源投资中,国际能源投资合同在确定东道国政府或其国有

---

〔1〕 参见韩风君、肖华娟:《石油产品分成合同类型简析》,载《中国石油大学学报(社会科学版)》2011 年第 3 期。

〔2〕 参见余劲松、周成新:《国际投资法》,法律出版社 2018 年版,第 59 页。

公司与国际投资者之间的权利义务分配方面发挥了极其重要的作用，特别是对双方就资源及其产品的所有权归属、勘探与投资风险、投资回报形式与回报率等内容进行界定，在一定程度上反映出东道国政府对能源类资源的控制水平以及东道国与投资者之间的能源利润分配标准。

国际能源投资合同包含了合同基本内容、许可证、所有权与财产权界定、东道国政府权力、开发与勘探期限、管理与税收、权利义务转让、各方责任、不可抗力、保密、合同稳定性、适用法律、争端解决等诸多条款，这些条款使得国际能源投资合同具有一定的复杂性与可调整性。合同总体上可分为经济条款、管理条款与法律条款三部分内容，也体现出东道国政府与国际投资者在能源投资过程中各自追求的不同目标。

国际能源投资合同中，东道国通常追求对能源类资源的绝对控制权，确保高效的资源开发成功率从而保障国内资源的消费需求，在此基础上实现能源收入的最大化，通过外国投资者的能源开发进一步吸引外资并促进本国经济发展。国际投资者一般更看重投资过程中的基本待遇保障，包括获得较为合理的投资回报率、相对自由可控的投资开发环境、投资资金的安全等。应当说，二者之间并不存在绝对的冲突，如何在各方的合作中尽可能追求国际能源投资的公平和效率，是海外能源投资合同运作的首要目标之一。同时，国际能源投资合同在发展的过程中也呈现出稳定性与灵活性、格式化与平等要求等潜在的矛盾，需要各方在订立合同的谈判阶段至合同运营中不断进行更新与协调。

第二节　海外能源投资合同模式的选择

国家和投资者之间在国际能源领域中产生了几种典型的投资合同类型。就能源分布领域而言，石油、天然气、基础设施工程以及有关电力生产、传输和分配都为海外能源投资合同模式提供了新选择。本节重点介绍石油领域三类主要合同模式，分析其特征与相对优势，为海外能源投资的私法保护提供参考。通常，各种类型的海外能源投资合同应当根据其内容而不是标的来评估。

一、石油天然气开发生产的合同模式

外国或国内投资者与东道国之间有三种主要类型的石油开发和生产合同：产量分成、风险服务以及税收特许。每一项合同都建立了东道国批准的不同管理体制。然而，有部分是“纯粹”的类型，更多的是混合型，一段时间内在一国之中混合适用不同类型的合同也较为常见。许多国家在同一时间内存在多种合同安排，体现出一段时间内的政策走向。例如，在厄瓜多尔和委内瑞拉，20 世纪 90 年代曾发生政策性变化，导致投资者面临许多完全不同类型的合同选择。

（一）产量分成合同

产量分成合同是东道国与石油公司在国际石油领域中最为常见的合同形式。20 世纪 60 年代，该类合同最早产生于印度尼西亚。在这种体制下，国家石油公司就其运作行为向国家负责，投资者作为对国家石油公司负责的缔约方来执行工作项目。产量分成合同在获得独立的发展中国家中较为流行，并延伸到埃及、利比亚、菲律宾、特立尼达和多巴哥、马来西亚、秘鲁、卡塔尔和其他 OPEC 成员方。产量分成合同在许多国家石油开发吸引投资的过程中都得到了运用。通常，发展中国家中产量分成模式较为流行，如坦桑尼亚 2013 年推出新的产量分成合同，包括东帝汶、缅甸、墨西哥、俄罗斯等国都曾大力推广石油天然气开发中的产量分成模式。

该类石油合同要求在国际投资者和东道国之间分配预先确定比例的风险成果，通常通过国有石油公司来进行。石油和天然气的所有权依然属于东道国或国有石油公司。外国石油公司与东道国或国有石油公司签订合同提供资金和技术在特定的合同领域开发石油资源，并支付所有的成本，成为履行义务并独自承担风险和费用的缔约方。作为回报，石油公司获得石油生产或商业生产的利益或生产份额中的部分权利用于回收成本。在部分合同中，缔约方在石油生产中被授予"参与权"（如股份或股权），并参与合同运作。通常，缔约方对正在运作的项目征收所得税，有时还有特许费用。成本的恢复根据特定期间的协定比例进行。

由于多数国家采用产量分成合同，政府使用不同的方法达到与税收有关的既定目标。按制定的先后顺序，下文选取了本世纪以来三个国家或地区的实例予以说明，分别是伊拉克新创建的库尔德斯坦地区2007年产量分成合同示范条款、阿塞拜疆2009年合同条款以及2013年坦桑尼亚产量分成合同范本。

伊拉克库尔德斯坦地区产量分成合同第31.3条规定如下："各缔约方整体以及分缔约方应当在本合同整个存续期间，对于本合同项下的所有在库尔德斯坦地区的活动免于征收，包括但不限于移动资本收入的任何税收、资本所得的任何税收、转移的任何固定税收以及当前及未来的任何其他税收、费用、基于任何收入的保留及征收。"〔1〕

阿塞拜疆1996年税收第12.1(a)条表述如下："作为缔约方在本合同下的义务的一项条件，除了第12条的利益税收义务外，缔约方无需遵守直接或间接产生于烃类活动的任何性质的任何税收。"〔2〕

坦桑尼亚新的产量分成合同范本第16条与第17条则尽可能扩大了税收和费用的范围，要求支付税费或政府授予另一缔约方公共或

〔1〕 Production Sharing Contract [ ] Block Kurdistan Region, available at http://brokencontrollers.com/hub/PRODUCTION_SHARING_CONTRACT_[_]_BLOCK_KURDISTAN_REGION, last visited on Jan. 18, 2020.

〔2〕 Agreement on the Exploration, Development and Product Sharing for the Shah Deniz Prospective Area in the Azerbaijan Sector of the Caspian Sea, available at http://www.bp.com/content/dam/bp - country/en _ az/pdf/legalagreements/PSAs/SD - PSA. pdf, last visited on Jan. 18, 2020.

商业企业请求的租赁权所产生的租金，适用不超过坦桑尼亚当地政府通常适用的税费，并缴纳印花税、登记费用、许可费用和其他任何税费。[1]

通过分析比较，不难得出东道国政府在产量分成合同中较为关注税费收入，而国家石油公司的作用在分配形成税收支付责任方面较为重要。这意味着有时外国投资者与国家石油公司而非东道国之间订立开采生产合同。这样，稳定条款有可能引入到合同中，国家石油公司被要求平衡东道国施加的任何额外财政义务以保留当事方原有的经济地位。实践中，通常在石油合同中采用。例如，可以在阿尔及利亚和卡塔尔的产量分成合同中找到这类条款。如果整体税收体制发生变化，东道国可以特别地授予免除税收。如果发生财政体制的单方变化，国有石油公司（甚至国家）分配税收负担的方式可能有所变化。产量分成合同在石油天然气开发过程中已经得到了较为普遍的运用。国际石油公司已经开始在其运营的发展中国家进行"合同选择"，为当事方提供了许多优势。

（二）许可或税收特许方式

许可或税收特许方式又称租让制，主要是授予一个实体某些采矿权来开发开采石油资源。特许权在性质上是排他的，授予被许可公司生产和处置石油所有权的权利，但被许可公司同时也需要遵守供应当地市场的义务。许可证通常以现金或其他方式支付给东道国，就生产运作缴纳税款。石油开发使用的设备和装置都是被许可公司的财产。在经济领域，计算较为简单，特许机制确保了东道国提前可预测资金流。投资者获得地下资源的权利得到保障。广泛运用该体制的包括

〔1〕 Model Production Sharing Agreement between the Government of the United Republic of Tanzania and Tanzania Petroleum Development Corporation and ABC LTD for any Area (2013), available at http://www. eisourcebook. org/cms/Nov% 202013/Tanzania%20Production%20Sharing%20Agreement%202013. pdf, last visited on Jan. 19, 2020.

挪威、泰国、摩洛哥、澳大利亚和英国等国家和地区，其协调了强大的国家石油公司和国内公司多种形式参与项目。

税收许可或许可证形式通常起源于石油开发历史过程中东道国政府将资源权利“让渡”给外国石油公司。使用的国家通常是发达国家而非发展中国家。应当注意到由于国家对自然资源所有权的敏感性，其负面影响是外国实体控制了国家财产，某些案件可能引发近期独立国家的主权在宪法上被禁止，如伊朗。从实践视角来看，其劣势在于财政和运营等方面。例如，特许合同被作为固定的租赁分享文件，通常的所得或利润可能较低。在运营方面，外国公司似乎比在产量分成合同下享有更大的自由。

对比产量分成合同与特许模式，两种类型的核心差异在于所有权归属不同。在特许机制下，一旦所产石油流出井口，国际石油公司通常拥有生产石油的所有权。因此，国际石油公司对生产阶段的税收应承担相应的责任。相反，产量分成合同的关键特征是由东道国或其国家石油公司保留石油所有权。产量分成合同将生产的石油分成若干部分，包括：允许由缔约方即国际石油公司收回成本的份额，在国际石油公司与东道国或其国家石油公司之间分配的利润份额，以及通常由政府以税收或特许的形式占有的一部分。这些部分在成员方即一家或多家国际石油公司和由部门代表的国家或国有石油公司之间分享。国家整体上作为石油资源的所有者获得生产石油中的国家份额。对于排他性授予拥有采矿权的当事方，缔约方之间纯粹的合同性质的权利与义务。从这种程度来看，将产量分成合同表述为一种“石油和天然气销售合同”更为正确，缔约方因为其已经履行的服务获得生产份额。

实践中，即便出现产量分成与特许或许可并存的模式，作为投资者的国际石油公司获得特许或许可证合同，有权从事生产领域的全部生产，但必须遵守当地市场要求。东道国可以通过特许和税收支付获得不同程度的收益。在产量分成合同下，东道国或国家石油公司获得其自身的净石油份额、税收与特许支付。如果是非产量分成合同下的石油合同，东道国将获得缔约方收益产生的税收、特许费用以及整个生产期间合资中的国有石油公司的份额。

（三）风险服务合同

风险服务合同通常规定签订合同的外国石油公司不仅要为勘探提供全部风险资金，还要为油田开发提供所需的全部资金，相当于为东道国提供有息贷款，待油田投产后，东道国在一定年限内偿还。[1]采用的国家包括但不限于秘鲁、厄瓜多尔、委内瑞拉、巴西、智利、阿根廷以及伊朗、伊拉克、菲律宾等。

风险服务合同背后的一般原理是东道国雇佣国际石油公司的服务作为"缔约方"。财政、开发和发展风险都由缔约方承担。如果该领域中商业生产可行，缔约方可以收回成本和投资并从出售生产石油中获得服务的支付。外国投资者并未被授予矿产或采矿权，生产整体上属于东道国或国家石油公司。投资者在该类合同中的地位类似于为了获取工资的劳动者。该类合同关键特征是石油中的支付方法。合同对外国投资者的吸引力在于在已经知晓风险的前提下，投资者可以开展投资。外国投资者对该类合同的选择通常基于其提供的激励结构，即在达到投资回报率的前提下，项目运作的利润会更大。

此外，值得注意的是在风险服务合同模式下，还产生了一种特殊类型的风险服务模式，即回购合同（Buy - Back）。该类合同同样也发端于 20 世纪 70 年代的伊朗，作为风险服务合同的一个变化类型，回购合同中承包商的收益相对固定，仅根据合同约定承担勘探资源与投资超额的风险，而不承担产量风险。

---

〔1〕 参见夏凌娟等：《国际油气资源合作中合同模式的比较研究》，载《资源与产业》2013 年第 6 期。

（四）石油天然气开发生产的合同模式的比较分析

事实上，从现代租让制到产量分成再到风险服务合同，作为合同缔约方的国际投资者对开发资源的控制权、油气作业的管理控制权以及对油气产品及利润分成的支配权依次减弱。反之，东道国政府对开发资源的控制权、油气作业的管理控制权以及对油气产品及利润分配的支配权却在逐步加强。

除了现代租让制合同模式、产量分成合同模式和风险合作模式，海外能源投资合同中还存在一定程度的混合模式。表 3 – 1 明确归纳了国际石油主要开发模式的差异与基本功能，即国际能源投资者与政府之间相应的风险与收益在租让制合同、产量分成合同、风险服务合同和混合型合同之间的分配。

表 3 – 1　国际能源合同的主要模式分析

合同类型	风险分配	管理权控制	利润分成
租让制	租让权人	租让权所有人	税收和矿费归政府
产量分成	合同者	理论上归资源国政府	根据份额油的滑动比例，政府获得较大比例
风险服务	合同者	资源国政府	政府利润为 100%
混合型	合同者	联合	政府占 51% 的股份分成

资料来源：参见王年平：《国际石油合同模式比较研究》，对外经济贸易大学 2007 年博士论文，第 37 页。

通过比较分析，不难得出资源所有国的东道国政府在各种类型的国际能源合同模式下与外国投资者展开博弈，并承担了多项不同的身份，如租让制合同下的纯粹的税收和费用征收者、产量分成合同中资源产量的分享者、风险服务合同下的雇佣者等。从利益分析的角度而言，租让制合同与风险服务合同分别趋向于能源投资者和东道国政府，而产量分成合同则居中，存在能源投资者与东道国政府共享管理控制权与利润分成的情形。混合型合同主要基于东道国政府的特定需求，难以与其他类型合同概括比较。

事实上，随着能源投资合同的发展，投资者签订合同时越来越注重以下方面：[1]一是投资者对出口权的要求逐步降低，考虑到投资项目的经济可行性，出口与自由兑换成为东道国对发展项目的普遍保证。二是外国投资者一定程度的控制也表明其承担的项目的风险和费用的相对应。三是在不稳定政治环境下特别是可能导致国有化或征收的情形下，对合同权利的稳定性要求更高。四是通常投资者会在合同协商阶段要求确保在中立场所进行国际仲裁。

投资者在选择石油天然气开发类别的合同模式时，可以根据所在国国家的开发环境、风险分布、政府要求、收益模式、谈判预期等多种要素综合判断，采取较为合理的合同模式作为资源开发环节的基础性法律依据，为海外能源投资的风险防范、合同条款选择甚至今后可能出现的争端解决的问题奠定基础。

二、能源销售与运输合同

与开发环节紧密相关联，石油天然气的销售与运输合同的选择相对简单。通常只要商业片区中发现天然气，不同的当事方协商的单独合同中会包含天然气的相关内容。对比石油行业，天然气行业资本激励和运输投资较高，其发展经济依赖于债务融资。长期合同作为买方和卖方之间担保债务服务和分享项目风险的一种方式，通常在特定生产商和特定消费者之间达成，用于特定期间销售和购买天然气，以满足供应与需求的长期安全。然而，这种情形下当事方一般更关心合同的有效期并自行找机会协商一些重要条款，而不会采取国际石油行业中有时明显的对抗方式进行。

不同于石油开采后的便捷运输，天然气通常通过管道网络运输，运输体系体现垄断的特征。运输通常由政府垄断公司或通过管制的

---

〔1〕 Oksan Bayulgen, *Foreign Investment and Political Regimes: The Oil Sector in Azerbaijan, Russia and Norway*, Cambridge University Press, 2014, p. 32 – 33.

公共实体公司进行。欧洲大陆的大多数天然气贸易都是由国有控股公司掌控,这使得贸易带有固有的政治特征,影响投资的类型和争端解决。一些国有公司作为跨境公司在天然气提供中发挥了重要的作用。当包含跨国天然气管道运输系统时,天然气运输体系的政治特征更为明显,导致国与国之间的协议包含了稳定条款。

在能源销售与运输方面的关键条款是不可抗力条款。不可抗力条款旨在消除当事方控制意外的困难,典型的条款分为三部分:第一,描述免除一方履行的事件。该类条款通常会包含兜底定义;以穷尽或非穷尽的方式列举相关情形,构成不可抗力的实践。通常包括天灾、战争、罢工或其他形式的政府干预。第二,减轻义务。这是关于当事方必须试图阻止不可抗力事件发生以及当其发生时如何行为并恢复正常履行的义务。通常由于一方疏忽或未能按照合理标准导致事件发生不得主张不可抗力。第三,处理过程的条款,如一方向另一方通知发生的"事件"构成不可抗力。合同中的艰难情形条款可以允许价格机制的重大改变,如果可以证明由于现有的价格水平正在发生不恰当和不可预知的艰难情形,买方或卖方均可要求另一方重新协商价格使其回到恰当的水平,艰难情形条款通常在合同中定义。随着新冠肺炎疫情的全球蔓延,有关合同不可抗力条款的主张与运用将具有更强的实践意义。

销售与运输环节的障碍还包括当局的相关监管,即能源投资者可能要根据要求遵循公共服务义务。一些相关的权利义务包括但不限于:公众服务,即公众有法律权利要求并获得天然气供应和分配服务,必须按照合理条件提供服务,公司可以选择仅对使用者提供服务;价格监管,即投资者供应资源的价格和消费者获得服务保护的条件由相关管制委员会确定。过去20年中天然气需求前所未有的增长也造成了关于天然气提供和运输的长期合同数量和多样性的增长。这种增长导致运输形式的多样化,不仅包括跨境、长距离管道,还包括适用大型油轮跨越海洋运输液态形式的天然气,同样也导致更多的合同争端产生于过境天然气供应。例如,乌克兰就俄罗斯向欧盟进行天然气管道运输供应进行干扰,引发了三方地区就欧盟能源需求的密切关注与会谈。

值得注意的是,管道天然气合同中的许多条款都适用于液态天然气销售合同,包括价格审查机制和占有或支付条款。[1] 液态天然气项目的重大增长以及参与液态天然气出口国家的增多表明有关液态天然气和主要离岸建筑项目的投资者国家争端可能增加。至今,该领域代表性的争端主要包括:有关液态天然气争端于1982年在美国发生,产生于卖方Trunkline液态天然气公司(以下简称TLC)和阿尔及利亚卖方国有公司Sonatrach之间。1982年7月,TLC在ICC提起仲裁,理由是Sonatrach没有在天然气供应合同下供应液态天然气。一个月后,TLC宣布与Sonatrach对运输计划和修订合同中的价格审查机制达成一致,因此仲裁请求被撤回。该争端成为之后许多美国政府机构参与市场费管制时期的液态天然气定价与降低天然气价格的重要参考案件,多数与Sonatrach的液态天然气销售合同被终止或重新协商。另一项争端产生于1996年,一家意大利国有机构ENEL主张不可抗力,试图取消从尼日利亚液态天然气公司购买天然气的合同。对ENEL违反合同的请求标的额130亿美元,是当时英国法适用下的标的额最高的争端。争端虽然已经解决,但是不可抗力争议从未最终决定。[2]

三、基础设施项目合同

长期的市场自由化于20世纪80年代开始,导致基础设施投资前所未有地增长,主要包含了电力、水力、电讯和运输工程。此前,基础

---

〔1〕 Energy Charter Secretariat, Fostering LNG Trade: Role of Energy Charter(2008), available at http://www.energycharter.org, last visited on Sept. 19, 2015.

〔2〕 Peter D. Cameron, *Competition in Energy Markets: Law and Regulations in the European Union*, Oxford University Press, 2007, p. 315－316.

设施投资主要是国家的领域，通常通过国有企业进行。由于基础设施项目中大量的投资机会以及相对稳定的投资回报，全球过半的主权财富基金已经开始在基础设施领域扩张投资。然而这种环境下的投资仍然是“充满了风险”。基础设施投资具有某些共性，即容易遭受政治风险，包括主权、管制和合同风险，通常资本密集、内容复杂、需要进行长期投资。

基础设施领域常见的法律安排降低了政治风险，如长期电力购买合同（Power Purchase Agreements，PPAs）。该类合同确定了投资者和购买电力的公共事业公司（购买商）在合同期间购买电力的数量和价格。基础设施领域当前的发展趋势是合同越来越复杂，因为投资者开始对政府政策的变化寻求保护，在合同中补充了政治风险保险并包含国际金融机构的相关规定。在某些项目中，采取了“建设—拥有—运营”（Built - Own - Operation，BOO）或“建设—拥有—转让”（Built - Own - Transfer，BOT）等多种形式。这些合同将主要利益和风险赋予投资者但有时要求在特定期间之后将项目整体转移给东道国（或地方当局）。这种安排适用于基础设施建设，特别是交通、能源、电讯和水利部门。创设新兴公共事业中也是投资的重要形式，通常包括特定投资机构的设立、与当地公司的合伙等方式参与外国投资经济活动。值得注意的是，随着特许协议性质争议的持续存在，[1]越来越多的海外投资更注重合同中对具体投资方式的确定，如采用“公私合伙”性质（Public Private Partnership，PPP）的项目方式更容易推进。政府通常期望通过 PPP 以缓解公共资金的压力，或提高基础设施及公共服务供给

---

〔1〕 一般认为有关特许协议的性质存在国内法协议与国际法协议、“公法”性质协议与“私法”性质协议的争议。我国通说认为特许协议不是国际法协议，而属于国内法契约。参见姚梅镇：《国际投资法》，武汉大学出版社 1987 年版，第 360 页；余劲松主编：《国际投资法》（第 4 版），法律出版社 2014 年版，第 86 页。

的效率。[1] 该类项目一方面解决了政府开发资源的资金问题,另一方面也有效地确保了投资者在能源开发活动中的自主权。

缔结 BIT 和其他投资协定并没有限制或禁止国家对能源基础项目行使管制。在基础设施建设的投资争端中,只有不到一半的裁决中申请人成功获得支持,但获得的赔偿比主张的数额少了很多。另外,小部分基础设施工程设立时合同协商较为顺利,当事方认为没有必要提起仲裁。仲裁对重新协商也可能产生负面影响,例如拉丁美洲和中东欧发生的电力投资案件。这种风险不仅仅存在于投资者方面,在经济全球衰退时期,收入的下降影响了投资者在电力和水利领域的回报率,也对东道国产生了风险,一些投资者无法对在高度管制的产业中已经稳定、具有可靠回报率的特许合同条款进行重新协商。

第三节　海外能源投资合同中的稳定条款

在国际能源领域,自 20 世纪 30 年代起,投资者和东道国的合同中开始出现稳定条款。尽管达到合同稳定性的方式各不相同,但其中的根本观点是一致的:合同的当事方试图提供合同保证,核心的投资条款自签署之日起直至合同的全部履行期间保持不变。当事方试图确保有经济条件和能力来执行项目。稳定条款的基本含义与主要类型是海外能源投资合同中颇具特色的条款设计,对稳定条款效力的争议以及国际投资仲裁庭的认定也对稳定条款的发展产生重要影响。

一、稳定条款的基本含义

正是由于国际能源类投资面临的巨大风险特别是国家征收产生的一系列难以恢复的后果,国际投资者对稳定的追求成为缔结国际能

---

〔1〕 参见赖丹馨、费方域:《公私合作制(PPP)的效率:一个综述》,载《经济学家》2010 年第 7 期。

源合同考虑的重要因素。通常,考虑与同国际石油合同协商的核心关切是东道国的财政体制,其将决定利润和收入如何在东道国政府或代表政府的国有能源公司和国际投资者之间分配,内容包括但不限于税收和特许费。在产量分成合同中,东道国的财政体制的影响至少将包括成本恢复时间和石油利润分配条款。

在考虑是否在特定情况下做出投资时,除了担忧财政体制的稳定性,投资者还可能对投资回报和利润,如对合同和所有权、出售资源权、出口权等产生担忧。此外,投资者通常寻求在投资合同中超过财政规定,同样也要求保留和兑换外汇、保留离岸出口销售所得、无须强制货币兑换、行使与国际标准一致的运营自由的权利等内容。

投资者在定义合同稳定性时,通常希望在国际能源合同背景下,稳定条款能够适用于所有机制,包括合同和其他形式,其目标是保留当事方认为从合同签订时起的合同全部阶段特定经济和法律的利益。这样,就产生了对稳定条款的定义,[1]例如,"一国通过合同(或立法条款),向外国私人投资者做出承诺,保证外国合同给当事人的合法权益不因该国法律或政策的改变而受到不利影响。"又如,"政府和外国实体之间合同中所包含的条款,其中政府不得通过立法或行政措施使该合同无效或修改条款。"[2]

事实上,稳定条款对投资者的主要吸引力在于东道国或资本输入国将做出承诺,即在与合同有关的特定期间内将限制行使主权。[3]许多合同中明确规定,参考当事人维持合同签署时的关系。然而,通常来说,比起适用任何可能影响对合同有关的新立法的机制,"稳定性"较少地被适用到可能影响各方关系的未来立法行为中,以防在今后的投资争端中被作为合同违约的情形处理。

---

〔1〕 参见余劲松:《国际投资法》(第5版),法律出版社2018年版,第89页。

〔2〕 Ian Brownlie, *Principle of Public International Law*, 7th Edn (2008), p. 660.

〔3〕 Kim Talus, *Research Handbook on International Energy Law*, Edward Elgar (2013), p. 127.

二、稳定条款的主要类型

在稳定条款发展的过程中，经历了从早期绝对意义的冻结条款，到随后发展出各种形式、具有相对弹性的其他条款的过程。如果东道国决定在能源投资合同中提供稳定性，可以运用多种方法，但国际实践并不是标准化模式。然而，在国际石油领域，合同稳定性至少有如下几种方法由东道国可以提供给投资者。

（一）冻结类型的稳定条款

稳定条款中最常见的类型具有"冻结"法律效果的条款。从形式上来看，该条款禁止东道国改变法律，在一定程度上切断东道国行使主权改变法律的权力。这样，投资者为自己创造了一片受保护的领域。同时，投资者可以寻求阻止东道国在合同有效期之后对合同中的具体承诺适用法律变化。该方法旨在限制东道国有关当事方合同关系的立法权以确保投资的稳定性。冻结条款通过禁止对东道国广泛的法律体制的任何变化，授予了合同特殊的保护地位。事实上，当事方通过限制东道国在石油合同有效期后的立法"冻结"了调整当事方合同可能适用的法律。对于这种形式的稳定条款，当事方并不试图限制东道国改变法律的权力，而是同意作为合同事项，该"特别法"将调整当事人相互间的权利义务，不考虑东道国行使主权的影响。该类条款一般被认为是具有绝对意义的稳定条款，其操作的可行性完全取决于东道国对主权的自我约束，事实上也体现出国家主权立法的公共利益与长期维持合同关系的私人利益之间的潜在冲突。

对东道国法律体制的整体冻结未必在所有国家均可行。作为替代，东道国更希望提供有限的法律冻结而不是整个合同的条款和条件的冻结。通常的方法是东道国提供适用法律的部分稳定性，用明确的措辞界定范围并排除。条款的措辞可以从范围中排除有关健康、安全和环境等管制事项。类似地，双方协商之后还可以明确限制授予稳定性的法律适用于合同的关键要素如特许权使用费或所得税。

含有稳定条款的合同中的一方可能是代表东道国政府的国家石油公司,这样与投资者的地位有所差别。但是当事方同意调整合同的法律在当事人履行合同期间不会改变。通常,对于投资者而言更容易从国家石油公司而不是东道国处获得金钱赔偿。某些国际石油公司特别是从事能源基础设施项目的公司的赔偿,是投资者从裁决中获得支付的主要来源。

纯粹使用冻结方法也可能具有某些缺陷。首先,投资者倾向于说服东道国接受采取多种方法的稳定性。近期合同的实践表明,稳定性的冻结越来越少地存在于国际石油合同,但是投资者也倾向于包含了重新协商的合同版本。特定合同的结果似乎取决于东道国是否准备接受。其次,即使适用的趋势增长,也并不是因为这些条款在阻止征收中更为有效。纯粹的冻结条款关注东道国行为的效果,在一定程度上也表明了征收行为的无效。

(二)禁止单方变化

该方式通常被视为冻结条款的一种类型,因为其与"冻结"效果具有相似性。与纯粹的冻结条款不相同,该方式"冻结"的是合同而不是法律。禁止单方变化条款通常以简短的方式禁止对投资合同做出单方面的变化,要求在做出变化之前必须经过双方的同意。这种稳定条款并非通过冻结合同签订时可适用的法律间接限制国家进行立法干涉,而是通过要求共同同意直接限制国家权力。通过要求共同同意,该方法确立当事方之间就今后合同进行讨论以及可能协商的程序机制,从而确保了合同的稳定性。

(三)重新平衡利益

一些合同条款以不同的方式强调稳定性,例如,如果发生特定情形,则自动调整或重新协商合同条款。这类稳定条款被称为平衡条款,它规定如果东道国在合同缔结后所采取的措施可能对原先一方或双方当事人经济利益造成损失,应当进行重新平衡。所有平衡条款具有一个共同的重要特征:其并不试图阻止东道国法律变化,而是试图解决这种个别变化对原始协商的经济影响并进行预防。例如,在库尔德斯坦地区政府示范产量分成合同中出现如下平衡条款:[1]

"缔约方本合同项下的义务不得被政府加重,本合同下当事方之间通常和整体的均衡不受实质和持续的方式影响。政府保证缔约方在合同的整个期限内维持对本合同在其财政和经济条件的稳定性,包括自本合同签订日期起生效的法律法规。合同缔约方签订合同的法律、财政和经济规范在生效之日明确。如果,在生效后的任何时间,库尔德斯坦地区法律或其他可适用的库尔德斯坦地区法律的法律、财政和/或经济规范变化损害了缔约方,合同条款将改变以恢复缔约方在合同中政府没有发生法律、财政和/或经济规范变化的整体经济地位。如果缔约方认为其经济地位已经受到损害,经缔约方书面请求,当事方应当会面协商任何必要措施或对合同条款进行必要修正来重新达到当事方之间的经济均衡并恢复缔约方在变化发生造成损害影响之前的地位。如当事方不能就本合同主要问题修订或缔约方请求 90 天内作出修订合同的请求(其他期间由当事方同意),缔约方可以就规定的事项将争端提交仲裁解决。无论上述情况如何,缔约方有权请求获得石油立法或其他任何相关执行方式来弥补任何将来变化的利益。"

上述内容包含了许多平衡条款的重要条件:例如,引发事件被广泛定义为"库尔德斯坦地区法律或其他任何损害缔约方的库尔德斯坦地区可适用的法律法制、财政和/或经济规范的任何变化";如果没有达成一致的程序,各方可根据合同选择仲裁。

---

[1] Production Sharing Contract [Block Kurdistan Region between The Kurdistan Regional Government of Iraq and], available at http://www.krg.org/uploads/documents/KPG%20Model%20PSC_2007_09_06h14m3s46.pdf, last visited on Jan. 20, 2020.

在部分产量分成合同范本中，也出现了涉及经济均衡的稳定条款，这反映出当时起草范本阶段的投资环境。如阿塞拜疆产量分成合同范本第23.2条规定了经济稳定要求，要求“未经缔约方事先同意，缔约方或其受让人在本合同项下的权益不得被修改。如果政府援引现存或将来的法律、条约、政府间协定、法令或行政命令违反本合同条款，或影响到缔约方的权益，包括但不限于税收立法、法规或行政实践的任何变化、对合同领域管辖的变化，合同将重新调整以实现当事方的经济均衡性。”[1]

《俄罗斯产量分成法》[2]包含适用平衡，但是明确适用于排除某些使用范围的情形。其中第17.2条规定如果国家或地方性法规影响到投资者运作的商业结果，合同将调整以确保投资者获得如合同缔结时继续适用的法规的商业效果。然而，尽管稳定规定被广泛定义，但在发生特殊变化时不得适用：如果这些变化适用于作业安全、矿产资源的保护、环境或公众健康的保护。该方法需要在东道国实践的背景下进行评估，如果引入的措施设定了过高的环境标准，这种限制虽然表面上是完全合理的，但实际上严重影响了协商平衡条款。

稳定条款也可以明确经济平衡的要求，该做法体现在哈萨克斯坦

---

〔1〕 Agreement on the Exploration, Development and Product Sharing for the Shah Deniz Prospective area in the Azerbaijan Sector of the Caspian Sea, available at http://www.bp.com/content/dam/bp-country/en_az/pdf/legalagreements/PSAs/SD-PSA.pdf, last visited on 18 Jan. 2020.

〔2〕 Mark A. Stoleson, *Investment at an Impasse: Russia's Production-Sharing Agreement Law and the Continuing Barriers to Petroleum Investment in Russia*, available at http://scholarship.law.duke.edu/djcil/vol7/iss2/13/, last visited on 20 Jan. 2020.

产量分成合同中。[1] 通常，条款陈述合同条款必须在整个合同期间内不可被撤销，并补充说明国家通常的法律的任何变化不得损害缔约方的地位，如"合同中规定的税收体制永久有效直至合同期限届满。如果合同签订日之后法律发生变化使得遵守合同原有条款和条件变得不可能并导致经济条款和条件的重要变化，缔约方和有权机构及税收机制的代表可以做出变化或修改合同，以恢复当事方签订合同日的经济利益。这些对合同条款和条件的变化或改正需在税务机构或缔约方书面通知起60日内做出。"

上述条款说明对于通常情况下法律的可能变化其主要考虑经济形势而不仅仅是财政变化的情况。一些稳定条款，尽管多样化，但大多表现出不对称性。如果法律法规变化产生有利结果，则传递给投资者。国际石油公司利益被东道国或国家石油公司单方法律措施损害并不总是产生经济平衡的原因。在某些情况下，稳定条款可能要求在国际石油公司的地位受到国家控制措施损害或提高时可以进行自动的重新协商。

也有观点认为稳定条款应该分为直接的稳定条款和间接的稳定条款两大类。[2] 直接的稳定条款就是在合同条款中直接对投资东道国的国内法律做出限制，东道国不得改变国内法而使投资者相关权益受到损失；而间接的稳定条款则是允许东道国在签订投资合同之后通过立法、修法等行为改变国内法，如果这些行为可能会影响到外国投资者的权益，则应当获得合同双方的事前同意，要求在事后进行重新

---

〔1〕 Contract for additional exploration for and production and production sharing of crude hydrocarbons in the Chinareskoye Oil and Gas – Condensate Field in West Kazakhstan Oblast pursuant to licence series between the Republic of Kazakhstan State Committee for Investments and the Zhaikmunai Limited Liability Partnership, 1997. See Peter D. Cameron, *International Energy Investment Law: The Pursuit of Stability*, Oxford University Press (2010), p. 79.

〔2〕 Sornarajah, *The International Law on Foreign Investment*, Cambridge University Press (2004), p. 330.

磋商,使双方的合同状态回归到国内法变化之前。

三、稳定条款在国际投资争端中的认可程度

稳定条款通常存在于投资者与东道国之间的投资合同之中,成为东道国合同项下的一项重要义务。然而,稳定条款在国际能源投资争端实践中,则经历了从无到有、地位逐渐上升的过程。

在过去的几十年中,特许协议的国际化以合同当事方的意思自治为基础,也在国际仲裁中逐渐被接受。尽管有关石油特许协议内容相当复杂,但其中的稳定条款仍然得到了仲裁庭的支持。

在早期案例中,20 世纪 30 年代的 Lena Goldfields v. 苏联案涉及稳定条款。1925 年,Lena Goldfields 根据特许协议开始运作,然而 4 年之后,苏联政府即采取了一系列政策措施反对同外国资本进行的特许协议。Lena Goldfields 因此面临敌对态度形势,无法按照特许协议的要求进行生产。由于苏联政府的干预导致 Lena Goldfields 无法完成协议而且试图协商解决的所有努力都无济于事,Lena Goldfields 只得根据协议提起仲裁。根据该协议第 76 条,苏联政府承诺不通过命令、法令或其他单边行动对协议进行改变,除非经过 Lena Goldfields 的同意。遗憾的是,本案的仲裁庭仅肯定协议应当适用有关原始事项的苏联法律,也受到合同规定的保护公司的一般法律原则调整,并没有对稳定条款作出阐述。但该裁决仍具有重要的意义,即认定了除国内法之外的其他法律同样可以调整外国公司和私人主体之间的合同关系。随后的 Sapphire International Petroleum Ltd. v. National Iranian Oil Co. 案出现了类似情况,其中的稳定条款表述为:“伊朗政府或任何中央或地方机构包括伊朗国家石油公司不得通过法律实施、行政管理或任何法令取消协议、影响或变更协议条款、阻止或妨碍实施。除非经过双方同意,方可取消、修改或修订协议条款。”仲裁庭经分析认为,投资的法律安全、责任以及外国公司的风险规避没有得到保障,因此一般法律原则而非伊朗法应当适用于该协议。尽管仲裁庭认为协

议永久终止造成了损失但是并没有判定违反稳定条款。该案也推动了将一般法律原则引入之后签订的能源特许协议的实践做法。

20 世纪 70 年代，由于利比亚政府对外国石油公司在利比亚的利益和财产进行了国有化，三起具有影响力的国际仲裁分别针对利比亚政府提起，即 BP Exploration Company（Liby）Ltd. v. 利比亚案、Texaco Overseas Oil Petroleum Co. / California Asiatic Oil Co.（TOPCO）v. 利比亚案、Libyan American Oil Co.（LIAMCO）v. 利比亚案。BP 案中，仲裁庭认为当事方之间的合同属于行政合同，由于稳定条款的存在，利比亚通过单方行为自行变更或终止特许协议的自由必须受到限制，除非是完全基于公共利益产生的变化。在 TOPCO 案中，仲裁庭认为根据有关合同的国际法，国有化不得优先于包含稳定条款的国家和外国私人公司之间的国际合同。在 LIAMCO 案中，仲裁员认为稳定条款无论是从利比亚石油立法分析还是从国内和国际法所承认的合同的一般原则来分析，都是合法的，未经缔约方共同同意，特许协议对双方均有约束力不得被终止。[1]

可见，早期仲裁庭对稳定条款的态度从回避发展到开始明朗，逐步开始承认稳定条款在协议当事方之间的效力，特别是将该条款作为合同效力的依据之一予以阐明，但是并没有对稳定条款自身的含义和效果展开明确分析。

在 ICSID 仲裁机制下，稳定条款也是逐步受到重视，直至进入 21 世纪才有案例对稳定条款进行详细分析。2005 年，在 CMS GAS v. Argentina 案中，仲裁庭单独分析了申请方在许可协议下是否有权运用稳定机制的问题，即是否有权在政府法制体系下增加稳定条款并从中获益。仲裁庭认为该争议主要集中在国际法体系框架下是否可以同时运用许可协议和条约保护，运用稳定条款是否为申请方可以恰当援

---

〔1〕 Magrarita T. B. Coale, *Stabilization Clauses in International Petroleum Transactions*, Denver Journal of International Law and Policy (2002), Vol. 30, p. 234.

引的一项权利。[1]

第四节 海外能源投资合同中的法律适用条款

法律适用条款是海外能源投资合同中的重要条款之一,该条款通过选择合同应当适用的法律从而指引到相应的准据法来调整合同各方的权利义务。法律适用条款决定着能源投资合同应当适用的法律规范,具有较强的指引作用。

一、法律适用在海外能源投资合同中的意义与表现形式

由于国际能源市场特别是石油、天然气等资源勘探开发过程中不同国家法律规范的差异性较为明显,适用不同国家和地区的法律往往会产生完全不同的效果。因此,在海外能源投资合同中不可避免地将产生潜在的法律冲突问题,即面临不同国家和地区的法律就同一法律关系产生竞合调整的情形。为了解决国际能源投资合同纠纷解决过程中出现的法律适用以及合同解释的纠纷,合同中的法律适用条款成为相对独立的条款,成为确定相关合同争议的前提条件。

法律适用条款的表现形式较为单一,可在国际能源合同中成为独立性条款,也可与争端解决等其他类型的条款共同构成合同解释与纠纷解决的重要组成部分。以常用的石油合同范本为例,相关领域中有关与法律适用内容相关的规定如下:[2]

油田补充勘探开发汽油合同范本"适用的法律"条款规定:本合同中合同各方的权利和义务应当严格按照本合同条款的规定来定义。本合同未尽事项,应按照某东道国适用法律、普遍接受的国际法准则以及油气行业通行的惯例来决定。

---

〔1〕 CMS GAS Transmission Company v. The Argentine Republic(Award,12 May 2005),ICSID Case No. ARB/01/08,para. 151.

〔2〕 参见隋平:《海外能源投资法律与实践》,法律出版社 2011 年版,第 71 页。

石油区块勘探开发服务合同范本“法律和规定”条款规定：本合同应根据东道国法律执行和解释，由此引起的任何纠纷应根据此类法律解决。合同生效日后，如果东道国或政府部门、国有企业或者代理就合同有关的规则、指令、指示等的订立或修改对双方当事人的权利、职责或者经济利益产生了重大和不利的影响，双方当事人应尽最大努力就本合同的修改达成一致，以抵销法规政策变化所造成的影响。如果双方当事人就修改一事在提议修改后 90 天内未能取得一致意见，应根据双方当事人的意见交仲裁处理。取得仲裁结果后，本合同应视为修订完成。

区块勘探开发服务回购合同范本“适用法律”条款规定：本合同应适用东道国法律，并依照东道国法律翻译和解释。

石油产量分成合同范本“法律和法规”条款规定：本合同适用东道国法律。本合同的条款包括双方达成的提交仲裁的协议不得妨碍或限制东道国政府行使相关权力。

尽管上述国际能源合同涉及能源开发的不同环节与类型，但其法律适用条款均明确了合同应当适用的法律或可以选择适用的法律。

二、东道国法律在海外能源投资合同中的适用

国际能源合同中，选择东道国法律作为合同的法律适用是较为常见的法律适用条款规范。通过确定东道国法律作为国际能源合同争议解决应当适用的法律，对东道国而言在争端解决过程中更为有利。其基本原理在于绝大部分东道国对自然资源的绝对主权，也是国家经济主权原则的体现。为了更好地把握能源争端的走向，东道国政府往往在与外国投资者签订的各类能源投资合同中首先会将东道国法律作为合同法律适用的首要甚至是唯一选择。

以部分国家地区的产量分成合同范本及已有的合同为例，法律适用条款的表述按照其内容的复杂程度和提供的可选择模式大致分为

以下三类：

第一类是只有东道国法律作为合同法律适用的模式，该类法律适用条款最为常见。如2013年坦桑尼亚产量分成合同范本第29条规定：本合同适用坦桑尼亚共和国法律，并根据该法进行解释和说明。[1] 2007年印度产量分成合同范本第32条规定：本合同适用印度法律，并根据该法进行解释。[2] 2012年孟加拉国石油天然气矿产公司产量分成合同范本第29条规定：本合同的有效性、解释和执行均适用孟加拉国法律。[3] 2012年特立尼达和多巴哥产量分成合同范本第32条规定：本合同的有效性、解释和执行均适用特立尼达和多巴哥法律。[4]

第二类是在肯定东道国法律的基础上增加其他可适用法律的模式，通常为缔约各方提供包括国内法和国际法在内的众多选择，但是依然以东道国法律为国际能源投资合同优先选择适用的法律。如拉丁美洲国家伯利兹与美国资金能源公司的产量分成合同第29.1条规定：本合同应当适用伯利兹法律，并根据伯利兹法律和可适用的国际法原则进行解释。[5]

---

〔1〕 Tanzania Model Production Sharing Agreement (2013), available at http://www.tpdc-tz.com/Model%20Production%20Sharing%20Agreement%20(2013).pdf, last visited on 20 Jan. 2020.

〔2〕 India Model Production Sharing Agreement (2007), available at http://www.infraline.com/ong/basins/NELP-VII/MPSC.pdf, last visited on 21 Jan. 2020.

〔3〕 Bangladesh Oil, Gas and Mineral Corporation (Petrobangla) Model Production Sharing Contract (2012), available at http://www.petrobangla.org.bd/offshore-bidding-round-2012/Model_PSC_2012.pdf, last visited on 20 Jan. 2020.

〔4〕 Trinidad and Tobago Production Sharing Contract for Block, available at http://www.energy.gov.tt/wp-content/uploads/2013/11/Draft_Model_Deep_Water_PSC.pdf, last visited on 21 Jan. 2020.

〔5〕 Production Sharing Agreement between Government of Belize and US Capital Energy Belize, Ltd., available at http://s3.amazonaws.com/s3.documentcloud.org/documents/1505209/uscapital-belize-2001.pdf, last visited on 20 Jan. 2020.

第三类是提供包括东道国法律在内的各种选择如东道国之外的其他国家法律、国际法以及一般法律原则等，但没有界定其中的选择顺位。如 2007 年伊拉克库尔德斯坦地区的产量分成合同范本第 43.1 条规定：本合同，包括由此产生的任何争议都适用英国法（除非英国法的任何规则指向另一管辖区域）以及任何相关规则，习惯国际法及实践以及石油生产国和国际石油产业普遍承认的原则和实践。[1] 1997 年土库曼斯坦产量分成合同范本第 29.1 条规定：本合同适用土库曼斯坦法律、国际法原则、国际仲裁庭裁决以及土库曼斯坦作为成员方的国际条约，并根据上述要求进行解释和说明。[2] 阿塞拜疆共和国 Shan Deniz 地区开发、发展和产量分成合同第 23.1 条规定：本合同适用阿塞拜疆共和国法律和英国法的一般原则以及加拿大阿尔伯塔省普通法原则（冲突法除外）并根据其解释。本合同同样遵循条约必须遵守的国际法律原则。经阿塞拜疆共和国议会批准后，本合同构成阿塞拜疆法律的一部分。[3]

可见，尽管国际能源投资合同法律选择条款的设计模式并不相同，但无论如何至少都包含了东道国法律作为合同的主要适用法律。从这个意义上说，东道国相关法律规范内容将对国际能源合同争议的解决起到关键性的作用。海外投资者在签订国际能源投资合同之前，务必详尽了解东道国各项相关的法律制度，以免造成不必要的法律风

---

[1] Production Sharing Contract [Block Kurdistan Region between The Kurdistan Regional Government of Iraq and], available at http://cabinet.gov.krd/pdf/3_KRG_Model_PSC.pdf, last visited on Jan. 20, 2020.

[2] Model Production Sharing Agreement for Petroleum Exploration and Production in Turkmenistan, available at http://www.eisourcebook.org/cms/Turkmenistan%20Production%20Sharing%20Agreement.pdf, last visited on Jan. 21, 2020.

[3] Agreement on the Exploration, Development and Production Sharing for the Shan Deniz Prospective Area in the Azerbaian Sector of the Caspian Sea, available at http://www.bp.com/content/dam/bp - country/en_az/pdf/legalagreements/PSAs/SD - PSA.pdf, last visited on Jan. 21, 2020.

险。同时,在可能进行协商的情形下,合同可以包含除东道国法律之外的其他可适用于国际能源投资合同的法律,如国际条约、国际法一般原则等。

三、国际条约与国际惯例在海外能源投资合同中的适用

在包括能源在内的经济领域中,国际条约是国家、国际组织间所缔结的以国际法为准并确定其互相经济关系中权利和义务的国际书面协议,是国际经济法的重要渊源。国际惯例是从事国际商事交易的商人们在商业实践中所逐渐形成的并自觉遵守的成文和不成文的规则和程序,是具有普遍性的通常做法。由于国际能源开发过程的专业性和复杂性,各方往往在合同选择的过程中需要借助除东道国法律为代表的国内法之外的规范性法律文件,使经济领域的国际条约与国际惯例在国际能源合同的适用中具有可能性。

然而,就国际条约与国际惯例在国际能源合同适用的现状而言,法律适用条款中直接选择适用国际条约或国际惯例的模式却极为罕见。国际条约和国际惯例事实上仍处于辅助性的法律适用状态之中,这样就产生了国际条约和国际惯例在适用上的不确定性。就其自身内容而言,一般可能适用于国际能源投资合同的国际公约多涉及能源等经济相关多边或双边条约,如 ECT、特定区域的经济合作协议、BIT 等。国际经济惯例由于可能参考国际能源开发的实践做法或行业要求,具有更大的不确定性。

对于国际能源投资者而言,选择相关国际条约与国际惯例是对直接适用东道国法律的一种替代性做法。面对可能适用国际条约或国际惯例的情况,各方应尽可能确定其基本规范内容,确保国际条约或国际惯例能够安全、合理、有效地适用于国际能源投资合同,从而在最大程度上保障投资者在海外投资中的根本利益。

第五节　海外能源投资合同的争端解决条款

争端解决条款的作用在于定分止争,能够为海外能源投资过程中的相关纠纷迅速指引有效的解决方案。能源投资合同中的争端解决条款对于在争端发生之前的预防以及争端发生之后的适用都具有重要的作用。

一、海外能源投资合同中争端解决条款的意义

通常,东道国政府或其国有石油公司与国际投资者在合同订立的过程中,对于法律条款将特别约定——如果发生合同争议,各方如何进行协商和处理,该类条款被称为国际能源投资合同的争端解决条款。争端解决条款作为海外能源投资合同中的具有重要意义的法律条款,通常具有一定的独立性,即便国际能源投资合同由于各种原因无效或被撤销,争端解决条款依然在解决相应的纠纷中发挥其特有的作用。

在合同中根据先后顺序设定不同的争端解决方案,如协商、调解、专家裁决或仲裁解决等,有助于合同当事方在不破坏合作基础的前提下循序渐进,解决能源投资开发及后续环节可能发生的争议。同时,在争端解决的具体方式如仲裁或司法解决方案中,国际能源投资合同所包含的争端解决条款成为提交仲裁或司法解决的基本依据,被视为当事方之间在争端产生之前已经就选择处理争端的具体方式达成一致,充分体现出法院或仲裁机构在案件管辖过程中对当事方意思自治的尊重。

二、海外能源投资合同争端解决的选择模式

海外能源投资合同的争端解决条款常见的存在方式是与法律适用条款并行出现,或单独作为争端解决条款出现。在选择模式上,争

端解决条款以仲裁解决方式为主,兼具其他类别的争端解决方式如协商、调解、专家裁决等。同样以常用石油合同范本为例,相关领域中有关与争端解决内容相关的规定如下:[1]

油田补充勘探开发汽油合同范本"仲裁"条款规定:对于本合同的执行或解释中存在的分歧或矛盾以及按照本合同条件确定的各方的权利和义务时出现分歧,主管部门和承包商应尽最大努力通过协商解决。主管部门和承包商同意,在通过协商无法解决这些分歧的情况下可以提请仲裁,以便按照本条的规定最终解决问题。通过协商无法解决与本合同有关的任何分歧、合同的解释、法律效力、终止或违约等,应按照 UNCITRAL 仲裁规则进行仲裁。

石油区块勘探开发服务合同范本"仲裁和调解"条款规定:如当事方之间就本合同的解释或执行发生争议,且双方当事人未能通过友善的方式协商解决此类争论或争议,那么一方当事人应满足另一方当事人仲裁的要求。在此要求被接受的 30 天内,双方当事人应各委派一位仲裁员,两位仲裁员应在 30 天内委任第三位仲裁员,如果这两位仲裁员不能就第三位仲裁员的委任达成一致,或者双方未能委派仲裁员的,该仲裁员或第三位仲裁员应根据东道国仲裁以及调解法的相关规定由东道国联邦高级法院审判长指派。申请法庭委派的通知必须由申请方书面通知另一方。委任的第三位仲裁员应召开会议并且担当会长。如果一位仲裁员未能或者不能接受指派,而根据需要又必须任命一位继任会长的,应由双方当事人或仲裁员指定一位继任者。仲裁裁决对双方当事人具有约束力。

区块勘探开发服务回购合同范本"仲裁"条款规定:与本服务合同有关或因合同的违约、终止、效力而引发的争议,当事人应尽可能通过友好协商的方式解决,通过友好协商难以解决的,应提交仲裁裁定。

---

〔1〕 参见隋平:《海外能源投资法律与实践》,法律出版社 2011 年版,第 71 页。

从上述范本的规定来看，国际能源投资合同中的争端解决方式的核心是仲裁解决方式，尽管存在协商、调解等程序的辅助，但仲裁始终被作为解决能源投资争端的最主要方式，无论其所依据的基础是国际仲裁机构规则还是东道国国内仲裁法律。这是因为，仲裁作为一种高度自治的争端解决方式，能够在最大限度上体现当事方的参与意愿，并具有相对的保密性，这对于国际能源投资各方参与者而言至关重要。

此外，国际能源合同中还包含了专家裁决这种特有的争端解决方式。专家裁决（Expert Determination）是由当事人选择争议领域的专家运用专业知识和经验，对争议进行决断的一种争议解决方法。该方法更为快捷和灵活，尤其适合解决专业性、时效性较强的领域如能源领域的争议。[1] 由于具有高度的专业性和可沟通性，专家裁决的解决方式也逐渐在国际能源投资争端中被接受作为解决方式之一，尤其在涉及技术性问题、成本和收益分配等较为复杂的产量分成合同中。在进行裁决时，专家需要从事包括测量的精确、价格计算等特别工作。专家可能在技术或定量特征方面为解决争端发挥作用。与法院或仲裁庭相比，专家裁决中的专家可能被要求判断是否存在无法计算天然气合同价格的情形，如果该情形存在，当事方可能被要求会见并善意寻求解决方案；如果无法达成一致的结果，同样的专家可能直接作出裁决或任命新的专家。

三、海外能源投资合同争端解决条款的主要特征

以国际能源投资常见的产量分成模式为例，表3－2收集近期公布的主要能源勘探开发国家与地区的产量分成合同范本中的争端解决规范，以此作为依据分析合同争端解决条款的主要特征。

---

〔1〕 参见黄振中：《国际能源争议解决中的专家裁决》，载《政法论坛》2013年第2期。

表 3－2　产量分成合同范本比较

东道国（地区）	颁布时间	条款序号	解决方式	具体模式
坦桑尼亚	2013 年	第 28 条	协商与仲裁	根据国际商会仲裁规则、仲裁地为坦桑尼亚达累斯萨拉姆
特立尼达和多巴哥	2012 年	第 33 条	协商、专家裁决、仲裁	独任专家裁决、独任仲裁、联合国国际贸易法委员会仲裁
利比亚	2011 年	第 31 条	仲裁、专家裁决	联合国国际贸易法委员会仲裁、独任专家裁决
安哥拉	2010 年	第 41 条	争端解决	善意与公平公正原则、联合国国际贸易法委员会仲裁
阿塞拜疆	2009 年	第 23.3 条	仲裁	根据阿塞拜疆法律和英国法仲裁
塔吉克斯坦	2008 年	第 30 条	争端解决	根据国际商会仲裁规则、仲裁地为瑞典斯德哥尔摩
印度	2007 年	第 33 条	独任专家裁决、调解、仲裁	根据印度 1996 年仲裁和调解法进行
伊朗库尔德斯坦地区	2007 年	第 42 条	协商、调解、仲裁、专家裁决	根据伦敦国际仲裁调解规则、地点为伦敦、独任专家裁决
土库曼斯坦	1997 年	第 29.2 条	仲裁	联合国国际贸易法委员会仲裁、海牙国际法院任命仲裁员

通过比较上述常见产量分成合同中的争端解决条款，不难看出当前国际能源投资合同争端条款的设计呈现多样化的特征。各种解决方式几乎毫无例外地包含了仲裁这种争端解决方式，既有作为一般选择性模式的，也有作为唯一模式的，还有作为最终选择的模式即终局解决方案，体现出仲裁作为争端解决方式的独特优势。此外，独任专家裁决的方式也逐渐被关注，约有 1/3 的范本中明确将专家裁决作为争端解决的选择方式，与仲裁等其他争端解决选择方式并用。

四、多层次争端解决条款在海外能源投资合同中的运用

能源投资合同中争端解决方式的多样化事实上也形成了该类合同多层次的争端解决条款模式。这种多层次争议条款在商业实践中较为常见，主要通过时间节点、争端解决模式的顺序等方式规定在合同争议发生后，各缔约方应尽可能友好、高效地解决合同争议。多层次争议解决条款的关键问题在于这些条款中的非诉讼和仲裁部分，即初始层次中约定的磋商和调解，对当事人来说是否具有强制性。[1] 从现有的能源投资合同范本的规范来看，基本上是以仲裁为主导、以专家裁决为特色解决的方案，二者通常存在一定程度的相互排斥性，如印度产量分成合同范本第33.2条明确表明：被任命的独任专家作为专家裁决案件，该裁决是终局性的且对各方均有拘束力，各方不得再提交仲裁。[2] 而协商、调解等解决机制原则上仅作为仲裁的选择性前置程序存在，其完成与否不影响当事方将争端提交仲裁解决，如伊朗库尔德斯坦地区产量分成合同范本第42.1(b)条规定：如果争端不能根据第42.1(a)条的规定在各方提交争端通知的60天内或者各方书面同意争端解决的更长时间内经协商解决，争端的任何一方可以寻求根据伦敦国际仲裁院调解程序对争端进行调解，该程序视为并入本条，争端各方均应遵守调解程序。该范本第42.1(c)条进一步规定，如果争端不能根据第42.1(b)条在调解员任命的60天内进行调解或争端方书面同意争端解决的更长时间内进行解决，争端的任何一方可以根据伦敦国际仲裁院规则寻求仲裁作为最终的解决方案，该规

---

〔1〕 参见范铭超：《比较法视野下多层次争议解决条款的强制性》，载《学术探索》2013年第12期。

〔2〕 India Model Production Sharing Agreement (2007), available at http://www.infraline.com/ong/basins/NELP-VII/MPSC.pdf, last visited on 22 Jan. 2020.

则视为并入本条。[1]

国际能源合同争端解决条款的重要地位及其复杂程度给海外能源投资过程中的国际投资者带来新的启示，即密切关注主要投资国家地区的国际投资合同范本中的争端解决条款，尽可能避免仅将东道国法律作为争端解决的依据以避免出现法律制度缺失、正当程序保障等不必要的困境，在确定仲裁为主体的争端解决方案中也要关注多层次争端解决的设计，特别是处理好协商、调解、专家裁决等其他类别的争端解决方式与仲裁的关系，使仲裁争端解决的方式能够得到有效的运用，从而有助于发挥国际能源投资合同争端解决条款的应有作用。

〔1〕 Production Sharing Contract [Block Kurdistan Region between The Kurdistan Regional Government of Iraq and], available at http://cabinet.gov.krd/pdf/3_KRG_Model_PSC.pdf, last visited on 22 Jan. 2020.

第四章 海外能源投资的国际法保障

国际法层面的制度支持是保障投资者海外能源类投资的主要法律依据之一。通常,能源类投资活动,尤其是跨国直接投资行为往往将援引的国际投资领域中的国际法规范作为支撑。根据所涉范围的不同,有关海外能源投资的国际法保障机制形成了以双边投资保护条约为代表的双边保障机制、以区域综合协定或投资协定为代表的区域保障机制以及少量多边条约投资保障机制。

第一节 海外能源投资的双边条约保障机制

BIT 是当前国际投资法领域中数量、规模最为庞大的国际条约。由于涉及具体的投资母国与东道国之间的安排,BIT 往往是投资者海外能源投资中最为直接的国际法保障之一。随着 BIT 的变迁与发展,以投资者保护为核心的实体条款与程序条款将为投资者海外能源投资中的相关救济提供参考。

一、双边层面保护投资条约的功能定位

在双边层面的国际协定中,体现投资保护内容的文件以 BIT 为主体,部分双边自由贸易协定(Free Trade Agreement, FTA)中的投资章节也涵盖投资保护内容。为方便分析,下文将以 BIT 作为双边层面投

资保护的主要法律文件，探讨其中主要条款对投资者权利保护的启示。

（一）BIT 的沿革

保护投资者的法律具有长期的历史，投资法已经经历数世纪的发展。早期的投资主要考察对待外国人的方式。古希腊的城邦并非都欢迎外国人，但至少在雅典，外国商人受到欢迎并被鼓励参与城市经济。因此，制定条约确保公民互惠以及设置法院程序确保执行商业合同，类似的安排出现在罗马法中。然而，基础仍然在于双边条约而非其他接受的法律原则。[1] 早期的 BIT 更多以"友好通商航海条约"的形式表现，如美国与法国于 1778 年签订的第一个友好通商航海条约。[2] 进入工业革命时期，科技的发展使大规模外国投资成为可能。交通和通信技术催生了基础设施投资，通过私人公司进行项目融资也变得有可能，该公司允许企业通过海外投资筹集资金。此时，投资法保护的重点是对投资者财产权的保护，这也在一定程度上造成了国家主权与投资者权利保护的冲突。

由此，"二战"后产生了专门的双边投资保护条约，传统上分成了以美国为代表的投资保证协定（以下简称美式协定）以及以德国为代表的促进与投资保护协定（以下简称德式协定）。二者涵盖的基本内容相同，只是在投资保护程度方面，美式协定更注重投资者的保护，特别是投资政治风险的保护与处理，加强了对代位求偿权以及投资争端解决制度的规定；德式协定则较为温和，全盘考虑东道国与投资母国的双重身份背景。值得注意的是，当前 BIT 已经呈现爆炸式的增长。据统计，当前 BIT 总数已达 2844 项，生效的 BIT 为 2290 项，成为国际

---

〔1〕 See Krista Nadakavukaren Schefer, *International Investment Law: Text, Cases and Materials*, Edward Elgar (2020), p. 3.

〔2〕 参见余劲松：《国际投资法》（第 5 版），法律出版社 2018 年版，第 220 页。

投资协定最主要的载体。[1] 在众多 BIT 中，已经难以用美式协定或德式协定概括表述其特征，部分国家已经形成了相对特色鲜明、体现本国国情的 BIT 范本（model treaty），除美国、德国外，加拿大、法国、印度、意大利、哥伦比亚等国也先后发布其自己的 BIT 范本。

（二）BIT 的功能定位

投资环境对于投资母国和东道国都具有非常重要的影响，而 BIT 在这两方面均可发挥积极作用。投资母国可以通过 BIT 将东道国义务稳定化，保证投资者尽可能不受政策转向的影响；东道国则可以通过对外国投资者及其投资提供更多的保护，吸收更多的外国投资。[2] 从规范与保护投资的角度，BIT 在投资定义、投资待遇、征收保障、争端解决、例外安排等方面均就涉及东道国与投资母国之间的投资活动提供框架保护。在海外能源投资的实践中，BIT 更多被当作投资者与东道国投资争端解决模式下的基本法律文件作为提起投资仲裁的依据，是国际投资仲裁庭处理管辖权问题以及实体争议问题的基础性参考文件。

BIT 在国内法与国际法中均占有重要的地位。虽然不是东道国直接的国内立法，但由于 BIT 具有双边性质国际法的身份，与东道国国内法存在国际条约与国内法的关系。在处理国际法与国内法规定冲突的问题方面，原则上除了发生国内法与国际法相冲突以致国家应负国际责任外，国际法在国内的效力是国内法问题，即由各国按自己的法律加以处理的问题。[3] 尽管各国在处理该问题中的基本做法不

---

〔1〕 UNCTAD, International Investment Agreements Navigator, available at http://investment-policyhub. unctad. org/international - investment - agreements, last visited on 25 July 2021.

〔2〕 参见梁咏：《双边投资条约与中国能源投资安全》，复旦大学出版社 2012 年版，第 66 页。

〔3〕 参见王铁崖主编：《国际法》，法律出版社 2007 年版，第 21 ~ 22 页。

尽相同,但几乎都尊重国际法规则的地位。在国际法层面,BIT 是国际投资法适格的国际法法律渊源。[1] 多边条约与双边条约根据其调整范围的不同而划分,同属于《国际法院规约》第 38 条规定的国际条约的范畴。

此外,值得注意的是,BIT 在投资者作出投资决策、吸引外资流入等方面发挥着积极的引导作用。尤其在能源类投资这样敏感类型的投资领域中,BIT 既能够对投资母国与东道国之间的投资关系从制度上加以巩固,又能够对投资领域内东道国的相关投资立法从内容上予以补充和完善。

在各类 BIT 中,各国范本基本上体现出其投资保护的意愿与范围,为详细分析 BIT 主要条款的规范内容,本章选取代表型 BIT 最新范本规范进行研究,[2] 呈现主要投资大国对双边层面保护的不同关注,以期分析 BIT 对海外投资尤其是能源类投资的保障力度。

BIT 条约中的适用范围涵盖属物、属人、属时、属地效力等方面内容,即包含对投资与投资者的界定、投资协定的生效与溯及力以及适用的地理范围等问题。下文将分别从双边投资保护条约范本的主要条款进行比较分析。

二、双边投资保护条约范本定义条款的比较研究

在国际投资理论与实践中最容易产生争议的是针对投资与投资者的定义条款。投资及投资者概念的确定对 BIT 的效力及影响将产生重要影响,也体现出各类 BIT 的特色。

---

〔1〕 参见杨卫东:《双边投资条约研究:中国的视角》,知识产权出版社 2013 年版,第 14 页。

〔2〕 本文选取的国家近期发布的双边投资保护协定范本为 2012 年美国范本、2021 年加拿大范本、2008 年德国范本、2006 年法国范本、2003 年意大利范本、2007 年挪威范本、2016 年印度范本、2007 年哥伦比亚范本,参见 Investment Treaties, available at http://www.italaw.com/resources/investment – treaties, last visited on 25 July 2021。

(一)投资概念的界定及其比较

在投资定义方面,通常的模式包括以资产为基础的投资定义、以企业为基础的投资定义和以交易为基础的投资定义。[1] BIT 中对投资的定义,无论是美式投资协定范本还是欧式投资协定范本都选择了以资产为基础的投资定义类型。可以说,以资产为基础的投资定义成为双边投资保护范本的主流趋势,在定义方法上以开放式资产定义较为常见,即定义加列举各国范本对投资的界定。

在2012年美国范本第1条中,“投资”被界定为:“投资”系指一个投资者直接或者间接拥有或控制的具有投资特征的各种资产,这些特征包括资本或其他资源的投入、收益或利润的期待、风险的承担等。投资的形式可能包括:(1)一个企业;(2)一个企业中的股份、股票和其他形式的参股;(3)债券、无担保债券、其他债务和贷款;(4)期货、期权和其他衍生权利;(5)交钥匙、建设、管理、生产、特许、收入分享及其他类似合同;(6)知识产权;(7)许可、授权、允许和其他根据国内法所授予的类似权利;(8)其他有形或无形财产、动产或不动产,以及相关财产权利,如租赁、抵押、质押和保证。其中,“投资”这一用语不包括通过司法或者行政诉讼作出的判决或命令。

2021年加拿大范本第1条对“投资”的定义列举如下:(1)企业。(2)企业的股份、股票或其他形式的股权参与。(3)企业的债券、信用债券或其他债务工具。(4)向企业提供的贷款。(5)有权分享企业收入或利润的企业权益。(6)所有者有权在企业解散时分享该企业资产的企业权益。(7)因在一方领土内投入资本或在其他资源从事该领土内的经济活动而产生的权益:例如涉及投资者财产在该方领域内的合同,包括交钥匙合同或建筑合同,或特许合同;或报酬主要取决于企业

---

〔1〕 参见陈安主编:《国际投资法的新发展与中国双边条约的新实践》,复旦大学出版社2007年版,第30页。

的生产、收入或利润的合同。(8)知识产权。(9)为经济利益或其他商业目的而取得的任何其他有形或无形、动产或不动产的财产及相关产权。在上述每一种情况下,都应涉及对资本或其他资源的承诺、对收益或利润的预期或风险的承担。同时,该范本排除了仅由一方领域内的国家或企业向另一方领域内的企业销售货物或服务的商业合同,或商业交易相关的信用关联活动,如贸易融资。同样,"投资"不包括通过司法或者行政诉讼作出的判决或命令。

应当说,上述表述作为美式投资协定范本的代表,其对投资的定义相对详细具体,尤其是加拿大范本在广泛列举投资范围的同时,排除了部分利益主张。

与美式投资协定范本相比,欧洲大陆国家双边投资协定的范本则主要就直接投资展开界定,如德国范本第1条界定"投资"包括各种直接或间接由某一缔约方投资者在另一缔约国直接或间接投资的各种资产。投资包括:(1)动产和不动产以及其他任何物权,如抵押、留置和质押;(2)公司股份和公司其他收益;(3)对创造经济价值的金钱或具有经济价值的履行的主张;(4)知识产权,特别是版权及其相关权利、专利权、实用新型专利、工业设计、商标、植物新品种权利;(5)商号、商业秘密、工艺流程、专有技术和商誉;(6)公法下的商业许可,包括搜索、提取或开发自然资源。任何上述投资资产形式的变化不影响其作为投资的分类。对于间接投资,原则上只包含投资者通过位于另一缔约国的公司所涵盖的投资,"回报"系指确定期间投资的收入,如收益、红利、利息、特许权使用费。

在此基础上,法国范本第1条强调投资资产形式的改变不影响作为投资的条件,只要改变不与作出投资的缔约国领域内或海域内的立法相冲突。意大利范本第1条认为投资选择法律形式的改变不影响作为投资的分类。

值得注意的是2016年印度BIT范本中重新定义了投资概念中的关键要素:

由投资者“控制”，投资者有权任命多数理事、高管人员或控制该企业的管理、政策决定，包括通过股份、管理、合伙或其他法律权利、股东协议、投票协议、合伙协议以及其他类似性质的协议；由投资者“所有”，企业资本、资金或出资超过50%由投资者、投资者最终所有和控制的其他公司（实体）直接或获利所有。此外，2016年印度范本第1条还排除了部分资产作为投资：（1）政府或政府所有（或控制）企业发行的债券中的任何利益，政府或者政府所有（或控制）企业的贷款；（2）任何在东道国企业实质商业运作开始前发生的企业准入、设立、收购或扩张的支出；（3）间接投资；（4）单独产生于销售货物或服务的商业合同的金钱主张；（5）商誉、品牌价值、市场份额或类似无形资产；（6）仅产生于同上述第（5）项任何商业交易有关的信用延伸的金钱主张；（7）任何司法、管制、行政或仲裁程序的命令或判决；（8）其他任何金钱主张不包括本条约投资定义中确定的利息或运作。

（二）投资者概念的界定及其比较

投资者身份的界定也是BIT属人效力的主要体现，通常范本中以国民、企业等表述，首先说明投资者包括国民、自然人，随后对其分别给出定义。下文将以表格方式列举各范本有关投资者的定义。（见表4－1）

表4－1　BIT范本中的投资者定义

范本国别	定义内容	定义方式
美国	“非缔约方投资者”对于缔约一方来讲，系指不属于任一缔约方但试图、正在或已经在缔约一方领域内进行投资的投资者。 “缔约方投资者”系指一缔约方或其国有企业，试图、正在或已经在另一缔约方领域内进行投资的一缔约方的国民或企业；但是，一拥有双重国籍的自然人应被认为是其主要和实际国籍国家的国民	区分缔约方与非缔约方投资者

续表

范本国别	定义内容	定义方式
加拿大	“一方投资者”是指寻求进行、正在进行、已经进行投资的一方当事人,以及一方当事人的国家或企业。就本定义而言,“一方企业”指: (a)根据该方法律组成或组织并在该方领土内进行实质性经营活动的企业。确定企业在一方当事人境内是否有实质性的经营活动,需要逐案、根据事实进行调查; (b)根据该方法律组建或组织的企业,并由该方国民、第(a)项所述企业直接或间接拥有(控制)	区分加拿大投资者与缔约国投资者
德国	“投资者”系指: 对于德国: 任何在德国基本法含义下的自然人、欧洲联盟成员国或欧洲经济区域根据《欧共体条约》第43条自由位于德国的国民; 任何法人、具有法人人格的任何公司或商业组织,根据德国法律成立,或根据欧盟或欧洲经济区成员国法律设立并根据德国法律成立,注册于德国并根据《欧共体条约》第43条和第48条在德国自由设立机构或常设机构。 企业活动的背景是另一缔约方领域内投资的所有者、持有者或股东,不论活动是否直接获利	仅定义德国投资者
法国	术语“国民”系指拥有另一缔约方国籍的自然人。 术语“公司”系指在一缔约方领域内并根据该方立法成立,其总部位于该缔约方领域内,或者由缔约国国民直接或间接控制,或者法人在一缔约方领域内设有总部并根据该国立法设立	仅定义国民与公司
意大利	术语“投资者”系指缔约方在另一缔约方领域内投资的任何自然人和法人及其控制的国外子公司、附属机构和分支机构	未做区分
哥伦比亚	术语“投资者”系指各缔约方: (a)一缔约方的自然人根据该方法律被认为是国民; (b)法律实体包括公司、法人、商业联合以及其他组织,根据缔约方法律组织构成且有住所,并在该缔约方领域内从事实质商业活动; (c)并非根据缔约方法律设立但根据作出投资的该方法律由前段自然人或法律实体有效控制的法律实体。 本协定不适用于具有双方缔约方国籍的自然人的投资	排除双重国籍自然人的投资

续表

范本国别	定义内容	定义方式
挪威	“投资者”系指： (1)根据一缔约方可适用的法律自然人具有国际或永久居住权； (2)根据一缔约方法律承认的法人及设立的任何实体，在该方领域内从事实质性商业运作，如公司、商行、联盟、金融发展机构、基金会或类似实体，不论其责任是否有限以及活动是否获利	区分自然人与法人
印度	“投资者”系指： (1)遵循东道国法律构建、组织并运作的法律实体，由东道国自然人或法律实体所控制，在东道国内从事真正实质的商业经营； (2)已经在东道国所有或控制投资的东道国的自然人	区分自然人与法人

在投资者的定义中，尽管各范本中普遍考虑到自然人与法人这两大投资者主体的差异进行分别定义，然而对于投资争端实践关注的投资者国籍问题特别是双重国籍下的投资者身份的认定仍然鲜有回应，对于由于国籍变更而产生的投资者身份的认定问题也没有作出明确回答。

三、双边投资保护条约投资待遇条款的比较研究

投资待遇的划分存在不同的标准，其中较为常见的是相对待遇标准与绝对待遇标准的划分。前者系指东道国对外国投资者的最惠国待遇或国民待遇；后者通常是以公平公正待遇为主体包含充分、持续保障等规范内容。值得注意的是，现有的双边投资保护条约范本中并非都涵盖了绝对待遇与相对待遇，而是有所取舍，比如印度范本仅包含国民待遇；德国、意大利、挪威范本仅包含国民待遇与最惠国待遇。

（一）双边投资协定范本中的相对待遇比较

作为实现“内外平等”的最主要方式，国民待遇在 BIT 范本中始终

具有极为重要的地位，在所考察的双边投资范本中无一例外地包含了有关国民待遇的内容。

从对国民待遇的规范内容来看，单独列出其含义予以规范的范本以美国、加拿大、挪威、印度为代表。其中，美国范本与加拿大范本以及挪威范本详细分解了国民待遇的阶段，即设立、获取、扩大、管理、经营、运营、出售或其他投资处置方面，从范围上已经覆盖了投资设立前阶段，形成了准入前国民待遇，即东道国将在投资者的投资准入阶段给予国民待遇，是在国民待遇基础上的进一步延伸。[1] 值得注意的是，印度范本仅规范了国民待遇标准而并未规范最惠国待遇标准。

以德国、法国、意大利、哥伦比亚范本为代表，国民待遇与最惠国待遇合并规范，通常还规定了自由贸易区、关税联盟、共同市场、经济联盟或者任何其他经济或区域组织等一般例外。

在单独规范最惠国待遇的范本中，美国范本与加拿大范本如出一辙，美国范本第 4 条的规范内容基本上是国民待遇的翻版，即"各缔约方给予另一缔约方的投资者的待遇应不低于在类似情形下其给予任何非缔约国一方的投资者在设立、获取、扩大、管理、经营、运营、出售或其他投资处置方面的待遇。各缔约方给予涵盖投资的待遇应不低于在类似情形下其给予在其领土内任何非缔约国投资者的投资在设立、获取、扩大、管理、经营、运营、出售或其他投资处置方面的待遇"。挪威范本第 4 条也确立了"各方应当在投资的设立、获得、扩张、管理、操作、运营和处置方面给予另一方投资者及其投资的待遇不低于相同情况下给予任何其他国家投资者和投资的待遇"，但在附件中提出了保留的国家名单，同时将由于自由贸易协定、关税联盟（或类似协定规定投资的实质自由化）和劳动市场一体化协定授予其他任何国家投资

[1] 参见张正怡：《论国际投资规则中的准入前国民待遇——兼谈中国的应对之策》，载《安徽大学法律评论》2013 年第 1 期。

者及其投资更加优惠的待遇作为例外规定，并特别说明最惠国待遇不包括本协定或其他国际协定中规定的争端解决机制。

（二）双边投资协定范本中的绝对待遇比较

在绝对待遇方面，美国、加拿大、法国、哥伦比亚范本均明确了公平公正待遇，但侧重的基础有所不同，美国范本与加拿大范本的规定较为一致，且美国范本在公平公正待遇的定义与明确义务方面都进行了较为详尽的规范。

美国范本和加拿大范本以习惯国际法的最低标准为基础分析，美国范本第 5 条要求各缔约方应当根据习惯国际法给予涵盖投资待遇，包括公平公正待遇、充分保护和安全。为进一步明确，该条第 1 款规定根据习惯国际法给予外国人待遇的最低标准作为确定给予涵盖投资待遇的最低标准的依据。“公平公正待遇”和“充分保护和安全”概念并未要求给予超出上述标准所要求的额外的待遇，且并不创造额外的实质权利。其所指的义务为：(1)“公平公正待遇”指依照世界主要的法律制度中的正当程序原则，不得在刑事、民事、行政诉讼中拒绝司法的义务；(2)“充分保护和安全”指各缔约方根据习惯国际法提供治安保护的义务。加拿大范本第 5 条最低待遇标准则进一步补充，认为“公平公正待遇”和“充分保护和安全”不要求额外或超过习惯国际法对外国人的最低标准给予待遇。本协定或其他单独的国际协定的另一条款的违反的判定，不得被认为是对本条款的违反。

法国范本第 3 条仅对公平公正待遇进行如下原则性的规定：各缔约方应当根据国际法原则对在其领域或其海域作出投资的另一缔约方国民和公司适用公平公正待遇，确保行使权利不得受到法律或实践的阻碍。在内部立法框架下，缔约方应当对与在另一缔约方领域内或海域作出投资的一缔约方国民关于进入并授权居住、工作和旅行的请求检查时提供优惠。

哥伦比亚范本将公平公正待遇纳入第 3 条关于促进、允许和保护投资的条款中，但是与美国范本、加拿大范本相反，不以习惯国际法作为最低标准，其对公平公正待遇的解释也采取了参照一般法律原则的方法进行。其主要内容为：各缔约方根据一般的外国投资政策，应当促进其领域内其他缔约方投资者的投资并根据其法律承认该投资；各缔约方应当保护其领域内根据其法律由另一缔约方投资者作出的投资，不得以歧视措施损害投资的管理、维持、使用、享有、扩张、销售和清算；各方应当根据习惯国际法授予其领域内另一缔约方投资者的投资公平公正待遇以及充分保护和安全。为进一步明确，"公平公正待遇"和"充分保护和安全"概念不要求根据习惯国际法标准对待外国人最低待遇给予额外待遇。判定违反本协定或其他国际协定的其他条款并不意味着违反对待外国人的最低待遇标准。"公平公正待遇"包括根据包含在世界主要法律体系中的正当程序原则禁止否定刑事、民事或行政诉讼司法。"充分保护和安全"并不意味着在任何情况下授予已经作出投资的缔约方国民更优惠的待遇。

印度范本尽管在内容上没有提及绝对待遇标准，但也就待遇标准作出了如下要求：各方不得对待另一缔约方投资者的投资适用措施构成：(1)习惯国际法下的否定司法；(2)未得到救济并严重违反正当程序；(3)明显滥用待遇包括持续、不正当、严重胁迫和侵扰。被判定违反本条约其他条款或单独的国际协定，不构成违反本条款。

四、双边投资保护条约范本投资征收条款的比较研究

征收和国有化是海外投资过程中经常发生的投资风险之一。征收在《布莱克法律词典》中被定义为"政府获取私人财产权利或改变私人财产权利"，国有化则是国家基于公共利益的需要将投资者的投资全部或部分收归国家所有的一种强制性措施。在双边投资保护条约范本中，与征收和国有化相关的条文主要涉及征收的前提条件、征收的基本分类及其判断、征收补偿等问题。

（一）征收的前提条件

美国范本与加拿大范本明确列出了以下四项要件：为了公共目的；以非歧视的方式进行；给予及时、充分、有效的补偿；根据正当法律程序进行。意大利范本虽然没有具体划分四项要求，但也在其表述中包含了上述内容："投资及一缔约方投资者投资有关的活动不得直接或间接在事实上或法律上受到国有化、征收、征用或具有等同效果的措施，包括影响另一缔约方领域内投资者控制的公司及其资产的措施，除非为了公共目的或国家利益并采取充分、及时、有效的补偿，条件是这些措施必须在非歧视的基础上符合所有法律规定和程序。"哥伦比亚范本第 6 条中也有类似的表述："在另一缔约方领域内投资的缔约方投资者不得被国有化、直接或间接征收或受到任何具有类似效果的措施，除非为了公共目的或社会利益，根据正当法律程序以非歧视方式善意进行，并伴随着迅速、恰当和有效的补偿。"

德国范本则特别强调公共利益，其中第 4 条规定："除了公共利益外，任何缔约方投资者的投资不能在另一缔约国内被直接或间接征收、国有化或受到等同于征收或国有化效果的措施。"同样地，挪威范本第 6 条也规定："一方不得对另一方投资者的投资进行征收或国有化，除非为了公共利益并符合国际法一般原则和法律规定的条件。"法国范本则补充了具体承诺的要求，其中第 5 条规定："任何一方不得采取征收、国有化或任何对领域或海域内国民或公司的投资采取直接或间接剥夺的效果的措施，除非为了公共利益，且这些措施不得构成歧视也不得违反具体承诺。"

印度范本中的征收条件仅包括公共目的、法律程序和恰当补偿三项，其表述为："任何一方不得国有化或征收投资，或采取与征收具有等同效果的措施，除非为了公共目的，根据法律确立的程序，并适当支付补偿。"该类表述没有采用上述美国范本和加拿大范本的四要件方式，在补偿中也没有采用充分、及时、有效的表述而是结合自身发展中国家的立场确立了适当补偿的标准。

(二)征收的基本分类及判断要件

相对于东道国直接剥夺外国人的财产权收归国有的直接征收,与之相对应的间接征收是指东道国采取一种虽然没有直接剥夺其财产权但其效果相当于剥夺外国人财产权的措施。[1] 在主要的双边投资协定范本中,几乎无一例外地提及间接征收。

关于间接征收的定义,有范本中明确以“间接征收”来表述,如美国、加拿大范本,但通过附件的方式进一步明确为“缔约一方的一项行为或一系列行为与不通过所有权转让或完全没收的直接征收行为具有等同效果的方式、源自一方的一项或一系列措施在没有正式转移权利或直接没收的情况下产生等同于直接征收的效果”。

当前,对间接征收的判断以个案为基础的原则依然作为主要方式而存在。因此,如何根据事实来判断征收的存在也成为部分 BIT 范本中所关注的问题。含有间接征收判断的范本有美国、加拿大、哥伦比亚和印度范本,其中主要内容如表 4-2 所示:

表 4-2 BIT 范本中的征收规范

范本国别	建议内容	对应条款
美国	关于缔约一方的一项行为或一系列行为的决定在具体情况下是否构成间接征收,需要在事实的基础上针对个案进行调查,需要考虑的因素有: (1)政府行为的经济影响,即使缔约一方的一项行为或一系列行为对投资的经济价值有负面影响,其本身并不表明间接征收成立; (2)政府行为干预明显合理的投资期待的程度; (3)政府行为的性质	附件二

[1] 参见蔡从燕、李尊然:《国际投资法上的间接征收问题》,法律出版社 2015 年版,第 20 页。

续表

范本国别	建议内容	对应条款
加拿大	间接征收可能发生在当事方的一项措施或一系列措施,其效果相当于直接征收,但未正式转让所有权或直接征收。缔约国为保护健康、安全和环境等合法的公共福利目标而采取和保持的非歧视性措施,即使其效果等同于直接征收,也不构成间接征收。要确定一方的一项措施或一系列措施是否具有相当于直接征收的效果,需要逐案、以事实为基础进行调查,并应考虑: (1)措施或一系列措施的经济影响,尽管一方的一项措施或一系列措施对所涉投资的经济价值产生不利影响的唯一事实不能证明间接征收已经发生; (2)一方的措施或一系列措施的持续时间; (3)该措施或该系列措施在多大程度上干扰明显的、合理的投资支持预期; (4)措施或一系列措施的性质	第9条　征收
哥伦比亚	确定缔约方的一项措施或一系列措施是否构成间接征收需要个案判断,考虑的事实包括: (1)该措施或一系列措施的经济影响,然而,仅凭对投资经济价值产生负面影响的措施或一系列措施不足以证明发生间接征收; (2)措施或一系列措施的范围及其影响需要对有关投资的合理可区分的期待造成干预	第6条　征收和补偿
印度	确定一项措施或一系列措施是否具有等同于征收的效果需要依据个案、事实基础判断,通常需要如下证据: (1)永久、完全或几乎完全剥夺投资的价值; (2)永久、完全或几乎完全剥夺投资者的管理权和对投资的控制; (3)东道国恰当的投资导致完全或几乎完全转移投资价值到一方的机构或部门或第三方	第5条　征收

从上述范本的建议内容来看,间接征收的判断主要考虑征收行为对投资和投资者造成的经济影响。事实上,在如此广泛的经济影响的认定中,各范本也相应地作出了例外规定,通常将管制行为与间接征收相区分。例如,美式范本中认为“缔约一方规划或适用地保护社会正当利益如公共健康、安全和环境的非歧视性行为不构成间接征收”;加拿大范本与哥伦比亚范本认为“除了罕见情况,如采取措施的目标不能被认为善意的,一方的非歧视措施需要采用并用以保护合法公共

福利目标,如健康、安全和环境,这样不构成间接征收";印度范本也认为"为避免疑问,当事方同意一方在商业活动中采取的行动不构成征收或具有类似效果的其他措施"并且"当事方也同意,一方采取的非歧视管制行为适用于保护合法公共福利目标如公共健康、安全和环境不构成征收"。

(三)征收补偿问题

征收发生后,投资者与东道国最为关心的补偿问题也成为在征收法律争议中的主要问题之一。充分、及时、有效的"赫尔原则"与发展中国家普遍采用的恰当、合理标准一度成为投资条约谈判与投资争端案例的焦点。主要国家的 BIT 范本在征收补偿的建议中一般确定了补偿标准、补偿要求等内容。

通过比较范本内容,征收补偿的过程中对补偿的具体价值标准仍存在争议。美国、加拿大和意大利范本以公平市场价值为基础,其他范本中没有体现出明显的倾向性。在补偿的情形方面,包括武装冲突等在内的紧急情形成为多数范本考虑的事项。在补偿的具体计算中产生的利息标准存在较大的差异,如可自由转换的货币的市场汇率、商业合理利率、欧元银行间同业拆借利率标准以及伦敦同业拆借利率标准等。

五、双边投资保护条约范本投资争端条款的比较研究

争端解决机制被认为 BIT 中对投资者最为有利的保护工具。国际投资争端解决机制的运用中,BIT 一直作为提交争端解决的最为主要的依据。从主要国家的双边投资协定范本内容来看,对争端解决机制的处理主要分为了缔约国之间的争端以及投资者与另一缔约国之间的争端,其中后者是 BIT 规范的重要内容,也是投资者作为私人主体在争端解决领域与主权国家之间的对抗。BIT 包括的投资者与缔约国之间的争端解决机制以及缔约国之间的争端解决机制为海外能

源投资救济保障机制的重要组成部分。

（一）BIT 中的争端解决机制概述

作为对传统经贸条约的重大改进内容，争端解决机制的确立对降低投资争端提供有利的支撑。特别是现代的 BIT 中普遍引入 ICSID 作为争端解决条款的主要选择之一。就投资争端的类型而言，国家之间的争端主要包括双边投资协定缔约双方对投资协定的解释与适用等问题，而投资者与国家的争端系指投资者和东道国政府之间的投资争议事项。两种争端类型的最大差别在于主体的差异和不平等性，国际投资争端实践则主要集中在投资者与东道国之间的投资争端事项之中。

就考察的主要国家的投资范本而言，几乎都在文本中规范了投资争端解决机制。从文本的数量和内容来看，投资争端主要针对投资者与国家之间的投资争议事项展开，涵盖了投资争端解决机制的选择、确定、程序等内容。表 4－3 反映出主要投资范本涵盖投资争端解决机制的条款概况：

表 4－3　主要 BIT 范本中的争端解决规范

范本国别	颁布年份	国家之间争端对应条款	投资者与国家争端对应条款
美国	2012	第 37 条	第 24～29 条
加拿大	2021	第 54 条	第 24～46 条
德国	2008	第 9 条	第 10 条
法国	2006	第 10 条	第 7 条
意大利	2003	第 9 条	第 10 条
挪威	2007	第 20 条	第 15～19 条
哥伦比亚	2007	第 9 条	第 10 条
印度	2016	第 15 条	第 14 条

在投资者与国家争端方面，各国几乎不约而同将其作为 BIT 争端解决机制的重要内容，其中以美国、加拿大为代表的美式范本详尽规

定了争端解决机制的具体步骤与程序，而以德国、法国等为代表的德式范本则相对简单、概括式地表述争端解决机制。2016 年的印度范本在近期范本中也颇具特色，体现出对国家投资者之间权利义务的平衡。

（二）投资者国家争端解决机制的主要特征

尽管源自不同国家的范本在争端解决机制的设计方面特色鲜明，但仍然反映出投资者国家争端解决机制的主要特征与基本发展趋势：

1. 坚持争端解决机制从协商到仲裁的循序渐进过程

在投资者与东道国的争端解决机制内容上，各范本均梳理了该类争端解决的基本流程，并提及 ICSID 公约作为主要依据，在争端解决的具体方式上，几乎所有范本都遵循了从友好协商到特定的争端解决程序，为此将投资者国家争端解决机制的具体选择模式比较如表 4－4 所示：

表 4－4　主要 BIT 范本中的投资争端解决方式规范

范本国别	争端解决机制的具体方式	主要来源条款
美国	磋商与谈判，仲裁	第 23 条　磋商与谈判 第 24 条　提交仲裁请求
加拿大	磋商、调解、仲裁	第 25 条　请求磋商 第 26 条　调解 第 27 条　主张提交仲裁 第 28 条　同意仲裁
德国	ICSID、UNCITRAL 等机制	第 10 条　缔约国与另一缔约国投资者的争端解决
法国	ICSID 机制	第 7 条　投资者和缔约方的争端解决
意大利	UNCITRAL、ICSID 等机制	第 10 条　投资者与缔约方之间的争端解决
挪威	ICSID 机制	第 15 条　缔约方和另一缔约方投资者的争端解决
哥伦比亚	UNCITRAL、ICSID 等机制	第 9 条　一缔约方和另一缔约方投资者的争端解决
印度	用尽当地救济、通知和协商	第 14 条　投资者和一缔约方的争端解决

从上述争端解决的具体程序来看，私人投资者与东道国之间的国际仲裁始终作为最后一项争端救济方式来运用，其条件通常包含：各方尽力友好解决的前置程序但并非强制规定、投资者及其投资在符合条约规定的情况下由于东道国行为而产生损失的实体证明内容。通常，各范本确立了从争端产生到启动解决机制的“冷却期”，从 6 个月到 12 个月不等。在仲裁争端解决机制的选择方面，各范本基本以 ICSID公约及其附加便利规则为主体，同时也提供了其他仲裁选择如 UNCITRAL，甚至国际商会（International Chamber of Commerce，ICC）、伦敦国际仲裁院（The London Court of International Arbitration，LCIA）或 SCC 等机构或临时仲裁。

2. 注重仲裁庭的组建程序并确保公平

关于仲裁庭的组成，美国、加拿大、意大利、印度范本涉及了较为详细的内容。其中，美国范本第 27 条明确仲裁员的选择方式如下：除非争议双方另有约定，仲裁庭应由三名仲裁员组成，各方各自任命一名仲裁员，第三名应由争议双方协议任命并作为首席仲裁员。秘书长应作为本节仲裁的任命主体。如果仲裁庭根据本节规定在请求提交仲裁之日起 75 日内仍旧没有组成，应争议一方的请求，秘书长应当有权任命尚未指定的仲裁员。根据 ICSID 公约及其附加便利规则，被申请人同意据此确立仲裁庭的人选，申请人可以向仲裁庭提交依据规定提出的请求，或根据上述文件仅在申请人书面同意对仲裁庭组成人员的指定的条件下，继续一项请求。

相比美式范本，加拿大范本对仲裁庭的组成过程更加关注，通过仲裁员规范、一方未指定仲裁员或争端方无法就首席仲裁员达成一致时仲裁庭的组成、同意指定仲裁员等条款更加细化仲裁庭的形成环节。关于仲裁员，加拿大范本规定：除非争端方另有协议，仲裁庭应当由三名仲裁员组成，争端方各自指定一名仲裁员，第三名仲裁员由争端方共同指定作为首席仲裁员。仲裁员应当：在国际公法、国际贸易和国际投资法以及争端解决方面具有专长和经验；独立不附属且不接受任何缔约方或争端方的指示;遵守委员会确立的争端解决行为规则。争端方应当对仲裁员的薪酬达成一致。如果争端方在仲裁庭组庭之前没有对薪酬达成一致,ICSID 对仲裁员的规定应当适用。当一方未指定仲裁员或争端方无法就首席仲裁员达成一致时,仲裁庭的组成由秘书长决定,如果仲裁庭从主张提交仲裁 90 日内没有组成,秘书长经任一缔约方的请求应当指定尚未被任命的仲裁员,首席仲裁员不是任何一方的国民。此外,加拿大范本在处理争端方同意指定仲裁员方面充分考虑了 ICISID 公约及其附加便利规则的相关规定。

意大利范本则较为简单地对该问题进行了表述:仲裁庭由三名仲裁员组成;如果他们不是任何缔约方国民,则应当是与双方缔约方有外交关系的国家的国民,并由斯德哥尔摩商会或巴黎商会仲裁院主席指定。仲裁将在斯德哥尔摩或巴黎进行,除非当事方另行约定。作出决定时,仲裁庭应当适用本协定的规定以及两个缔约国认可的国际法原则。在缔约方领域内的仲裁庭决定应当根据各自的国内立法和缔约方相关的国际公约来执行。

印度范本应当是在仲裁庭组建方面针对选择仲裁员规范较为详细的范本,其重点在于考虑避免仲裁员的利益冲突,以确保仲裁裁判的公正性。在指定仲裁员方面,其规定与加拿大范本较为类似,印度范本要求:仲裁庭应当由在国际公法、国际贸易和国际投资法以及争端解决方面具有专长和经验的三名仲裁员组成。各缔约方各自任命一名仲裁员,第三名仲裁员即主席应当由仲裁员和缔约方共同决定。如果仲裁庭在提交仲裁主张之日起 120 日内组成,本条中的指定人员按如下顺序进行:国际法院主席、副主席或之后资历最高的法官,指定人不得为任一缔约方国籍否则无法作出指定。指定人应当在同投资争端当事方协商后、仲裁员尚未确定前作出指定。

关于防止仲裁员利益冲突的问题,该范本要求根据条约被任命解决争端的仲裁员应当在整个仲裁期间保持中立、独立并排除任何实际或潜在的利益冲突。一经提名,如果被指定,每位仲裁员都应当持续书面披露在缔约方看来可能对其独立、中立或避免利益冲突产生怀疑的事项。这些事项包括和其他相关争端事项的内容，现在或过去的缔约方、法律顾问、代表、证人或其他仲裁员的财务、人员、商业或职业关系。该事项应当在仲裁员获知该情形时向其他仲裁员、仲裁当事方和作出指定方立即披露。任何获得该信息的个体或实体都应当是独立的，该信息也非公共领域可获得，这样仲裁员可以积极履行披露义务。关于是否需要披露的疑问应当按有利于披露的方式解决。

关于利益冲突，争端当事方可以对仲裁员提出必要的质疑，比如，如果事实和情况在缔约方看来对仲裁员的独立、公正或避免利益冲突产生了合理怀疑；或者如果仲裁员不作为或由于法律或事实导致仲裁员无法履行其职能，质疑应当在该方意识到仲裁庭组成、通过仲裁员披露知晓相关事实或情形的最晚时间之后的 15 日内提出。质疑通知应当通知投资争端的另一缔约方、受质疑的投资者、其他投资者和其他指定机构，质疑通知应当表述质疑的理由。当一位仲裁员受到一方质疑时，所有当事方可以同意该质疑，仲裁员也可以在质疑之后离开其职位。但这一行为在任何情况下并不表示其接受了质疑理由。如果自质疑通知 15 日内，所有当事方不同意质疑或质疑仲裁员没有离职，质疑的一方可以选择继续。在这种情况下，自质疑通知 30 日内，应当由任命机构作出决定。

针对利益冲突，印度范本特别列举了对一位仲裁员的独立、公正或不受利益冲突产生合理怀疑应当视为其存在的情形，以便进一步判断仲裁的公平。包括：仲裁员或其助手、亲戚在特定仲裁结果中具有利益；在仲裁开始 3 年内仲裁员成为或者已经成为指定方后期附属机构的法律代表或顾问；仲裁员是同一方律师在同一律所的律师；仲裁员同时与一方律师或律所在另一争端中；仲裁员的律所正在或已经向一方或其附属机构提供服务因而具有经济利益；仲裁员在其被指定之前已经从指定方或其律师处获得争端的实体和程序方面完全的陈述；仲裁员是政府机构经理、董事或成员，或者通过控股或其他方面对某一缔约方具有类似影响；仲裁员已经公开对仲裁案件的事项发表过固定观点。

3. 关注仲裁透明度与公众及第三方参与程度

BIT 范本发展过程中另一个值得关注的问题是对仲裁透明度的提高，表现为公众以及非争端方获得仲裁裁决和资料的便利性。其中，关于非争端方对仲裁庭的建议和帮助的肯定，已经相当“法庭之友”的地位。

美国范本强调仲裁透明度的问题，其中第 29 条要求被申请人在接收意向通知、仲裁通知、争端方向仲裁庭提交的请求记录陈述材料、可获得的仲裁记录和备忘录、仲裁庭命令、裁决和决定等文书后，应迅速地将他们转达给非争端方，并向公众公布；仲裁庭应举行公开听证，并在询问争议方的意见后决定合适的后勤安排。然而，争议任何一方如果将在听证中使用受保护信息，应通知仲裁庭，仲裁庭应采取适当措施以保护该信息不被泄露；透明度的规定同时也注意到向仲裁庭提交的任何保密信息，其都将根据相关程序得到保护防止泄露，并且不要求被申请人对公众保留依法律应当公开的信息。第 32 条关于专家报告的规范表明：仲裁庭在不影响适用仲裁规则授权任命其他专家的情况下，可以应争议一方的请求或主动（除非遭到争议双方反对）任命一位或更多的专家，以书面形式向法庭报告任何由争议方在诉讼过程中提出的关于环境、健康、安全或其他科学性问题的事实性问题。这一过程需符合争议方达成的约定和条件。

加拿大范本对透明度的要求较美式范本更高，不仅涉及通知与文件的开放，还提及仲裁庭审的公开性，提出了通知非争端方、文件公开以及非争端方参与的建议安排。

一争端方可以在向争端方提交文件的 30 日内向另一方提交仲裁主张的意向通知和其他文件，如仲裁通知与主张阐述。非争端方有权自己出资获得争端方的如下复印件：提交仲裁庭的证据；仲裁中的所有请求附件;争端方的书面意见。非争端方可以通过书面通知争端方就仲裁庭对本协定的解释提出意见。非争端方应当有权出席本部分举行的任何庭审,无论其是否对仲裁庭作出意见。同样地,涉及机密信息的问题,范本第 38 条进行了详细要求,总体原则依然是庭审应当对公众开放。如有必要保护机密信息如商业机密信息,仲裁庭可以让部分庭审录像进行。仲裁庭应当同争端方协商确定保护机密信息的程序并对公开庭审作出恰当的安排。所有提交仲裁庭或仲裁庭发布的文件都应当公开可获得,除非争端方另行约定,其不属于机密信息。关于非争端方的地位,范本第 39 明确了对其提交相关意见的考虑,即任何非争端方作为一方或在一方领域内的重要存在,希望书面提交仲裁庭意见应当根据附件向仲裁庭申请,申请中应当附上该意见。申请方应当请求送达非争端方意见给所有争端方和仲裁庭。仲裁庭应当为争端方确定恰当的日期评论非争端方的意见。特别是,在决定是否允许非争端方提交意见时,仲裁庭应当考虑:非争端方意见不同于争端方,该意见将帮助仲裁庭判断与仲裁相关的事实或法律问题的特定视角、特别知识或视角;非缔约方意见将解决争端事项;非争端方对仲裁有重要利益;仲裁事项具有重要利益。仲裁庭应当确保:非争端方的意见不会阻碍程序;任何争端方不会由于意见承担不当或不合理的责任或偏见。仲裁庭应当决定是否准许非争端方提交意见,如果同意非争端方提交意见,仲裁庭应当为争端方确定恰当的日期书面回应非争端方的意见。非争端方不得向仲裁庭提出要求仲裁的任何意见,非争端方也无权在仲裁中进一步提出意见。非争端方获得庭审和文件的申请按照透明度要求允许公众获得庭审和文件的规定进行。

挪威范本第 19 条也提及程序的透明度,其要求提交给仲裁庭或仲裁庭发布的所有文件应当立即对公众开放。当提交信息给仲裁庭时,争端当事方可以指定具体信息为机密信息,如果该信息并非通常知晓或公众可获得,以及如果披露会导致任何个人或实体的根本利益或一缔约方的利益造成侵害。如果另一缔约方反对认定机密信息,仲裁庭将决定认定是否符合上述标准。如果仲裁庭认为信息不符合上述标准,提交信息的当事方可以撤回信息,或者撤回信息作为机密信息。仲裁庭进行庭审应当对公众开放,并且同争端当事方协商后决定恰当的辅助安排。

印度范本的透明度要求集中针对仲裁程序,要求被申请方应当允许公众可以获得与投资争端有关的仲裁通知、请求和其他提交仲裁庭关于管辖权和实体的书面意见、庭审记录以及仲裁庭发布的决定、命令、裁决等文件。关于呈现证据或口头辩论的庭审应当予以公开,除非有必要保护机密信息或诉讼中参与者的安全,仲裁庭应当作出安排让部分庭审私密审理来进行保护。

然而,仲裁庭可以在和争端方协商之后,出于必要的辅助原因,决定全部或部分庭审私密化,如在公众进入庭审不可行的情况下考虑其他安排。仲裁庭作出裁决应当让公众知晓,除了保密信息。当一争端方决定为了公共利益并通知仲裁庭其公开意见时,仲裁庭收到或发布的所有其他文件同样应当让公众知晓,除了保密信息。非争端方可以就仲裁庭关于条约的解释作出口头意见和书面意见。

(三)国家之间的争端解决机制

相比投资者国家争端解决机制,各国范本中国家之间的争端解决机制规范相对简略,其通常包含了国家之间解决争端的最主要方式即仲裁。现有范本一般采取单一条文多条款的方式就仲裁的组成、仲裁规则、仲裁裁决的基本要点进行规范。在投资保护协定范本中国家之间的争端解决机制的主要规范内容如表 4 – 5 所示。

表 4-5　主要 BIT 范本中缔约国之间的投资争端解决机制

范本国别	缔约国之间投资争端解决机制的主要内容
美国	各缔约方在对本条约的解释与应用中的任何争端,若不能通过协商或者其他外交渠道解决,须由缔约方任何一方提请仲裁,以得到一个必须遵守的决定,或由仲裁庭根据国际法可适用的条款加以裁决。若意见相反的缔约方未能达成一致,则适用《联合国国际贸易法委员会仲裁规则》,除非缔约方或本条约作出修改。 除非缔约方另有约定,仲裁庭须由 3 名仲裁员组成,缔约双方各指定一名仲裁员,另一名则由缔约双方共同指定。如果仲裁庭在符合本条情况下的仲裁提请后 75 日内不能成立,则应双方中任意一方请求,由秘书长决定指定缔约双方尚未决定的一名或数名仲裁员。 仲裁员所产生的费用,以及仲裁过程中产生的其他费用,由缔约双方平等分摊。但是,仲裁庭可以决定缔约方其中一方多分担一部分费用。
加拿大	任何缔约方可以请求就本协定的解释或应用进行协商。另一方应当就请求给予恰当考虑。缔约方之间有关本协定的解释或适用应当尽可能通过协商友好解决。 如果争端无法通过协商解决,应任何一方请求可以提交仲裁专家组仲裁。 仲裁专家组应当根据个案组成。在收到通过外交途径的仲裁请求 30 日内,各方应当为专家组指定一名成员。两名成员应当具有第三国国籍,并经过两方批准任命仲裁专家组主席。主席应当在两名成员指定日期的 60 日内任命。 如果期限内仍没有作出必要准备,在没有其他安排的情况下,任何一方可以邀请国际法院法官作出任何必要指定。如果主席具有任何一缔约方国籍或者无法履行职能,副主席将被邀请作出指定。如果副主席具有任何一缔约方国籍或无法履行职能,国际法院位次最高的且不具有任何一缔约方国籍的法官将被邀请作出必要指定。 仲裁员应当:在国际公法、国际贸易和国际投资法以及争端解决方面具有专长和经验;独立不附属且不接受任何缔约方或争端方的指示;遵守委员会确立的争端解决行为规则。 仲裁专家组应当决定其自身的程序。仲裁专家组应当通过多数票作出决定,该决定对双方具有约束力。除非另行同意,仲裁庭的决定应当在主席任命的 180 日内作出。 在仲裁庭作出决定的 60 日内,双方应当就解决争议的方式达成一致,通常须协议执行仲裁庭的决定。

续表

范本国别	缔约国之间投资争端解决机制的主要内容
德国	缔约国之间有关本条约解释和适用的争端应尽可能通过两国政府解决。 如果争端无法解决,经任何一缔约国请求可提交仲裁庭。 仲裁庭应当根据个案组建:各缔约国指定一名仲裁员,两名仲裁员共同确定第三国国籍的仲裁员并由两缔约国政府指定为主席。成员应当在2个月内指定,主席在3个月内指定,从任何一缔约国通知另一缔约国其意图将争端提交仲裁庭之日起。 如果在期间内没有解决,任何一缔约国可以在没有相关协定的情况下邀请国际法院主席作出必要指定。如果主席具有任何一缔约国国籍或其无法完成该项职能,副主席应当作出必要指定。如果副主席具有任何一缔约国国籍或其无法完成该项职能,非缔约国国籍的法院成员中位次最高者应当作出必要指定。 仲裁庭应当通过多数票作出决定。决定是终局性的。各缔约国应当承担其各自成员和代表在仲裁程序中的费用;主席费用和剩余其他费用由缔约国平等负担。仲裁庭可以对费用进行不同的规定。其他方面,仲裁庭应当决定其自身的程序。
法国	如有可能,关于本协定解释或适用的争议应当通过外交途径解决。 如果争端在任何一缔约方提出事项起6个月内未被解决,任何一缔约方可以请求提交仲裁庭。 仲裁庭根据个案而设立:各缔约方应当指定一名仲裁员,这样两名被指定的仲裁员通过协商指定第三国国籍的仲裁员作为双方缔约方仲裁庭的主席。所有仲裁员应当在一方通知另一方意图提交仲裁的2个月内指定。 如果期间没有达到,任何一缔约方在缺乏其他协议的情况下,应当邀请联合国组织秘书长来作必要的指定。如果秘书长具有任何一缔约方国籍或者其无法完成该项职能,秘书长之后位次最高的非任何一缔约方国籍的官员应当作出必要的指定。 仲裁庭应当通过多数投票作出决定。这些决定是终局的并且对缔约方具有约束力。 仲裁庭应当自行确立程序规则,并经任何一缔约方的请求解释其裁决。除非仲裁庭另有决定,根据特殊情形,包括仲裁员费用在内的法律成本应当由缔约方平等分摊。

续表

范本国别	缔约国之间投资争端解决机制的主要内容
意大利	缔约方产生的与解释和适用本协定有关的任何争端,应当尽可能通过磋商和协商解决。 自一缔约方书面通知另一缔约方争端起 6 个月内没有解决争端,应其中一缔约方的请求,争端可以根据本条规定提交临时仲裁庭解决。 仲裁庭应当根据以下方式组庭:自收到仲裁请求 2 个月内,缔约双方各自应当指定一名仲裁庭成员。自两名仲裁庭确定后的 3 个月内应当指定主席。 如果在期限内没有完成指定,在没有其他安排的情况下,缔约双方可以请求国际法院主席作出指定。如果国际法院主席是一方缔约国国民或者由于任何原因无法完成指定,将由国际法院副主席进行指定。如果法院副主席是一方缔约国国民或者由于任何原因无法完成指定,将由国际法院位次最高且非任何一缔约国国籍的成员受邀作出指定。 仲裁庭将通过多数票作出裁决,其决定具有约束力。双方缔约国应当支付其代表在庭审期间的仲裁费用。主席费用和其他任何费用应当在缔约国之间平等分摊。仲裁庭可以指定其自身的程序。
挪威	缔约方之间有关本协定解释或适用的争端应当尽可能通过联合委员会协商友好解决。 如果缔约方通过协商无法达成一致满意的事项解决,可以按其同意的规则和程序进行斡旋、调解或和解。 一方可以对另一方根据本条提起仲裁,除了一方请求磋商并在收到请求后 60 日之内向另一方提供磋商期间。 各方遵守磋商要求,可以提交争端判断是否遵守本协定根据两国之间常设仲裁院仲裁争议选择规则作出最终有拘束力的仲裁。 仲裁地点应当在荷兰海牙。 仲裁使用的语言为英文。 指定权应当属于常设仲裁院秘书长。 本条中的任何规定均不得损害缔约各方在任何时候同意以自行选择的任何和平手段解决关于本协定解释或适用的争端的权利。

续表

范本国别	缔约国之间投资争端解决机制的主要内容
哥伦比亚	缔约方之间有关本协定解释和适用的争端,包括主张另一缔约方违反本合同义务并因此给投资者造成损失,应当尽可能通过直接协商解决。 如果自通知争端之日起6个月内无法达成协议,任何一缔约方可以根据本条的规定将争端提交临时仲裁庭。 仲裁庭应当由三名成员组成,除非缔约方之间另有协议,应当按如下程序建立:从通知仲裁请求2个月之内建立,各缔约方指定一名仲裁员。两名仲裁员应当自最后指定之日起3个月内共同指定与缔约方维持外交关系的第三国国籍的第三位仲裁员作为仲裁庭主席。主席的指定应当由缔约方在任命之日起30日内批准。 如果必要的指定没有在期限内达成,除非另有协议,任何一缔约方可以请求国际法院主席作出必要指定。如果国际法院主席是一方缔约国国民或者由于任何原因无法完成指定,将由国际法院副主席进行。如果法院副主席是一方缔约国国民或者由于任何原因无法完成指定,将由国际法院位次最高且非任何一缔约国国籍的成员受邀作出指定。 仲裁庭应当根据本协定规定以及适用的国际法原则作出裁决。仲裁庭通过多数票作出裁决并决定其自身的程序规则。 除非另有规定,各缔约方应当平等负担仲裁员和仲裁程序的费用。仲裁庭的决定应当是终局的并对缔约方具有约束力。
印度	缔约方之间有关条约解释或适用的争端,或者是否遵守并善意履行义务,应当尽可能通过协商或磋商解决,包括使用不具有约束力的第三方调解或其他机制。如果缔约方之间的争端不能在争端产生的6个月内解决,应任何一方请求可提交仲裁庭。 该仲裁庭应当根据个案以如下方式组成:自接到仲裁请求的2个月内,各方应当指定一名仲裁员。两名成员应当选择具有第三国国籍并由双方认可的第三位仲裁员为仲裁庭主席。主席应当自另外两名成员指定后的2个月内指定。 如果在期间内没有达成必要指定,在没有其他安排的情况下,任何一方可以邀请国际法院法官作出任何必要指定。如果主席具有任何一缔约方国籍或者无法履行职能,副主席将被邀请作出指定。如果副主席具有任何一缔约方国籍或无法履行职能,国际法院位次最高的且不具有任何一缔约方国籍的法官将被邀请作出必要指定。 仲裁庭通过多数票达成一致。该裁决对双方具有约束力。 仲裁当事方应当分摊仲裁费用,包括仲裁员费用、支出、津贴和其他管理费用。各方应当承担其在仲裁程序中代表的费用。然而,仲裁庭可以直接分配费用或决定大部分费用由一争端方承担,该决定应当对各缔约方具有约束力。 根据本条构成的仲裁庭有权决定其自身的程序。

六、双边投资保护条约范本例外条款比较研究

近年来,BIT 范本中也开始出现例外条款,作为对协定中东道国义务的部分豁免。其中,代表性的范本有美国、加拿大、挪威、印度范本。作为东道国义务的例外规定,BIT 中被作为例外部分予以看待的通常包括行业例外与例外条款。前者通常是包含与投资有关的部分行业的例外性规定,目前主要表现为金融行业的审慎条款;后者则是条约范本中直接界定的例外部分,包括一般例外、安全例外、文化例外等。

就金融行业审慎措施而言,美国范本将其原因"审慎原因"解释为要求维持单个金融机构的安全、稳定、完整和金融责任,以及维护支付和清算制度的安全和金融、运作的完整性。其中第 20 条的基本要求为:缔约一方不应被阻止出于"审慎原因"而采取或维持与金融服务有关的措施,包括保护投资者、存款人、投保人或金融服务提供者对其负有信托义务的人以及确保金融系统的完整与稳定的措施。挪威范本第 25 条也作出了类似的审慎监管要求。上述范本也是唯一将金融审慎措施单独予以列明作为例外的范本。

在例外条款的设计方面,不同的范本针对例外情形进行了区分,例如,美国范本强调根本安全、加拿大范本将各类情形包含在一般例外之中、挪威范本提及一般例外与文化例外、印度范本则区分一般例外与安全例外。表 4-6 归纳了现有的 BIT 范本中的例外条款:

表 4-6　BIT 范本中的例外规范

范本来源	规范内容	来源条款
美国	本协定不应被解释为: (1)要求缔约方提供或允许获得有可能违背缔约方根本安全利益的信息; (2)排除缔约方适用其认为系履行有关维持或恢复国际和平与安全的义务或者为保护其自身根本安全利益有必要的措施。	第 18 条　根本安全

续表

范本来源	规范内容	来源条款
加拿大	本协定不包括： (1)如果一方认为披露的信息将违反其基本安全利益，则要求该方提供或允许其查阅该信息； (2)阻止一方采取其认为为保护其基本安全利益所必需的行动： ①关于武器、弹药和战争工具的贩运，以及直接或间接为向军事或其他安全机构供应而进行的其他货物、物资、服务和技术的贩运和交易； ②在战争或国际关系中的其他紧急情况下采取的； ③关于执行有关不扩散核武器或其他核爆炸装置的国家政策或国际协定； (3)妨碍一方履行《联合国宪章》规定的维持国际和平与安全的义务。	第22条　一般例外
挪威	安全例外 本条不得被解释为： (1)要求一方提供信息披露与根本安全利益不利； (2)阻碍一方采取行动考虑保护以下必要的安全利益：与国防和安全领域有关的投资；与可裂变材料或原材料相关；战时或其他紧急状态采取的国际关系； (3)阻碍任何一方采取包括联合国宪章义务下维持国际和平和安全的义务。 文化例外 本协定的条款不得适用于一方为保护和促进语言和文化多样性、文化和视听政策的法律和措施以及缔约方在与版权及其邻接权有关的国际协定中产生的权利与义务。	第26条　安全例外 第27条　文化例外

续表

范本来源	规范内容	来源条款
印度	一般例外 (1)本条约排除东道国采取一般适用于必要安全情况的行动或措施,包括:保护公共道德或维护公共秩序;确保财政体系、银行和金融机构的完整和稳定;解决严重的收支平衡问题、汇率困难以及外部财政困难或威胁;确保公众健康和安全;保护包括所有生物和非生物自然资源在内的环境;提高工作条件;确保遵守防止欺诈或者合同违约影响的法律;保护与个人数据流动相关的个人隐私;保护具有艺术、文化、历史或考古价值的国宝或文物。 (2)本条约不得被解释为约束任何一方保护非法活动资金或财产作出的投资。 (3)本条约不适用于印度地方机构或区域、片区或村庄当局采取的任何措施。为避免疑问,当地机构或当局应当包括省市级公司、地区层面官员。 安全例外 (1)本条约不得被解释为:要求一方进行信息披露与根本安全利益不利;阻止任何一方采取任何行动考虑到根本安全利益,包括但不限于:与可裂变材料或原材料相关的行动;战争或紧急状态采取的国际关系;为武装运输、军火、战争直接或间接提供货物、材料;保护重要公众基础设施、电站、水利设施以防止故意试图破坏或毁坏该设施的行动;阻碍任何一方在《联合国宪章》义务下采取行动维持国际和平与安全。 (2)各方应当充分通知另一方中止采取的措施。 (3)本章不得被解释为保护在东道国设立法律实体的投资者及其投资,要求缔约方采取或维持缔约方或非缔约方规避国家根本安全利益的立法或规定。 (4)本条应当根据附件1列出的缔约方安全例外进行监视,并作为本条约不可分割的一部分。	第16条　一般例外 第17条　安全例外

第二节　海外能源投资的区域协定保障机制

当前,国际投资规则碎片化现象依然明显。双边层面与区域层面对投资保护标准逐步提高。区域谈判如《全面与进步跨太平洋伙伴关系协定》(Comprehensive and Progressive Agreement for Trans - Pacific Partnership,CPTPP)、《跨大西洋贸易与投资伙伴关系协定》(Transatlantic Trade and Investment Partnership,TTIP)以及《服务贸易协定》(Trade in Service Agreement,TISA)等进一步推动低标准的投资开放转向高标准的投资开放。现有区域协定中,《美墨加协定》(US - Mexico - Canada Agreement,USMCA)取代了《北美自由贸易协定》(North America Free Trade Agreement,NAFTA),其对投资的保护已经为美式投资协定提供了重要的参考,尤为引人注目。近期,中日韩投资协定、欧盟与加拿大达成的综合协定(Comprehensive Economic and Trade Agreement,CETA)、区域全面经济伙伴关系协定(Regional Comprehensive Economic Partnership,RCEP)、中欧全面投资协定(China - EU Comprehensive Agreement on Investment,China - EU CAI)等也值得关注。此外,区域层面上相关较有影响力的组织还包括东南亚国家联盟(Association of Southeast Asian Nations,ASEAN)、上海合作组织(Shanghai Cooperation Organization,SCO)、亚太经济合作组织(Asia - Pacific Economic Cooperation,APEC)等。在此背景下,研究海外能源投资权利救济的区域保障机制有必要追踪当前区域投资保护协定的主要特征及其发展趋势。

一、CPTTP 及其投资保障机制

CPTPP 的前身《跨太平洋伙伴关系协定》(Trans - Pacific Partnership,TPP)早期的概念是由智利、新西兰和新加坡三个相近太平洋的紧密经济伙伴协商定义,2005 年随着文莱达鲁萨兰国的加入形成了四

国签署的《跨太平洋战略经济伙伴协定》(以下简称P4协定),该协定于2006年生效。根据P4协定开放加入的规定,自2008年起,美国、澳大利亚、秘鲁、越南、马来西亚、墨西哥和加拿大相继加入协商形成TPP。原先的P4协定并没有包含投资章节,但随着TPP协商的深入,投资被作为协定中重要的部分深化谈判。TPP下多样化的国家进行了广泛而深入的谈判,尽管仅在区域层面上,但仍然对多边层面产生深远影响,并为多边投资治理带来新希望,[1]其协商过程也进一步推动了多边投资体制的发展。

根据2015年11月5日公布的最终文本,TPP共包含30章。第九章为投资章节,其中A节为一般规定,B节为投资者国家争端解决,另有根据各国情形提出的多项附件。[2] 在投资保障机制的构建上,TPP基本上代表了当今国际投资法发展的最新趋势,并和美国双边投资保护范本具有一定的趋同性。

(一)投资规范内容

文本A节的一般规定主要涉及除争端解决机制以外的投资保护的基本内容,包括投资相关定义与范围、投资待遇及标准、征收与补偿、转移、业绩要求、代位、不符措施、拒绝授予利益、环境、企业社会责任等多项内容。

在投资相关定义方面,文本仍然沿袭了BIT中投资定义加列举的方式,对投资进行了广泛定义,并指出投资特征包括资本或其他资源的投入、收益或利润的期待、风险的承担等,列举八项投资可采取的形式,包括:企业;企业中的股份、股票和其他形式的参股;债券、无担保债券、其他债务工具和贷款;期货、期权和其他衍生权利;交钥匙、建

---

〔1〕 See Congyan Cai, *Trans - Pacific Partnership and Multilateralization of International Investment Law*, Journal of East Asia & International Law(2013), Vol. 6, p. 413.

〔2〕 Full Text of Trans - Pacific Partnership, Chapter 9, available at https://medium.com/the - trans - pacific - partnership/investment - c76dbd892f3a, last visited on 26 July 2021.

设、管理、生产、特许、收入分享合同及类似合同；知识产权；根据该缔约方法律所授予的执照、授权、许可和其他类似的权利以及其他有形或无形财产、动产或不动产及相关财产权利如租赁、抵押、留置和质押。该规定对投资的列举几乎是2012年美国BIT范本的翻版，但将司法和行政行为中的命令或判决完全排除在外。对于投资者的定义，文本没有详细区分自然人和法人，而是简单分为非缔约方投资者和缔约方投资者两大类型。

在投资待遇方面，投资章节依然全面涵盖了国民待遇、最惠国待遇、公平公正待遇与全面保护和安全待遇，并在待遇的最低标准条款之后专门增加了武装冲突或内乱情况下的待遇。该章在相对待遇标准即国民待遇与最惠国待遇的处理上沿用美式范本中的准入前待遇标准，将非歧视待遇延伸到投资设立阶段，在很大程度上约束了东道国通过行政审批等方式限制外资进入，对推动投资自由化起到实质性作用。[1] 关于绝对待遇标准，CPTPP则再次进行了概念解释："公平公正待遇"包括依据世界主要法律体系中的正当程序原则，不在民事、刑事、行政程序中拒绝司法；"充分保护与安全"要求各缔约方提供各习惯国际法所要求的治安保护水平。武装冲突和内乱情况下的待遇是单独强调的规范内容，其将补偿的损失来源界定为：一缔约方的军队或政府对涵盖投资全部或部分的征用，或者在并非必需的情况下，一缔约方的军队或政府对涵盖投资全部或部分的破坏。

关于投资保护的其他实体规范和要求，有关征收、转移、业绩要求、拒绝授予利益等内容的规范几乎与2012年美国BIT范本相同，但并没有对有关投资的法律和决定的公布、透明度提出要求，也没有包含有关履行有关维持或恢复国际和平与安全的义务或者为保护其自身根本安全利益有必要的措施的根本安全条款。为了与海外投资保

〔1〕 参见石静霞、马兰：《〈跨太平洋伙伴关系协定〉（TPP）投资章节核心规则解析》，载《国家行政学院学报》2016年第1期。

险制度相衔接并促进跨国投资公司自身的规范,投资章节特别增加了代位条款和企业社会责任条款。

（二）投资争端解决机制

在投资争端解决方面,CPTPP 并没有采取绝大多数 BIT 中国家之间的争端解决以及投资者与国家之间的争端解决两种类型的分类,而是仅就后者进行了规范。事实上,投资者东道国争端解决也是投资章节的主要创新内容,在一定程度上体现出对东道国和投资者之间的利益平衡。

根据文本,投资者与东道国之间的争端解决方式包括:磋商与谈判、提交仲裁。其中,磋商与谈判解决争端包括使用无约束力的第三方程序,如斡旋、调解或调停。在争端解决机制方面,可以根据 ICSID 公约程序或者其附加便利规则提出;也可以根据 UNCITRAL 仲裁规则或双方达成一致的其他仲裁机构的其他仲裁规则提出。在提交仲裁请求方面,文本规定得较为宽泛,但在附件 9 – H 中不同的缔约国对此作出了相关限制,澳大利亚、加拿大、墨西哥、新西兰并不赞成当违反一项投资授权时,投资者即可提交仲裁。此外,CPTPP 还就仲裁员的选任与仲裁裁决提出了适当要求,几乎构成了完整的投资者国家投资争端解决尤其是仲裁解决全过程的建议。相比美国 2012 年双边投资协定范本,CPTPP 更加强调仲裁制度、淡化协商机制,体现出双边与多边效率的差别。[1] 同时,CPTPP 通过附件的方式为缔约国提供了更多的灵活选择。

综上所述,不难得出,BIT 尤其是美式协定范本同 CPTPP 具有很强的关联性。作为一项区域综合协定,CPTPP 的目标在于促进“贸易和贸易相关事项”,试图在伙伴关系下为达成既定目标提供水平框架。

---

〔1〕 参见龚柏华:《TPP 协定投资者 – 东道国争端解决机制评述》,载《世界贸易组织动态与研究》2013 年第 1 期。

为了确保进一步消除贸易壁垒,达成促进经济一体化的目标,CPTPP在投资领域继续推行高标准的开放政策,如采用负面清单促使成员国全面对外国投资者开放,仅允许少量附件例外安排。[1] 此外,投资领域有关投资待遇的规范也积极推动了市场准入。

二、TTIP 对投资保障机制的要求

TTIP 是当前美国和欧盟正在秘密协商的主要自由贸易和投资协定,如果达成其则将被认为有史以来横跨大西洋的最大的贸易交换与投资促进文件。TTIP 谈判的焦点在于通过减少管制的差异来降低非关税贸易壁垒,通过市场准入、监管一致性和国际标准寻求贸易自由化。[2] 2007 年,美国欧盟决定建立跨大西洋经济理事会(Transatlantic Economic Council,TEC)实现推动跨大西洋经济一体化的目标,2013 年 TTIP 谈判正式启动,就不同产业中的管制合作的事项逐步进行解决。

欧盟公布的投资章节建议文本共计条款 39 条以及两项附件。[3] 就其内容来看,投资定义、投资保护以及投资争端解决与投资法院体系成为其关注的焦点问题。在投资保护方面,TTIP 建议文本强调授予投资者公平公正待遇以及充分保护与安全,并对违反公平公正待遇的措施进行了列举,包括:刑事、民事或行政程序中的否定司法;对正当程序的根本违反包括对透明度的根本违反以及妨碍司法和行政程序中的有效公正;明显专断;基于明显错误的理由如性别、种族或宗教

---

〔1〕 See Ad hoc Editoral Committee, *Trans - Pacifica Partnership Agreement was Reached*, Journal of East Asia & International Law(2015), Vol. 8, p. 506.

〔2〕 See Suzanne De Deyne, *TTIP: A Free Trade Agreement That Strengthens the International Trade Environment and Enchances the Regulatory Powers of the WTO*, UB Journal of International Law(2016), Vol. 4, p. 134.

〔3〕 EU Negotiating Texts in TTIP, Trade in Services, Investment and E - Commerce, Chapter Ⅱ - Investment, available at http://trade.ec.europa.eu/doclib/docs/2015/november/tradoc_153955.pdf, last visited on 26 July 2021.

信仰;侵扰、胁迫、滥用权力或类似的恶意行为;其他违反公平公正待遇的行为。此外,损失补偿、征收、转移、遵守书面承诺、代位、拒绝利益条款也作为投资实体条款出现。在投资争端解决方面,TTIP 建议文本包含了范围与定义、替代性争端解决和协商、提交主张和前提条件、投资法院体系、程序行为等部分。

TTIP 建议文本对投资保护以及投资争端解决机制的深度与广度均提出了更高的要求,可以说是重视投资争端解决程序部分的典范,并在一定程度上摆脱了原有 BIT 的思维限制。美国与欧盟在 TTIP 协商的过程中承诺更加透明化的仲裁体制,并试图进一步探索国际投资争端的公平与效率,以应对有关仲裁员公正独立性、挑选仲裁地点、仲裁决定一致性以及缺乏审查体系的质疑。TTIP 协商过程中提供了包括采取替代性争端解决机制、创设国际投资仲裁上诉机制、通过现有国际投资协定修订区域谈判体系、设立国际投资法院等一系列设想。[1] 就发达经济体之间的投资者国家仲裁争端解决方式而言,其制度设计将更加注重通过降低法律和政治风险来促进资本和技术的自由流动。

三、CETA 的投资保障机制

2014 年 9 月 26 日,欧盟与加拿大经过长达五年的谈判,共同公布了 CETA 的文本。作为欧盟整体作为参加主体的第一个包含投资规则的经贸协定,CETA 是从欧盟及其成员国、加拿大当前投资贸易发展的实践出发而签订的,代表着当前区域投资规则发展的最新趋势。

CETA 的出台,标志着全球两大经济体在以投资、贸易为主体的多项经济领域试图打造全面融合、优化便捷的合作方式,尤其体现在投资规则中。在长达 1634 页的协定文本中,投资规则集中体现在第

---

〔1〕 See Jessi Patton, *A Case for Investor – State Arbitration under the Proposed Transatlantic Trade and Investment Partnership*, The Arbitration Brief (2014), Vol. 4, p. 88.

十部分，共计 43 条。[1] 从整体上看，CETA 的投资条款包含了当前投资领域的主要争议问题，合理吸收了当前多边、双边投资谈判的条文模式，包含范围和定义、投资设立、非歧视待遇、投资保护、保留与例外、投资者国家争端解决六大部分。

作为投资保障的程序环节，CETA 中的投资者国家争端解决机制格外引人关注。其不仅涵盖了可能涉及的争端解决范围、运用的争端解决方式及其选择要求，还重点强调了投资者国家仲裁机制的运用。

第一，在争端解决机制的范围方面，CETA 确立了以投资待遇和投资保护为主要内容的投资主张范围，一方面投资者可以基于被申请方违反非歧视待遇提交仲裁；另一方面在投资的设立、运行、管理、维持、使用、出售或处置环节，投资者如由于被申请方违约而遭受损失，同样可以提出相应主张。

第二，在争端解决的方式上，除仲裁外，CETA 采用了多元化替代性争端解决方式，并为协商、调解等争端解决方式确立了详细的路径。关于协商，任何争端应当尽可能友好解决。这种解决可以在任何时刻进行，包括在仲裁已经开始之后。除非争端方同意更长的期间，协商应当在提交协商请求的 60 日内开始。投资者提交请求协商的信息包括：投资者姓名和地址；当地设立企业的姓名、地址和设立地；声称违反的本协议的条款；申诉的法律和事实基础，包括争议措施；寻求的救济和申诉估计的损失数额；证明投资者是另一成员方的投资者并拥有或控制投资的证据，包括当地设立企业为此提交请求的证据。一项协商的请求必须满足以下条件：投资者或当地设立企业首次知晓或应当首次知晓违约以及因此遭受损失满 3 年；投资者或当地设立企业用尽或停止根据一方法律在仲裁庭或法院提起主张或程序满 2 年，但不超过投资者或当地设立企业首次知晓或应当首次知晓违约以及因此遭

〔1〕 Comprehensive Economic and Trade Agreement between Canada and EU, available at http://trade.ec.europa.eu/doclib/docs/2014/september/tradoc_152806.pdf, last visited on 26 July 2021.

受损失10年。关于调解,提交调解不考虑任何一争端方的法律观点或权利,应当根据争端方同意的规则进行,如果可能,根据服务和投资委员会规则进行。调解者由争端方协议指定。该指定包括从仲裁庭组成的名单中指定调解员或者请求ICSID秘书长从主席名单中指定调解员。争端方应当在指定调解员60日内尽力达成争端解决协议。如果争端方同意提交调解,协商自争端方同意调解之日起至任何一方决定终止调解并信函通知调解员和另一缔约方之日为止不再适用。

第三,CETA详细规划了提交仲裁的全过程,即如果争端无法通过协商解决,另一方投资者代表其自身或者另一方投资者代表其直接或间接所有或控制的当地设立企业可以主张根据ICSID公约、ICSID附加便利规则中的程序条件、UNCITRAL仲裁规则或者争端方同意的其他任何仲裁规则提交仲裁。如果投资者建议仲裁程序,被申请方应当在收到通知后20日内回应投资者的建议。如果争端方没有在收到通知30日内同意仲裁规则,投资者可以根据仲裁提出主张。

第四,重视仲裁庭组成过程中的公平因素。CETA规定,除非争端方统一选择独任仲裁员,仲裁庭应当由三名仲裁员构成。各争端方各自指定一名仲裁员,第三名仲裁员作为主席应当由争端方共同指定。如果争端方同意指定独任仲裁员,争端方应当共同指定独任仲裁员。如果仲裁庭没有在提交仲裁之日90日内组成,或者争端方同意指定独任仲裁员但自被申请方同意独任仲裁员90日内没有指定,ICSID秘书长应当指定仲裁员。ICSID秘书长应当根据争端方的请求,从名册中指定仲裁员。如果提交仲裁时没有形成名册,ICSID秘书长应当根据任何一方的提名任命,并与各争端方进行协商作出指定。ICSID秘书长不得任命任何一位加拿大或欧盟成员国国籍的首席仲裁员,除非各争端方一致同意。服务和投资委员会应当建立并维持符合条件可作为仲裁员的名单,应当确保名单中至少有15位人员,也可经过协商减少数量。名单应当由三份至少包含五人的二级名单构成,各方各自一份,另一份为并非加拿大或欧盟成员国国籍的首席仲裁员持有。根据本条任命的仲裁员应当具有国际公法特别是国际投资法的专长经验,具有国际贸易法和国际投资或国际贸易协议产生的争端解决的专长和经验。仲裁员应当独立、不附属也不接受任何一争端方或一方政府有关贸易和投资事项的指示。仲裁员不应当接受任何组织、政府或争端方有关争端事项的指示。仲裁员应当遵守国际律师协会有关国际仲裁利益冲突服务于投资委员会的补充规则。名单中的仲裁员不得由于单独原因被视为附属于一方政府。如果争端方认为仲裁员不符合上述条件,应当在以下日期开始的 15 日内发出意向通知质疑仲裁员:仲裁员指定通知送达之日;争端方知晓主张不符合条件时。质疑的意向通知应当迅速送达另一争端方、仲裁员以及 ICSID 秘书长。质疑通知应当成熟质疑的理由。如果一位仲裁员受到某一争端方的质疑,争端方可以对该质疑达成一致,争端方可以请求受质疑的仲裁员退出。仲裁员也可以在受到质疑之后选择退出。决定退出并不意味着接受质疑理由。如果在收到质疑通知 15 日内,受质疑的仲裁员没有选择退出,ICSID 秘书长应当在了解争端方意见并向仲裁员提供争端方提交的意见后,在收到质疑通知 45 日发布决定通知争端方和其他仲裁员。仲裁员不符合要求或退出导致的仲裁庭缺位应当根据本条的程序迅速补齐。

第五,强调程序透明度与第三方和公众参与。根据 CETA,UNCITRAL 透明度规则应当适用于有关争端信息的披露。协商请求、请求决定被申请方的通知、决定被申请方的通知、调解协议、质疑意图通知、对仲裁员质疑的决定以及合并决定应当包含在 UNCITRAL 透明度规则列举的文件中。在仲裁庭组成之前,欧盟和加拿大应当限定机密信息或受保护的信息及时公开相关文件。该文件应当通过通信方式公开获得。庭审应当对公众开放。仲裁庭与争端方协商后应当作出恰当的安排便利公众了解庭审。如果仲裁庭决定有必要保护机密信息,应当作出适当的安排。CETA 应当被解释为防止被申请方在程序过程中向欧盟及其成员国及政府的官员披露必要的机密文件。此外,协议的非争端方还可以根据 CETA 请求获得申诉、备忘录、记录、请求由一方提交和仲裁庭的其他文件;并根据 UNCITRAL 透明度规则向仲裁庭作出书面意见。仲裁庭在与争端方协商后,应当接受或可以要求非争端方对协议的解释,作出口头或书面意见。非争端方可以出席庭审。仲裁庭应当确保各方有合理的机会对本协议表达意见。

四、USMCA 中的投资保障机制

依据21 世纪高标准而签订的 USMCA 取代了 1994 年的 NAFTA,将促成更加自由的市场、更加公平的交易以及更可持续的经济增长,试图建立清晰、透明和可预测的商业法律和商业框架,支持进一步扩大贸易和投资。

在投资的定义方面,USMCA 延续了以资产为基础的投资定义模式,并进行了相应类别的列举和排除。USMCA 第 14.1 条将"投资"定义为"投资者直接或间接拥有或控制的每一项具有投资特征的资产",具有资本或其他资源的承诺、对收益或利润的预期或风险的承担等特征。在投资者主体方面,USMCA 更加关注国有企业参与竞争的公平性,其在"国有企业"构成情况增加了一项:一方政府可通过其他任何权利达到可控制该企业的程度,包括间接或少数所有权。该项表明 USMCA 肯定了政府可通过间接所有或少数所有达到控制企业的情况。该项附有注释,详细说明了该项所称的控制是指排除少数股东保护外政府应拥有决定或指导企业重大事项的权力,判断的过程应就个案而言考虑到涉及的所有法律和事实的要素。并且注释中列举了可能的决定或指导商业运作的要素,包括:重大支出或投资;股本发售或重大债务出售;破产重组、并购;企业解散。

自美式投资协定范本推出以来,尤其是近十年来全球和区域范围内投资规则谈判与更新此起彼伏,世界主要经济体参与经贸规则话语权构建的意愿和程度明显提升。例如,USMCA 的最终目标被认为重塑全球经贸规则体系,重新确立美国在其中的绝对主导地位,实现符

合美国利益和需求的新一代“全球化”。[1] 高标准投资保护的推进必然带动透明度要求的提升。USMCA 第 14. D. 8 条有关仲裁程序的透明度提出了及时转交与公众查阅、公开庭审、信息披露的要求。在国际投资规则的形成过程中，负面清单被认为最早见于 20 世纪 90 年代的 NAFTA，凡是针对贸易、投资并与国民待遇、最惠国待遇不符的管理措施均以清单的方式列出。[2] USMCA 延续了这一传统，通过协定附件的方式列举了国民待遇、最惠国待遇、业绩要求、市场准入、当地存在、高级管理与董事会成员、国有企业等方面的特定承诺。[3] USMCA 采取了分国别分行业的负面清单模式，美、墨、加三国分别就投资与服务、金融服务等部门作出了具体承诺。在投资争端解决方面，USMCA 通过投资章节附件的形式单独为美国与墨西哥之间的投资争端规定了详尽的争端解决方式，[4] 几乎复制了美式 BIT 范本的全部内容。

除了高标准的投资待遇与投资保护规范，USMCA 还规定了安全例外条款，要求该协定的任何内容均不能被解释为：要求一方提供或允许获取其认为与其基本安全利益相抵触的信息；阻止一方采取其认为为履行其维持或恢复国际和平或安全的义务；保护其本身的基本安

---

[1] 参见廖凡：《从〈美墨加协定〉看美式单边主义及其应对》，载《拉丁美洲研究》2019 年第 1 期。

[2] 参见胡加祥：《国际投资准入前国民待遇法律问题探析——兼论上海自贸区负面清单》，载《上海交通大学学报（哲学社会科学版）》2014 年第 1 期。

[3] Office of the United States Trade Representative: Agreement between the United States of America, the United Mexican States and Canada 7/1/20 Text, available at https://www.cbp.gov/trade/priority - issues/trade - agreements/free - trade - agreements/USMCA, last visited on 8 May 2021.

[4] USMCA Chapter 14 Investment Annex14 - D Mexico - United States Investment Disputes, available at https://ustr.gov/sites/default/files/files/agreements/FTA/USMCA/Text/14 - Investment.pdf, last visited on 25 July 2021.

全利益所必要的措施。[1]

纵观 USMCA,其篇幅及意义远远超越了一项单一的贸易协定,而且是一个贸易、经济、政治的战略组合体。USMCA 既体现了美国在促进贸易新规则的高标准方面所做的努力,也体现了美国政府优先、保护主义、单边主义的倾向。[2]

五、RCEP 中的投资保护安排

RCEP 是首次由东盟国家提出,并以东盟为主导的区域经济一体化合作尝试,是成员国间相互开放市场、实施区域经济一体化的组织形式。RCEP 的主要成员国包括与东盟已经签署自由贸易协定的国家,即中国、日本、韩国、澳大利亚、新西兰、印度。

RCEP 与 CPTPP 同为区域经济协商机制,具有如下共性与差别:首先,成员方澳大利亚、文莱、日本、马来西亚、新西兰、新加坡和越南具有共同性。但是在 RCEP 框架内,东盟已经分别与其他协商伙伴签订协定。其次,在协商目标方面二者均具有促进区域一体化的功能。然而,RCEP 参与国在首轮协商后确立的目标为"形成现代、综合、高质量和共同受益的经济伙伴协议以建立开放的贸易投资区域环境并在现有的东盟加自由贸易协定的基础上拓宽和深化"。[3] 相比已经达成的 TPP,RCEP 在贸易与投资自由化方面的要求相对较低。最后,RCEP 参与方在非市场准入事项如知识产权、环境、劳动等方面采取与 TPP 不同的路径。

---

〔1〕 USMCA Chapter 32, Exception and General Provisions, available at https://ustr.gov/sites/default/files/files/agreemnts/FTA/USMCA/FTA/USMCA/Text/32_Exceptions_and_General_Provisions.pdf ,last visited on 28 June 2021.

〔2〕 参见白洁、苏庆义:《〈美墨加协定〉:特征、影响及中国应对》,载《国际经济评论》2020 年第 6 期。

〔3〕 Meredith Kolsky Lewis, *The TPP and the RCEP (ASEAN + 6) as potential paths toward deeper Asian Economic Integration*, Asian J. WTO & International Health Law & Policy (2013), Vol. 8, p. 368.

当前,RCEP 成员国均是我国的重要经济贸易伙伴。RCEP 的签署,标志着我国加快实行高水平对外开放、开拓合作共赢新局面的步伐继续迈进。2020 年 11 月 15 日,RCEP 正式签署。通过 RCEP 的签署,我国同 RCEP 部分成员国的经济贸易伙伴关系进一步得到巩固和加强。

RCEP 成员方在市场开放方面达成了较为广泛的共识,议题范围涵盖货物贸易、服务贸易、投资、自然人移动等方面,并在知识产权、电子商务、贸易救济、竞争、政府采购、合作等领域对接国际高标准贸易投资规则。在投资章节,RCEP 对投资者与投资适用进行了较为广泛的界定,明确了国民待遇、最惠国待遇、公平公正待遇等基本投资待遇,同时明确了禁止业绩要求、高级管理人员和董事会、保留和不符措施、转移、损失补偿、代位、征收、拒绝受惠等规范,将促进投资和投资便利化作为投资章节的主要目标,并明确了应当进行讨论的工作计划,其中包括一缔约方与另一缔约方投资者之间投资争端的解决。尽管 RCEP 投资章节并没有直接就投资争端解决机制进行规范,但其专门列出了争端解决章节,将争端解决的范围限定于缔约方之间与协定解释和适用相关的,以及一缔约方认为另一缔约方的措施与协定项下的义务不相符或者另一缔约方未能履行协定项下的义务的争端解决。[1] RCEP 争端解决机制同时要求该机制不得损害一缔约方诉诸其为缔约方的其他协定项下可获得的争端解决程序的权利。

六、中、日、韩投资协定中的投资保障机制

2012 年,中、日、韩三国共同签署《关于促进、便利及保护投资的协定》(以下简称《中日韩投资协定》),该协定于 2014 年正式生效,成为中、日、韩第一个促进和保护三国间投资行为的法律文件。

---

〔1〕《区域全面经济伙伴关系协定》,载中国自由贸易区服务网,http://fta.mofcom.gov.cn/rcep/rceppdf/d19z_cn.pdf,访问日期:2021 年 7 月 3 日。

《中日韩投资协定》包含了投资定义与促进、投资基本待遇、业绩要求与透明度、知识产权、征收及补偿、转移与代位、投资争端解决条款、例外条款、审慎措施、临时保障措施、环境条款等内容。其中的主要亮点包括：

首先，对投资涵盖的范围有所扩张。《中日韩投资协定》打破了以资产为基础定义投资的基本方式，将投资可能的形式作出列举：企业及其分支机构、企业股份、股票或其他参股形式以及由此衍生的权利；债券、信用债券、贷款及其他形式的债，以及由此衍生出的权利；合同权利，包括统包、建设、管理、生产和收益分配合同；金钱请求权，以及请求履行具有与投资相关经济价值的合同的权利；知识产权，包括著作权及相关权利，专利权，以及与实用新型、商标、工业设计、集成电路布图设计、植物新品种、商号、产地标识、地理标识及未披露信息相关的权利；依据法律法规或合同授予的权利，如特许权、许可、授权及许可证；任何其他有形及无形财产，动产、不动产以及任何相关的财产权利，如租赁、抵押、留置权、质押权。此外，投资还包括由投资产生的孳息，特别是利润、利息、资本红利、股息、特许权使用费及收费。

其次，投资待遇的多样化与表述的变化。协定中的投资待遇包括国民待遇、最惠国待遇与总体投资待遇。其中，总体投资待遇作为首次出现的表述，事实上包含了给予另一方投资者的投资公平公正待遇和充分保护及保障。其概念并不要求在依据公认的国际法规则给予的任何合理及适当标准的待遇之外或额外给予，但是要求缔约方应当遵守任何以协定或合同形式对缔约另一方投资者的投资作出的书面承诺。国民待遇与最惠国待遇的范围也延伸到国内法救济方面，要求缔约一方在其领土内给予缔约另一方投资者在行使和维护投资者权利，向各级法院及行政法庭、行政机构寻求救济方面的待遇，应不低于在相似情形下给予本国、缔约第三方或非缔约方的投资者的待遇。

最后，投资者国家争端解决机制的管辖范围和选择方式进一步扩大。根据协定,投资争端是指缔约一方与缔约另一方投资者之间的争端,缔约一方被指违反其在本协定项下与投资者或投资者在缔约一方领土内投资相关的任何义务致使或导致该投资者遭受损失或损害。显然,该类争端的解决范围不再局限于征收和补偿。《中日韩投资协定》深化了争端解决中的国际仲裁方式对外国投资者保护,除知识产权的透明度要求外,几乎各方面的投资争端都可以提交国际机构仲裁。[1] 此外,在争端解决机制的模式下,《中日韩投资协定》特别注重提交争端的方式以及具体要求,提供了包括争议缔约方的管辖法院、依据 ICSID 公约进行的仲裁、根据 ICSID 附加便利规则进行的仲裁、根据联合国国际贸易法委员会仲裁规则进行的仲裁以及经争议缔约方同意依据其他仲裁规则进行的任何仲裁五种方式。

七、东南亚国家联盟协定中的投资保障机制

东南亚国家联盟(Association of Southeast Asian Nations, ASEAN)于 1967 年在泰国曼谷签署 ASEAN 宣言(曼谷宣言)而建立,最初签署国包括印度尼西亚、马来西亚、菲律宾、新加坡和泰国。文莱于 1984 年 1 月 7 日加入,越南于 1995 年 7 月 28 日加入,老挝和缅甸于 1997 年 7 月 23 日加入,柬埔寨于 1999 年 4 月 30 日加入,构成了当今东南亚国家联盟的十个成员国。

2007 年第 39 届东南亚经济部长会议中修订形成《ASEAN 投资领域框架协议》(ASEAN Comprehensive Investment Agreement, ACIA),确定该区域投资机制的基本目标为:成员国投资体制的逐步自由化;提升对所有成员国投资者及其投资的保护;提高投资规则、规定及程序的透明度以促进成员国之间的投资;共同提升区域投资一体化;为创造在成员国之间投资的优惠环境而进行合作。ACIA 明确

---

〔1〕 参见孙玉红:《中日韩三边投资协定的新变化及中日利益取向分析》,载《国际贸易》2013 年第 11 期。

了投资适用的领域包括制造业、农业、渔业、林业、矿产和采矿及其相关服务等，排除了税收事项、成员国授予的补贴、政府采购以及行使政府权力过程中提供的服务。在投资待遇方面，该协定仅规定了国民待遇和最惠国待遇并禁止业绩要求，对征收及其补偿的建议包括代位也进行了规范。值得注意的是，ACIA 对于例外条款列举了大量一般例外与安全例外的情形，在投资者与国家的争端解决机制中全面梳理了该类争端解决的程序全过程。应当说，ACIA 作为一份区域投资框架协议，其内容已经基本上涵盖了现有投资的主要法律争议和解决过程，但其对投资保护的水平和开放的程度仍有待提高。

2017 年 ASEAN 通过争端解决机制议定书，试图将 ASEAN 建立为以规则为基础的务实、高效、可信赖的国际组织，以有效和及时的方式解决争端。该议定书历经 10 年最终生效，也反映出 ASEAN 成员国为追求区域争端解决机制的不懈努力。除非另有规定，议定书适用于有关 ASEAN 宪章、其他 ASEAN 文件的解释或适用，并鼓励成员方根据国际公法条约解释的习惯规则在争端的各个阶段尽力对争端达成一致的解决方案。[1]

八、上海合作组织中的投资保障机制

起源于“上海五国”机制的上海合作组织于 2001 年 6 月 15 日在中国上海正式成立，成为影响力日益增加的政府间国际组织。目前，上海合作组织的成员国包括中国、哈萨克斯坦、吉尔吉斯斯坦、俄罗斯、塔吉克斯坦、乌兹别克斯坦、印度、巴基斯坦。观察员国包括伊朗、蒙古、阿富汗、白俄罗斯；对话伙伴国包括阿塞拜疆、亚美尼亚、柬埔寨、尼泊尔、土耳其、斯里兰卡、沙特阿拉伯、埃及、卡塔尔。上海合作

〔1〕 ASEAN：Protocol to the ASEAN Charter on Dispute Settlement Mechanisms, available at agreement. asean. org/media/download/20200128121018. pdf, last visited on 5 July 2021.

组织成员国在吸引国际直接投资方面具有共同的目标,因而可能形成一套稳定、可预见和透明的规则程序,在上海合作组织内实施贸易投资便利化,并开展大规模多边经贸合作。[1] 有关投资方面的规则旨在服务成员国为其建构多边及双边的规则框架体系,其中既有宣言性文件也有具有法律效力的多边和双边条约。

在双边层面,俄罗斯、中国、哈萨克斯坦、乌兹别克斯坦、吉尔吉斯斯坦、塔吉克斯坦等国均对外签署了双边投资保护协定以及避免双重征税的协定。其中,我国与上海合作组织上述成员国的双边投资保护协定均已生效,[2] 为相互间的资本直接流动提供基础性保护规范。

在多边层面,主要是关于投资和贸易便利化、投资项目评估和实施方面的协定,例如,2001 年 9 月 14 日签署的《贸易投资便利化备忘录》及其 2002 年 5 月的议定书,2007 年 11 月签署的《上海合作组织银行联合体成员投资项目筛选、评估和实施协作条例》。[3] 然而,上述多边文件通常仅具有宣言性质,并不产生法律约束力。

上海合作组织成员国在合作与协调的过程中,对于区域内贸易与投资争端的解决也应当引起足够关注,相关争端的解决也围绕着贸易与投资两大领域展开。就前者而言,由于贸易多源于主权国家之间的利益交换,因而国家与国家之间的贸易争端往往发端于国际地缘政治的动荡,例如,自 2014 年年初乌克兰危机以来,俄罗斯、欧盟、乌克兰之间能源关系的变化。以能源类投资为例,一般情况下,考虑到能源贸易双方的供需关系,能源贸易争端发生的概率较低,诉诸世界贸易

---

[1] 参见王健:《上海合作组织发展进程研究:地区公共产品的视角》,上海人民出版社 2014 年版,第 103 页。

[2] 中华人民共和国商务部条约法律司:《我国对外签订双边投资协定一览表》,载 http://tfs.mofcom.gov.cn/article/Nocategory/201111/20111107819474.shtml。

[3] 参见阿不都热合曼·卡德尔:《上海合作组织经济合作法律机制研究》,社会科学文献出版社 2013 年版,第 130 页。

组织（World Trade Organization, WTO）的能源贸易争端则少之又少。[1] 即使发生能源贸易争端，通常情况下主要通过谈判、斡旋、调查、调停、和解等和平方式解决争端以争取主权国家之间相互利益的最大化。

投资争端由于其涉及的主体通常为外国投资者与东道国主权国家，因而争端解决的模式取决于二者之前的选择。在双边投资争端的解决方面，中国目前已经与上海合作组织其他成员国全部签订或重新订立了双边投资保护协定，[2] 其中将争议解决的方式确定为友好协商或提交仲裁庭的方式。这意味着在中国与其他成员国发生投资者与东道国政府之间的投资争议时，将通过双边投资保护协定中的争端解决方式来进行处理。在多边投资争端解决方面，哈萨克斯坦、俄罗斯、塔吉克斯坦、吉尔吉斯斯坦、乌兹别克斯坦均为能源宪章会议（Energy Charter Conference）的成员方，中国为受到邀请的观察员。[3] 前五国之间的能源类投资争端完全有可能通过援引 ECT 从而指向如国家投资者 ICSID、UNCITRAL 或 SCC 下的国际投资仲裁庭解决争端。在投资者与东道国能源投资争端解决的过程中，用尽当地救济原则被视为解决争端的前提。为此，区域内投资争端的解决与各成员国国内的司法与行政执法水平密切相关。由于当前上海合作组织成员国之间投资争端解决的不统一性，上海合作组织在其发展中可以考虑逐步统一涉及能源争端的解决方案。较为可行的是在区域组织内部确定可供选择的争端解决模式如投资仲裁，并优先选用以双边投资保护协

[1] 目前仅有 9 件案件被归为世界贸易组织争端解决机构处理的能源贸易争端案件，载 https://www.wto.org/english/tratop_e/dispu_e/find_dispu_cases_e.htm#results，访问日期：2021 年 7 月 29 日。

[2] 中华人民共和国商务部条约法律司：《我国对外签订双边投资协定一览表》，载 http://tfs.mofcom.gov.cn/article/Nocategory/201111/20111107819474.shtml，访问日期：2021 年 1 月 31 日。

[3] Energy Charter Conference, *About the Charter: Members and Observers*, available at http://www.encharter.org/index.php? id = 61, last visited on Jan. 31, 2021.

定为代表的双边方式和以 ECT 为代表的多边方式中已存在的投资争端解决模式。

2021 年正值上海合作组织成立二十周年,最初以打击三股势力建立的上海合作组织已经成功完成其保障政治稳定、巩固地区安全基本职责,推进投资贸易便利化、深化经济和人文合作、促进区域共同发展繁荣将成为上海合作组织未来发展的重点方向。

九、亚太经济合作组织中的投资促进机制

亚太经济合作组织的前身为亚洲太平洋地区促进经济增长、合作、贸易与投资论坛,是世界范围内唯一的参与方以非约束性承诺、平等公开对话为依据的政府间组织。不同于 WTO 或者其他多边贸易机构,APEC 没有对其参与方规定条约义务,其做出的决定需要一致通过,各参与方以自愿为基础履行承诺。APEC 包含了 21 个成员经济体,占据了世界人口的 40%、大约全球 54% 的 GDP 以及 44% 的贸易额。其成员经济体包括:澳大利亚、文莱、加拿大、智利、中国、中国香港特别行政区、印度尼西亚、韩国、马来西亚、墨西哥、新西兰、巴布亚新几内亚、秘鲁、菲律宾、俄罗斯联邦、新加坡、中国台北、泰国、美国以及越南。自 1989 年成立以来,APEC 一直致力于减少地区间的关税和贸易壁垒,创造有效的国内经济、增加出口,并通过经济技术合作等创造货物、服务和人员过境的有效流动。

但是,随着 CPTPP 的出现,原先 APEC 的功能在一定程度上已经被替代或转移。现有 APEC 框架下有关投资保护与促进的内容主要以原则和宣言为主,2008 年,APEC 部长会议发布《投资促进行动计划》(Investment Facilitation Action Plan, IFAP),旨在提升 APEC 成员经济体之间的竞争性与促进可持续发展,且该计划以政策领域的行动为主来促进改善 APEC 的投资环境。近年来,APEC 发布的执行报告显示,信息透明度、降低投资者风险、简化商业管制已经成为其关注的焦点。此外,APEC 曾于 2011 年修订并发布不具有约束性的投资原则

(Non－binding Investment Principles),随后发布 APEC 投资战略等文件为促进区域内投资发展进行持续努力并积极开展有关投资的公私对话项目(Public－Private Dialogue on Investment)。

投资是经济活动的基础,是创新、制造业和贸易增长的必要前提。为进一步促进投资,APEC 投资贸易委员会成立了投资专家组筹划制定亚太投资法典(Asia Pacific Investment Code),以减少本地区贸易和投资的不确定性和交易成本。专家组制定了《非约束性投资原则》,并得到亚太经济合作组织领导人的认可。APEC 投资贸易委员会的专家组致力于促进投资自由化、便利化,通过经济技术合作加强成员经济体能力建设,其主要任务在于:第一,承担投资工作,并向 APEC 投资贸易委员会报告投资工作成果;第二,解决投资相关问题,提高亚太经济合作组织地区投资自由化和便利化水平;第三,通过亚太经济合作组织区域内各成员的经济技术合作,加强投资领域的能力建设;第四,支持各成员经济体的投资促进活动,促进本区域的投资流动。为此,APEC 成员将投资列为重要议题,对国际投资制度原则与实践、投资促进与便利化等文本内容定期交换意见。APEC 曾通过了不具有约束力的投资原则(Non－Binding Investment Principles,NBIPs),以应对快速变化的商业环境带来的挑战。为促进 APEC 区域的投资增长,APEC 还发布了《亚太经合组织投资战略》,推动亚太经济合作组织区域内的投资流动。该战略在先进的原则和实践、便利化、促进活动这三个主要支柱下实施。该战略下的活动包括投资实践分析研究、投资便利化行动计划的后续行动、关于投资的公私对话、能力建设和信息共享,以及与其他国际组织的合作等。

十、南方共同市场中的投资促进机制

南方共同市场(Mercado Común del Sur,MERCOSUR)是巴西、阿根廷、乌拉圭、委内瑞拉和巴拉圭等南美洲国家的区域贸易协定(Regional Trade Agreement,RTA)。1991 年巴西、阿根廷、乌拉圭以及巴

拉圭四国签订《亚松森协定》(*Treaty of Asunción*),并于 1994 年增修《黑金市议定书》(*Treaty of Ouro Preto*),确立共同市场组织架构。其成立宗旨在于促进自由贸易及资本、劳动、商品的自由流通。玻利维亚和智利也参与了该共同体并有望成为完全的成员方。

南方共同体的经济一体化源于 1991 年,随着区域贸易的增长,其主要集中于统一外汇程序和税收部分。现存的国境和国内壁垒表明该共同体依然面临多国统一的问题。在能源一体化的进程中,电力和天然气是一体化的关键。各国的能源平衡是建立能源一体化项目的地区条件。作为资源密集区域,共同体一体化过程中的发电与输送、石油与天然气生产与运输都具有相当广阔的前景。

在投资方面,1995 年至 2010 年,该地区共获得 5030 亿美元的投资,主要用于勘探和开采石油天然气资源、石油运输和提炼、石油产品的储存和分销、天然气管道输送和分销等方面。有关能源投资的法律框架,共同体尚未完全建立。但发展天然气等能源及能源的运输、分销甚至出口均需要解决政策、法律、体制和管理等问题。为此,南方共同市场中的阿根廷和秘鲁已经改革了烃领域中的基本要求,允许国有公司的私人化项目,而玻利维亚正在烃领域改革的进程中实现国有石油公司的资本化项目。在巴西,议会正在讨论一项汽油法律以修改当前的体制解决天然气自由进出口、汽油产品和天然气产品的价格管制等一系列问题。墨西哥近期也发布了天然气改革纲要,以促进私人公司在天然气管道和发电过程中的投资。然而,墨西哥国内依然在上游开发过程中维持国有公司的垄断以及国有电力公司对电力销售的垄断。总体而言,南方共同市场已经开始意识到能源投资的重要性,但是尚未形成法律框架,各国国内普遍开始改革能源类的相关立法以吸引外国直接投资,表现为:第一,由准入阶段的国民待遇向全程国民待遇迈进,通常包含了准入前、准入阶段以及准入后管理运营的国民待遇,表述为“缔约方给予另一缔约方投资者的待遇应不低于其在类似情形下在设立、获取、扩大、管理、经营、运营、出售或其他投资处置方面给予国内投资者的待遇”;第二,由直接投资转向广泛投资,投资范围开始突破传统实体投资向金融衍生品等方向发展;第三,对投资的保护广泛而全面,注重在投资非歧视、最低待遇标准以及征收规则方面为投资者提供实质性法律保护。值得注意的是,服务贸易与投资开放进行了放松管制的转变,并将服务贸易模式中的商业存在与投资整合联系。

第三节 海外能源投资的多边条约保障机制

在多边层面,由于国际投资法律制度的碎片化现象,目前专门就能源领域形成的投资保护体制主要体现在以下三个方面:一是以 ECT 为代表的能源领域活动的规范和调整文件;二是以 ICSID 为代表的一整套投资争端解决体系;三是以多边投资担保机构为代表的海外投资保险体制。

一、ECT 及其投资体制

ECT 的主要目标是根据宪章的目标和宗旨,基于互补和互利确立促进能源领域长期合作的法律框架。关于能源投资领域的限制范围,ECT 主要体现在对合格投资的定义。ECT 对投资的定义依然以资产为基础,列出了通常的种类并详细列举了具体资产类型。ECT 第 1(6)条将“投资”定义为“投资者所有或控制的各种类型的资产”,包括:有形资产与无形资产、动产与不动产;股份、股票或公司的其他股份形式;公司债券和其他债务;对现金的索赔权和要求履行具有经济价值和与投资相关的合同的权利;知识产权;利润回报等。投资者对投资的控制包括了通过企业股份的财务控制以及对管理投资有实质影响的能力。

ECT 第三部分明确了投资促进与保护体制,其主要内容还是源于欧盟成员方缔结的 BIT。其中的创新部分包括两方面:首先,第 22 条和第 23 条区分了次级国家机构和国际区实体的区别;其次,该部分涵盖了在投资准入阶段不歧视的“尽力”(best efforts)条款。ECT 认为投资存在两个明显的不同阶段,即准入前阶段(包括作出投资、设立准入条件)以及投资后阶段(有关投资的相关义务)。后一阶段的法律体系属“硬法”义务,类似于 BIT 并属于国际仲裁中可以执行的义务。

一旦作出投资,ECT 要求缔约方在投资全过程中授予投资者及其投资公平公正待遇。各缔约方应当鼓励为在其领域内作出投资的外国投资者创造稳定、公平、优惠、透明的环境。授予外国投资者的待遇包括国民待遇或最惠国待遇。从签署日起,各缔约方同意至少像对待国内或本国公司、投资者一样对待外国投资者。国民待遇和最惠国待遇的例外仅限于范围、数量、时间并且需要在签署时明确。实践中,仅有转型经济体作出了少量对投资待遇的例外。

ECT 第 12 条规定了两种损失补偿的方式。如果是战争、武装冲突、国家紧急状态或内乱,投资者应当获得比国家对其他投资者更为优惠的待遇。如果东道国通过征收或破坏投资的行为直接对损失负有责任,投资者应当得到“迅速、及时、有效”的补偿。第 13 条则单独列举了国家可以进行国有化、征收或具有类似效果措施的条件:目标须为公共利益,非歧视,根据正当法律程序进行并伴随及时、充分、有效的补偿。补偿的数额应当等同于征收发生或即将发生时的公平市场价值。第 14 条定义了投资资金和收益的自由转移。缔约方被要求确保其领域内合同资金、收益和付款、出售或清算投资的收入、争端解决机制的付款、支付补偿均可自由转入转出。转移不得迟延并应当以自由可转换货币进行。

关于争端解决,ECT 包含了可能产生的任何投资争端的解决条款。第 26 条规定国家对外国投资者违反义务进行仲裁。仲裁的范围仅限于 ECT 第三部分,被申请方包括欧盟国家和非欧盟国家。通常争端选择的三种方式包括:ICSID 或 ICSID 附加便利规则(Additional Facility Rules)、UNCITRAL 规则下的独任仲裁员或临时仲裁庭、根据 SCC 仲裁机构申请仲裁。其他投资者可以寻求的争端解决方式包括在争端东道国法院诉讼或采取行政争端解决程序。友好解决争端的期限是自争端产生之日起 3 个月,如果仍然无法解决,投资者可以寻求当地法院或仲裁庭的救济、采取先前同意的争端解决机制或者通过 ECT 仲裁。仲裁庭应当根据 ECT 及可适用的规则以及国际法原则裁决争端。国际仲裁裁决对争端方具有约束力,各缔约方应当规定裁决在其领域内有效且可执行。[1] 此外,ECT 第 27 条规定了国家之间的仲裁,其鼓励国家之间在适用或解释 ECT 时通过外交途径来进行。该事项不被限制在投资产生的争端中。如无法进行协商解决,任何一方均可将争端提交根据 UNCITRAL 规则组成的临时仲裁庭中。争端解决程序事实上是多元化的,包括国际仲裁以及任何有约束力的争端解决程序。

二、ICSID 体制下的投资保护

ICSID 作为世界银行集团的一员,被认为是一项国际法下一个重要的国际组织。1966 年至 1993 年,根据 ICSID 公约仅仅产生了 27 项申诉。ICSID 自 2003 年以来每年受理的案件总数均超过 20 件,自 2011 年以来每年受理的案件总数均超过 30 件。其中,仅 2020 年全年,ICSID 就受理了 58 件案件,创下历史之最。[2] 绝大部分 BIT 中都已经在争端解决机制中包含了对 ICSID 的选择,这说明了 ICSID 当前广泛的影响力。从中心秘书处登记案件的来源来看,东欧与中亚地区、南美地区分别占据 26% 和 22%,成为最主要的国际投资争端产生地区。从案件产生的经济领域来看,石油、天然气和矿产领域以 24%

---

〔1〕 Peter Cameron, *International Energy Investment Law: The Pursuit of Stability*, Oxford University Press, 2010, p. 160.

〔2〕 *ICSID Caseload Statistics* (2021, *Issue* – 1), p. 7, available at https://icsid.worldbank.org/apps/ICSIDWEB/resources/Documents/ICSID%20Web%20Stats%282021 – 1%20(English)%20Final.pdf, last visited on July 26, 2021.

占据首位，紧随其后的电力和其他能源产业占17%。ICSID的目标在于促进国际投资争端调解和仲裁的便利化。早期，能源类的投资案件并不多见，但近期拉丁美洲在能源资源和基础建设的过程中登记了相关投资申诉。ICSID庭审的能源案件不再局限于石油、天然气开发和开采，还包括了电力循环的全过程以及天然气运输和分配等领域。

ICSID公约成员范围相当广泛，目前已经有155个缔约方和164个签署方。[1] 但是，仍有一些国家如伊朗、伊拉克、利比亚、墨西哥尚未加入，俄罗斯、泰国、吉尔吉斯斯坦等国家已经签署了ICSID公约，但并未成为缔约方。

ICSID公约下作出的新近裁决会进行公布，进一步促进了国际法和投资的相互关系。ICSID可以在未经当事方同意的情况下公布裁决结果的摘要，其中许多裁决对投资实体原则和程序具有重要的启示作用。近年来，根据不同双边条约和多边条约特别是ECT提起的国际投资者仲裁案件数量有明显的增加。

ICSID公约确立的仲裁和调解形式源于其独立的运行机制。不同于其他形式的仲裁，ICSID仲裁中当事方的同意不需要在同意文件中记录，可以在争端产生之前或之后提交。然而，一旦当事方同意，则不得单方面撤回。一方不可以在不经过双方同意的情况下请求临时措施，仲裁庭仅有权在保护各方权利的情况下授予措施。ICSID机制内发布的裁决如果不被缔约方国内法院所遵守只能通过公约规定的方式在裁决后救济。此时的内部审查程序比较有限，只能根据ICSID公约第52条规定的理由撤销裁决。此外，缔约方应当承认并执行ICSID公约裁决。ICSID的一项国际化特征表现在公约第42(1)条的法律适用方面，当各方没有对争端的法律适用达成一致时，仲裁庭应当适用争端方缔约国的法律以及可适用的国际法规则。

---

[1] Database of ICSID Member States, available at https://icsid.worldbank.org/apps/ICSID-WEB/about/Pages/Member-States.aspx, last visited on July 26, 2021.

除了 ICSID 公约,ICSID 规则和规定还提供了一整套更加便捷的争端解决程序。ICSID 附加便利规则作为另一种将争端提交 ICSID 进行调解和仲裁的方式,于 1978 年生效。该规则允许 ICSID 秘书处管理某些在 ICSID 条约基础结构范围之外的国家与外国国民的程序,即争端一方并非成员国或成员国国民或者争议并非直接产生于投资的情况。事实认定程序也包含在争端分类之中以确定适用便利规则。例如, NAFTA 早期案例中由于原先墨西哥与加拿大并未成为 ICSID 公约的缔约国,因而经常通过援引附加便利规则适用公约。

随着全球资本流动的加快,ICSID 案件数量持续增加。此外,请求根据 ICSID 公约进行仲裁或调解也发生了变化,起初 ICSID 仲裁条款需要在当事方的投资合同中写明。随后,几乎所有的 ICSID 仲裁请求需要在直接投资合同中明确表示同意。通常情况下,要启动 ICSID 仲裁,需要东道国政府在其国家投资法中明确表示同意。20 世纪 90 年代,启动 ICSID 仲裁的条款通常在不同的双边和多边投资协定中,被申请方国家事先在条约中表示同意。据统计,在同意提交国际投资争端解决中心仲裁的依据方面,同意主要来自 BIT、东道国和投资者之间的投资合同、东道国投资法以及 ECT。ICSID 仲裁庭并没有遵循其他 ICSID 仲裁庭的先例,但争端方通常会援引先前裁决的相关决定来证明自己的观点。

ICSID 试图为国家和另一缔约国国民创设争端解决的中立场所以服务于跨境投资。然而,ICSID 并不直接调解或仲裁,而是仅仅提供独立委员会的机制和程序框架,仲裁庭根据案件组成解决争端。ICSID 这种中立的运行方式并不容易,近年来也遭受了一些拉丁美洲国家如玻利维亚、厄瓜多尔和委内瑞拉的批评,认为成为 ICSID 公约成员国影响了其对敏感公共政策问题的主权。

尽管有关 ICSID 的争议仍然存在,但不可否认的是,在投资者寻求国家法院进行国内救济时,仍然存在如下困难:[1] 首先,部分国家无法保证司法独立;其次,即使法院不直接受到行政干预,法院仍然作为国家机构而法官则作为雇员,从事全球内仲裁将会产生利益冲突。各国对查明和适用外国法与国际法态度的差异往往也可能导致案件结果的不同。此外,不同国家宪法对司法审查的力度极为有限。国内法院自身也可能出现否定司法的情形,导致投资者无法得到全面保护。

ICSID 公约的目标是为国际私人投资流向资本输入国提供稳定的环境并鼓励经济发展。其目标在于通过专业化、国际化的投资争端解决机制消除投资国际流动的障碍,如非商业风险。公约缔约方应当同意授予投资者国际法承认的投资待遇并事先承认投资者可以就东道国的违约行为直接向中立的国际仲裁机构提起仲裁。这样,投资者不再需要借助其投资母国的外交保护,从而促进了国家和外国投资者之间的互信。正是国家和投资者之间的共同利益促进了国际争端解决方式的发展,ICSID 将考虑争端的不同特征以及适用的投资者提供相应的解决方式,以谨慎维持投资者和东道国之间利益的平衡。

投资保护的目标并不是进一步提升私人投资者的利益,而是促进投资流动从而推动经济发展并消除贫困。[2] 国际法保护投资者享有最低的待遇标准由来已久,对外国投资者的保护不仅仅局限于东道国管理其国民的法律,而是独立于国内法的一系列独立标准。[3] 国际投资争端具有混合属性,即仅限产生于某一国家和外国国民的案件。

---

〔1〕 N. Jansen Calamita, David Earnest & Markus Burgstaller, *The Future of ICSID and the Place of Investment Treaties: Investment Treaty Law Current Issues*, British Institute of International & Comparative Law, 2013, p. 205.

〔2〕 Meg Kinnear et al., *Building International Investment Law: The First 50 Years of ICSID*, Wolters Kluwer, 2016, p. 94.

〔3〕 Jonathan Bonnitcha et al., *The Political Economy of the Investment Treaty Regime*, Oxford University Press, 2017, p. 12.

同一国籍的个人或公司之间的法律争端通常在国内法院解决。国家之间可以在国际法院解决法律争端。然而，在混合争端特别是国际投资关系中，并不存在确定的地点解决争端，因而需要确定 ICSID 的管辖权。ICSID 具有一定的经济和法律关联性，这是因为其管理程序确保了法律确定性，并推动产生具有经济意义的投资裁决。在国家利益的驱使下促进投资，当事方愿意通过同意 ICSID 管辖权实现较低的交易成本，使投资者获得更大的法律确定性。

全球层面，ICSID 自 20 世纪 60 年代诞生以来引发了越来越多的关注。随着其受案量的增长，案件登记与管理、投资规则的透明度、投资仲裁正当性危机等问题相继引发理论和实践关注。回归国际投资仲裁实践本身，案件的程序出发点始终是管辖权。

管辖权对任何的争端解决体系而言都是一项基本问题：一个裁决者若想使其作出的裁决有效，则必须拥有作出特定裁决的权利。在国际法中，没有全球范围内的"至高"权力，任何仲裁庭作出裁决的管辖权均是基于受上述裁决约束的国家的授权。因此，国际投资争端解决中心的仲裁规则包含在 ICSID 公约中，而该公约又是为各成员国所接受的。对诉诸的特定投资者—国家争端，仲裁庭有权决定其自身的管辖权，即遵从"管辖权—管辖权"（Kompetenz – Kompetenz/Competence – Competence）原则。行使判定是否存在管辖权的权力需要仲裁庭对于该权力本身的限制有明确界定。

国际投资争端管辖权实际上是现行国际投资争端解决机制下投资者与东道国的投资争端的重要问题。例如，关于仲裁管辖的条件与异议，处理的管辖争议主要包括东道国提出的管辖权异议是否成立，以及仲裁庭拒绝管辖的理由是否合理。[1] 而以国际投资争端解决中心为代表的仲裁机制与双边等投资条约结合所导致的国际投资法大

---

〔1〕 参见孙南申：《"一带一路"背景下对外投资风险规避的保障机制》，载《东方法学》2018 年第 1 期。

转型在成就辉煌的同时,也对以投资条约仲裁为基础的高度法律化的国际投资争端解决机制和一般国际投资法体制提出了挑战。[1]

三、多边投资担保机构中的投资保护机制

多边投资担保机构(Multilateral Investment Guarantee Agency,MIGA)根据 MIGA 公约于 1985 年设立。1988 年 MIGA 公约生效 2010 年 MIGA 理事会又重新修订该公约。目前 MIGA 公约共有 182 个成员国,其中发展中国家 157 个。[2]

作为世界银行集团的成员之一,MIGA 的首要任务是促进外国直接投资向发展中国家流动以帮助发展中国家经济发展、减轻贫困、提高生活水平。其年度报告显示:[3]2020 年度内 MIGA 发行了近 40 亿美元的新担保,帮助筹集了 70 多亿美元的融资。2020 年项目将为大约 1240 万人提供电力,当年采购价值 430 万美元的商品,避免约 300 万吨二氧化碳当量的排放。MIGA 主要活跃在最重要的战略优先领域,即最贫困国家和高风险国家,通过支持创新项目,与公共和私营项目的保险商合作,为政府提供了大量额外资源。

在承保范围方面,MIGA 公约提供了三种普遍接受的风险类别:由于东道国政府限制或延迟造成的投资者货币兑换险、征收险和战争内乱险。此外,公约还附加了在一定限制条件下东道国政府违反合同承诺的政府违约险。MIGA 公约第 11(a)(1)条广泛定义了货币兑换险,包括各种新型直接限制的形式,如增加对现存限制的间接或变相限制,无论该限制是法律还是事实施加。但限制必须可归因于东道国

---

[1] 参见王彦志:《国际投资争端解决的法律化:成就与挑战》,载《当代法学》2011 年第 3 期。

[2] *MIGA Member Countries*, available at https://www.miga.org/who-we-are/member-countries, last visited on July 26, 2021.

[3] *MIGA Annual Reports*, available at https://www.miga.org/resources/reports/annual-reports, last visited on July 26, 2021.

政府，如东道国通过其公共机构或其他公共职能部门采取的限制。该条款仅规定了东道国没有在合理期间兑换的情形，但没有明确合理期间的构成。第 11(a)(2)条则定义了征收险，包括可归因于东道国的措施，如国有化、没收、扣押、搜查、冻结资产等。征收相关的措施通常由政府采取管制以经济活动为目标，如税收、环境、劳工立法以及维持公共安全的措施。在定义措施时，机构不考虑成员国投资者在 BIT、其他条约和国际法下的权利。第 11(a)(3)条涉及的是违约险。只有投资者无法对政府提起违反合同的申诉或者诉诸机构受到不合理的迟延或者投资者获得有利裁决但无法执行时，才可以要求补偿。第 11(a)(4)条包含了战争和内乱险，主要包括革命、暴动以及其他东道国政府无法控制的政治事件。恐怖主义活动也作为担保中的一项重要内容。

通过投资保险促进国际直接投资的流动是 MIGA 的一项重要职能。此外，MIGA 公约第 23 条还规定了其自身可以收集并发布对发展中国家成员国从事投资机遇以及其他促进外国投资活动相关的信息。[1] 经成员国请求，MIGA 还可以以促进投资为目标提供技术援助，包括对起草投资法典以及审查投资激励项目提供建议。

应当说，MIGA 的运作旨在提高私人投资者对发展中国家特别是困难地区投资的信心。通过向投资者和贷款者提供保证，MIGA 对非商业风险的投资提供了有力的保护，也可以帮助东道国获得资金资源提高其财力并改善投资环境。目前，MIGA 已经涵盖了全球范围内广泛地区的投资领域。

---

〔1〕 *MIGA*: *Commentary on the Convention Establishing the Multilateral Investment Guarantee Agency*, p. 20, available at https://www.miga.org/documents/commentary_convention_november_2010.pdf, last visited on July 27, 2021.

第五章 中国海外能源投资权利救济保障机制

自改革开放尤其是进入21世纪以来，我国的海外能源投资逐步发展，在近期积累了大量典型案例，为海外能源投资权利救济机制的构建提供参考。无论是从能源投资合同、海外投资保险制度的完善，海外投资立法的确立与双边投资保护机制的构建，还是区域与多边层面规则制定与争端解决机制参与度的提升，我国应当全面完善海外能源投资的权利救济机制为投资者提供有效的保障。

第一节　中国海外能源投资经典案例研究

能源作为全球经济发展的基本动力，长期以来与政治、经济、环境等问题紧密联系。长期以来，能源投资占据了我国海外投资的重要地位。以页岩气、页岩油、新能源等为代表的新能源革命在全球地缘政治格局和经济结构中逐步开启。据统计，我国依然作为世界最大的能源消费国、生产国存在。尽管受到新冠肺炎疫情的影响，2020年我国主要能源需求仍增长2.1%。其中，天然气消耗增加6.9%，可再生资源消耗增加15%。[1] 面对更加严峻的国际能源格局，推进国际产能和装备制造合作，是我国推动新一轮高水平对外开放、增强国际竞争优势的重要内容。

通常，"绿地投资"周期长、投入大，对投资者的资金实力和海外市场运营能力的要求更高，但另外也为投资者带来更多的资金回报，更容易得到当地政府的支持。[2] 以"绿地投资"为代表的中国海外投资风险与机遇并存。为此，本章选取并评论了近年来我国海外能源投资遭遇障碍的典型案例，分别涉及海外投资安全审查、投资中的政治风险、投资违规索赔以及国有企业投资等情形，试图为今后海外能源投资的推进积累并总结经验。

一、罗尔斯公司诉奥巴马及美国海外投资委员会案

2012年2月28日，三一重工在美国的罗尔斯公司从希腊电网公司Terna Energy USA Holding Corporatoin处，收购了美国俄勒冈州Butter Creek风场项目，并取得了该项目建设的所有审批和许可。此后，美国海外投资委员会以涉嫌威胁美国国家安全为由，要求罗尔斯公司立即停工，且在所有设备移除完毕前禁止转让。2012年9月28日，奥巴马签发总统令，要求中止该风场的风电项目。2012年10月18日，中国最大的工程机械制造商三一集团表示将就风力发电项目在美国受阻起诉奥巴马政府以及美国财政部下属的海外投资委员会。2012年11月28日，该案在美国哥伦比亚特区联邦地区分区法院首次开庭，主要涉及案件管辖权问题。2013年2月22日，哥伦比亚特区地方法官受理了罗尔斯公司的第四项诉讼请求，即"认为总统及美国海

[1] BP Global：Country Insight – China，available at http://www. bp. com/en/global/corporate/energy – economics/statistical – review – of – world – energy/country – and – regional – insights/china. html，last visited on July 26，2021.

[2] 参见毕马威中国：《"一带一路"投资关键环节：毕马威经典案例解析》，中国经济出版社2019年版，第51页。

外投资委员会(以下简称 CFIUS)的命令未经过应有的合法程序(due process)即行发布"。2013 年 10 月 10 日,美国哥伦比亚特区联邦地方分区法院作出初审判决:美国政府禁止俄勒冈 Butter Creek 风电场项目没有违反美国宪法。三一集团及关联公司罗尔斯公司认为上述判决不公平,随即对初审判决进行上诉。该案最终于 2015 年 11 月和解。

该案中,对关键基础设施的认定成为海外投资委员会(CFIUS)判断的争议点。美国国防部对国家安全审查中的关键基础设施较为广泛的认定范围使法院在审理案件时并没有触碰有关安全审查范围及审查内容的具体问题。上诉法院首先解决罗尔斯公司对总统法令正当程序的申诉(第四项请求的部分),随后转向对撤销 CFIUS 法令申诉(第一、二项请求的整体以及第三、四、五项请求的部分)的处理。在分析的过程中,上诉法院特别强调了对正当程序的准确理解。

尽管从最终的审判结果来看,三一重工关联公司罗尔斯公司作为投资者在正当程序的争议焦点上获得了上诉法院的支持,但是这并不能推翻在安全审查过程中美国总统以及海外投资委员会作出的相关命令。更令人担忧的是,即使是在上诉法院审理的过程中,几乎也没有触碰到关系案件当事方罗尔斯公司的核心利益。换言之,上诉法院认为总统命令未经过正当程序剥夺了罗尔斯公司在宪法上受保护的财产权益,是否能够得出经过正当程序即可剥夺罗尔斯公司在宪法上受保护的财产权益呢?答案不得而知。就该起海外投资者运用东道国国内司法救济方式来维护自身权益的实例来看,似乎难以触及海外投资国家安全审查制度的核心判断要素。

究其原因,主要体现在以下方面:首先,海外投资者运用东道国国内司法救济方式的效果在一定程度上取决于该国司法审查的范围和内容。上诉法院在进行正当程序争议焦点的过程中,重点考虑了对法规的司法审查以及可审判性的问题。罗尔斯公司要求法院判决正当程序条款是否赋予其被通知、查阅总统所依据的证据,并有机会在不可审判的裁定作出之前对这些证据进行反驳。法院通过分析,认为罗尔斯公司的正当程序申诉并没有减损行政机构的权力,也没有要求行使司法裁决或达到司法可管理的标准。[1] 显然,通过东道国国内司法救济需要首先评估该国司法机构对司法审查的尺度和宽严,否则涉及多方行政机构的国家安全审查机构则难以容忍通过司法渠道解决该问题。其次,海外投资者运用东道国国内司法救济方式处理国家安全审查事项在实体内容上难以得到有力的支持。尽管司法审查的范围可能会涉及相关法规和机构,并体现出司法机构与行政机构、立法机构的分立。但是由于审查内容涉及国家相关行业的敏感信息,具体的实体内容极有可能很少会触及甚至公开。如本案中有关美国国家空军基地的信息,双方对项目选址是否威胁国家安全产生争议,但是法院在处理该问题时似乎采取了回避的方式,即几乎没有触碰案件实体争议焦点,而仅仅就程序方面作出了有利于投资者的判决。最后,海外投资者运用东道国国内司法救济方式的最终效果仍取决于东道国国内对判决的执行情况。即使海外投资者成功地运用司法救济手段并且法院也在实体问题上支持投资者,其最终的效果还取决于东道国国内对该判决的执行。其中,不执行判决或执行拖延等现象都将使司法救济的效果大打折扣。此外,运用司法救济方式需要一段时间的等待期,特别是如果经过初审、上诉审甚至终审等各个环节,则在时间成本方面对投资者的救济形成一定的挑战。以上诸多原因都成为海外投资者运用司法救济需要考量的因素,也将直接影响海外投资者运用司法救济的最终效果。

---

〔1〕 Ralls Corporation, Appellant v. Committee on Foreign Investment in the United States et al. Appelles, No. 13 – 5315 – 1502552, United States Court of Appeals for the District of Columbia Circuit, Decided on July 15, 2014, available at http://www.cadc.uscourts.gov/internet/opinions.nsf/B27E81AF31E360DA85257D16004E43E7/$file/13-5315-1502552.pdf, last visited on July 27, 2021.

三一重工关联公司诉美国总统奥巴马以及海外投资委员会案开创了中国投资者运用东道国当地司法救济的先河，至2015年11月，三一重工关联公司罗尔斯公司宣布同美国政府达成全面和解。罗尔斯公司据此撤销了对美国总统奥巴马的诉讼，美国政府也相应撤销了对罗尔斯公司强制执行总统会的诉讼，案件画上句号。遗憾的是，该案最终并没有真正实现对海外投资者的全面保护，尤其没有很好地回应海外投资者可能频繁经历的国家安全审查制度。从海外投资者的视角出发，有必要对东道国国家安全审查制度进行仔细的分析并应对。结合CFIUS近期的发展特征以及本案的相关法律问题，至少以下方面应当引起海外投资者的关注。

首先，对国家安全审查机构涉及的机构应当较为了解，特别是了解CFIUS机构的主要角色。投资者应当充分考虑对CFIUS具有利益的交易所处的领域，并考虑在审查的过程中不可避免地引起何种机构对该事项的关注。每一个CFIUS机构都可以提出理由在CFIUS中放入相应的属于自己控制的资源，并仔细审查其在收购中的每一项资源和可能出现的投资实体。换言之，国家安全审查机构涉及行业的主管部门均有可能对某项可能的投资进行某种程度的干预。而在整个CFIUS进行国家安全审查的过程中，投资者均有机会关注审查阶段，特别是在CFIUS审查的登记前阶段，积极向并购影响的机构提供简述。一旦正式登记，财务部作为CFIUS的组成方，就对登记者和政府之间的所有交易具有严格审查偏向性。这样，等到正式登记后意味着财务部过滤了问题和担忧，更难以直接与相关机构接触。在登记前仔细分析案件可能直接接触到的许可官员、项目经理和其他对政府有关国家安全风险观点形成具有重要作用的人员。[1] 除了对CFIUS组成成员如财政部、国防部、国土安全部、商务部等可能主导国家安全审查

---

〔1〕 Brandt J. C. Pasco, *United States National Security Reviews of Foreign Investment: From Classified Programs to Critical Infrastructure, This is what the Committee on Foreign Investment in the United States Cares About*, ICSID Review (2014), Vol. 29, p. 350.

的重点部门进行详细了解之外，投资者对整个国家安全审查制度的周期也应当形成较为明确的认识，包括申报前非正式磋商及自愿申报、30 日的 CFIUS 的初步审议期、45 日的 CFIUS 调查期、15 日的总统决定期以及决定是否撤回申请等内容。[1]

其次，全面关注对国家安全较为敏感的行业的投资，在投资规划环节考虑与国家安全审查相关机构的积极沟通。尽管目前尚没有任何法规或规定对“国家安全”进行定义，但是都采取非穷尽的方式列出了可能对国家安全构成威胁的因素。这些因素包括了国防需求满足国内生产、国内产业满足国防需求的能力，外国公民对国内产业和商业活动的控制、并购，用以支持恐怖主义或引起核扩散担忧的军用物资、设备或技术的潜在影响以及对影响国家安全及国际领导地位的潜在影响等。[2] 某些案件中，国土安全部通常在合同中插入条款禁止非美国公民协助信息技术系统的发展、运作、管理或维持，国土安全部可能执行禁止风险消除协议而不是在联邦并购规则下采取行动。无论合同语言是否明确禁止外国参与，审查机构都可以自由确定合同是否足够敏感来保证某些形式的风险消除措施。因此，结合相关行业的监管机构对行业管理的细节加以关注也是投资者的主要功课之一。

再次，仔细研究国家安全审查的重要概念如“关键基础设施建设”等。政府越来越多地使用关键基础设施作为实行风险消除措施的依据。理解被收购项目的性质以及厘清关键基础设施的范围是考察政府关心领域的一项重要方法。正如案件中所涉及的对风电场项目的国家安全审查，审查机构认为，众所周知，风电场意义重大，影响国家安全。在三一重工关联公司诉美国总统奥巴马以及海外投资委员会

---

〔1〕 参见胡盛涛：《寻求投资开放与国家安全的新平衡——美国境内外资并购中的国家安全审查制度及其对中国立法的借鉴》，载《国际经济法学刊》2007 年第 1 期。

〔2〕 George Stephanov Georgiev, *The Reformed CFIUS Regulatory Framework: Mediating Between Continued Openness to Foreign Investment and National Security*, Yale Journal on Regulation(2008), Vol. 25, p. 125.

案中,CFIUS 关心风电场与军事航空领域的距离。该案中的风电场位于俄勒冈州海军武器系统训练设施限制航空区域内及附近,似乎必然导致了这样的结果。该案同样强调了在完成收购之前仔细审查所有外国直接投资关键基础设施的认定问题的重要性。随着 CFIUS 对概念认定的逐步深入,涉及的多个产业部门几乎涵盖了所有主要以投资为导向的产业,可以说是投资者前方一片“布满荆棘”的绿地,因而更值得投资者提前谨慎关注。

最后,积极探索除司法救济之外的其他救济方式,如行政救济,寻找对海外国家安全审查制度进行对话和提出建议的机会,在最大限度上维护海外投资者自身的权益。显然,从司法救济的实际效果来看,并没有真正解决海外投资者的主要顾虑,即对国家安全审查制度仍然无能为力。为此,在可行的范围内,投资者可以试图寻找行政救济的方式。但是,就目前而言,还需要进行不断的努力,尤其是通过政府间对话为海外投资保护营造良好的环境,能够为东道国国家安全审查机制提供建议或进行对话,对于投资者而言无疑也是最直接的也是最迅速的解决方式之一。当前,中美双边投资协定的谈判仍在进行中,并可能在文本谈判结束后继续进行负面清单的谈判。事实上,这也反映出双方对投资保留领域同时也是国家安全审查制度审查范围的关注。协定一旦达成,双方对投资保护的关注也将通过条约义务转化为各国境内的具体制度,国家安全审查制度也将进行一定的调整。当前,外国部分海外投资者具有国有企业的身份背景,一方面其已经成为海外投资国家安全审查的重点关注对象,另一方面则可以提前防范,通过其影响力和建议敦促政府间通过谈判、协商等方式在相关领域内确定平等对待外国投资者的基本规范。该部分看似具有不确定性,却恰恰能弥补海外投资司法救济的不足,从而通过多种较为灵活的方式有效处理涉及海外投资者的安全审查问题。同时,海外投资者也可以以此为契机,进一步强调对投资的保护、追求全面的国民待遇以及更为开放的投资环境。

二、缅甸密松水电站遭民众反对搁浅案

2009年3月，中缅两国政府签署《关于合作开发缅甸水电资源的框架协议》，12月，世界第十五大水电站密松水电站由缅甸电力部、中国电力投资集团、缅甸亚洲世界公司组成合资公司建设。2011年9月，时任缅甸总统的吴登盛突然单方面宣布搁浅密松水电站的建设，理由是受到多方民众反对。事实上，与军政府直接对立并且实际上处于战争状态的克钦独立组织曾经强烈反对密松工程，但缅甸军政府与国内各方在民主政治改革方面的不同态度直接导致了双方经济发展与国际关系方面的对立。[1] 直至2016年8月12日，缅甸总统吴廷觉发布通令，宣布成立伊洛瓦底—密松流域水力发电站项目审核委员会，旨在有效地审核包括密松项目在内的克钦邦水力发电站。[2] 至此，密松水电站项目能否顺利恢复仍迷雾重重，至今仍然搁置，给中国投资者造成了不可估量的损失。

尽管造成缅甸密松水电站搁浅的原因是多方面的，与其背后复杂的政治背景、各方博弈、当地局势不稳、民族和解等问题密切相关。但对海外投资者而言，更要在投资过程中积极关注与投资相关的任何政治风险。本案中，缅甸国内的政治风险对我国海外投资者起到了警示作用。除了密松水电站，中国企业在缅甸的莱比塘铜矿、中缅铁路等项目也相继触礁。缅甸政府治理能力不足也增加了中国企业在当地从事项目开发的风险。由于缅甸军队强大的政治控制力，即便经过大选，以军人为核心的统治集团仍然在政治中扮演重要角色。民间力量与军方以及各方势力一旦发生武装冲突，将给缅甸的经济改革带来较高的政治风险。

---

〔1〕 秦晖：《缅甸密松水电站搁浅：政府毁约得民心、中资惨遭损失》，载经济观察报网，http://news.ifeng.com/world/detail_2012_02/04/12294593_1.shtml。

〔2〕 《密松电站要不要建？缅甸新政府宣布成立“委员会”》，载缅甸金凤凰中文报网，http://pit.ifeng.com/a/20160813/49771193_0.shtml。

我国能源企业受投资区域的限制,其中部分受投资的东道国正处于经济转型期,法制水平相对落后,政治环境也较为不稳定,使能源企业遭遇的风险问题非常突出。[1] 在众多风险之中,海外能源投资的政治风险尤为值得关注。投资者面临的非市场因素导致的战略、财务、人员损失或由于政治不稳定导致的事件与政治风险密切相关。此外,海外投资者还应当关注同东道国政府、社区、民众之间的文化差异风险与媒体舆论风险。

为应对海外投资中的政治风险,中国海外投资企业可以考虑从以下方面积极应对:首先,投资前期进行充分的调查工作,建立科学的风险管理体系。我国的海外能源投资主要是为了满足国内能源的基本需求,能源投资从短期向长期发展的趋势明显。投资者在海外能源投资的过程中不能仅仅追逐短期利润盲目作出决定,而是应当对投资区域政治、经济、法制环境等各个要素进行全面考察,通过对能源投资的方案进行专业分析,从而作出科学预测。其次,通过政府平台从宏观层面积极予以协调沟通。尽管当前的海外投资活动主要通过并购、绿地投资等方式在商业领域内完成,但这并不意味着投资母国政府在面临投资困境时毫无作为。海外投资者应当努力争取通过投资母国政府与东道国政府的积极沟通协商,从宏观领域搭建良好的投资合作平台,从而通过自身努力在微观层面妥善解决具体争议。再次,进一步发挥海外投资保险制度的保障功能。政治风险保险政策旨在保护外国投资免受政治风险,投资者和保险机构通过签订合同,确定承保风险和范围,保险公司承诺对东道国干涉项目造成的损失予以赔偿。[2] 从投资母国及投资者的视角来看,海外投资相关产业由于其敏感性和特殊性,始终面临着较强的政治风险和商业风险,对海外能源投资进

---

〔1〕 参见翟玉胜、周文娟:《中国能源企业海外投资研究》,武汉大学出版社 2016 年版,第 311 页。

〔2〕 Robert Ginsburg, *Political Risk Insurance and Bilateral Investment Treaties: Making the Connection*, Word Investment and Trade (2013), Vol. 14, p. 947.

行保险则显得尤为重要。此外，海外投资保险制度的建立不仅有助于对投资者补偿损失，而且还可以实现开拓市场和便利融资的目的。最后，善于运用投资救济机制。一般而言，投资者可以通过东道国国内投资法等法律规范在国内通过司法、行政或仲裁程序获得救济。此外，投资者还可以通过援引所在投资母国与投资东道国之间的 BIT 或其他国际协定中的争端解决条款，通过向国际仲裁机构提起投资仲裁的方式解决争端。通常，除非另有规定，如果投资者所指控的内容仅违反国际条约或国际习惯并没有违反东道国国内法时，没有必要再要求用尽当地救济。

三、中石油非洲乍得投资违规遭巨额索赔案

2014 年，乍得政府以中石油违反该国石油产业的环保法规为由，向巴黎仲裁法庭提交索赔 12 亿美元的仲裁请求，称由于中石油没有清理泄漏原油的设备，甚至为削减成本故意泄漏原油，导致大量原油被导入矿坑。[1] 因争议升级，乍得政府还取消了授予中国石油的 5 项勘探许可。该案引发了我国对海外投资进程中的企业社会责任以及环境保护问题的思考。目前我国海外能源投资的主要领域仍以亚非地区为主，以非洲地区为代表，一方面疾病、战争和政变的高风险对投资者形成了严峻的挑战，另一方面部分国家对投资管制的高要求不得不引起投资者的广泛关注。

事实上，随着跨国资本的流动，促进及规制国际投资的相关协定中逐渐引入了可持续发展要求。作为国际经贸规则的重要组成部分，国际投资协定中的可持续发展要求与日俱增。CPTPP 于 2018 年更新，其中序言部分明确了可持续发展的目标，并通过专章的形式规范

---

〔1〕 参见褚大业、邢晓婧：《中石油否认在乍得违规、呼吁乍得政府撤销巨额索赔》，载人民网，http://energy.people.com.cn/n/2014/0815/c71661-25474845.html。

了环境条款。[1] 同样于2018年更新的USMCA则更进一步，不仅在序言中明确“促进高水平的环境保护，包括通过各缔约方有效执行其环境法，以及通过加强环境合作，促进可持续发展的目标，包括通过相互支持的贸易和环境政策和做法”，[2] 而且在投资章节专条规范环境、健康、安全及公司社会责任等与投资可持续发展相关的义务。[3] 在国际投资仲裁实践中，著名的Methanex v. 美国案反映出东道国合理的环境规制措施比忽略环境保护的投资者更容易得到仲裁庭的支持。随着国际社会对环境问题的普遍关注，目前已经达成或正在达成的区域协定无一例外地包含了环境条款，以美国为代表的高标准投资保护协定中也将环境条款作为主要条款之一进行规范。在国内法层面，以国际条约为代表的国际环境法的“硬法化”趋势将促进各国对国际环境法义务的遵守，提高投资者在东道国环境法体系下的法律责任和社会责任，从而对中国企业的海外能源投资产生影响。[4]

环境问题与投资法的紧密联系以及我国遭遇的与环境相关的海外能源投资实例再次提示我国国家及海外投资者应当采取有效措施应对海外投资中的环境保护问题。一方面，从海外投资者的视角而言，应当做好间接承担国际硬法义务的准备。具体而言，在环境保护

[1] UNCTAD, *Investment Policy Hub*, *Comprehensive and Progressive Agreement for Trans - Pacific Partnership (CPTPP)*, available at https://investmentpolicy.unctad.org/international - investment - agreements/treaties/treaties - with - invest - provisions/3808/comprehensive - and - progressive - agreement - for - trans - pacific - partnership - cptpp - 2018, last visited on June 12, 2021.

[2] Agreement between the United States of America, the United Mexican States and Canada, Preamble, available at https://ustr.gov.sites/default/files/files/agreements/FTA/USMCA/Text/00_Preamble.pdf, last visited on June 12, 2021.

[3] Agreement between the United States of America, the United Mexican States and Canada, Art. 14.16 - 17, available at https://ustr.gov.sites/default/files/files/agreements/FTA/USMCA/Text/14_Investment.pdf, last visited on June 12, 2021.

[4] 参见何力：《国际环境法硬法趋势下的中国海外能源投资》，载《东方法学》2011年第1期。

方面，海外投资者不仅不同程度地承担国际软法义务，还要面临东道国与母国的环境规制，间接承担国际硬法义务。[1] 此处，投资者间接承担的国际硬法义务远远超过了通常所认为的投资者对环境保护的道德义务。这是因为，从投资争端解决的层面来看，东道国国内法以及国际投资仲裁规则中所依据的国际法均有可能成为投资者承担环境保护义务的法律渊源。任何国家经济的发展从长远上来看都不会以牺牲环境保护作为长期代价，即便是发展中经济体的东道国也不会例外。投资者在进行海外投资前应当对拟投资国家和地区的环境保护规则进行充分研究，并重视权威机构对投资项目的环评意见，为开展能源类投资做好前期准备。投资过程中，更应当严格遵守东道国国内的投资纪律与环境要求，防止由于环境损害事件而造成的投资争端升级甚至引发国际社会的批判。另一方面，从投资母国的视角而言，投资母国有义务在促进和发展海外投资的过程中加强对环境保护问题的关注。在投资者服务方面，我国可以考虑今后在制作海外投资指南的过程中增加投资东道国的环境标准与要求，而非仅关注投资门槛与投资领域，在投资者的投资指引中也应当充分提示与环境保护相关的投资风险。在参与国际投资规则方面，我国应当尽量通过谈判协商的方式在区域、双边投资文本中消除环境保护条款的不确定性，从内容上防止名为环境措施实为政治目的的排斥外资行为，为我国投资企业争取合理的发展空间。[2] 目前，我国对外签订的投资保护协定中基本上较少涉及环境条款，通常将环境问题作为例外事项排除在间接征收之外或作为例外条款，在未来的制度涉及或规则制定方面仍有较大的提升空间。

---

〔1〕 参见韩秀丽:《环境保护:海外投资者面临的法律问题》，载《厦门大学学报(哲学社会科学版)》2010年第3期。

〔2〕 参见刘正:《中国国际投资协定的环境条款评析与完善思考》，载《法学杂志》2011年第12期。

四、英国、澳大利亚拒签中国国企能源投资案

2021年7月26日，据《金融时报》报道，英国正在探讨将中广核集团从未来项目中移除，这是英国自禁止华为之后，希望将中广核剔除英国未来所有核电项目，其中包括在萨福克郡斥资200亿英镑建造塞兹韦尔核电站。[1] 早在2016年8月，我国海外能源投资先后遭遇两次挫折。英国及澳大利亚均拒绝签署由中国国有企业提供资金的投资项目协议。时任英国首相特蕾莎·梅决定推迟签署与中国相关的核电站协议，其顾问尼克·提摩斯认为，中国核电集团在该项目中的投资额达234亿美元，占总投资的1/3，中国可能随意停止英国的能源供应。此后不到两周，澳大利亚财长莫里森表示，其最大电网企业Ausgrid影响悉尼及周边地区超过160万个家庭的工作生活，向中国出售企业控股权可能危害国家安全，该项目交易额达77亿美元。[2] 该新闻一经报道，则引起了各界的强烈反响，随着中国国企海外投资的逐步推进，全球各国可能需要长时间才能适应中国在经济和地缘政治方面的崛起。但从法律的视角分析，长期以来我国海外投资以国有企业的身份进行，由此引发的公平竞争问题值得深思。

从全球范围来看，各国由政府所控制的企业均在经济活动中扮演着重要角色，被认为是由政府创造的、代表其所有者政府来从事某些经济活动的法律实体。事实上，绝大部分政府所有的企业都集中于一些重要的经济领域中，如邮政、铁路、制药、通信、石油、能源、水利、航空、广播、制药等行业。国有企业在各国和地区的普遍性毋庸置疑，但是就国有企业的基本内涵来看，我国与其他国家之间仍存在如下差

---

〔1〕 张晨静：《英媒：英国考虑将中广核从本国所有核电项目中剔除》，载观察者网，https://www.guancha.cn/internation/2021_07_26_600208.shtml。

〔2〕 彭博社：《中国海外能源投资两周内两次受挫》，载中国日报网，http://world.chinadaily.com.cn/2016-08/11/content_26443126.htm。

异:即定义依据的标准以及定义涉及的主体不同。[1] 能源领域中石化、中石油、中海油等国有企业在海外投资的强劲表现也引起了各国的广泛关注。但由于国有企业含义理解上的差异,实践中很容易造成对国有企业的属性与功能定位不清的现象。而对于国有企业的规制,尽管全球范围内尚未形成统一的制度,但一些国际组织尝试为国有企业的运作和管理提供指引,如经济合作与发展组织在其颁布的《经合组织国有企业公司治理指引》中开篇要求对国有企业形成有效的法律和监管框架,应当确保国有企业和私营公司在市场上公平竞争,以避免市场扭曲。[2] 因此,公平竞争成为与国有企业密切相关的讨论议题。

在公平竞争议题中,竞争中立(Competitive Neutrality)成为颇受争议的焦点问题。绝大多数国家已经意识到该政策对维护公平竞争环境、创造良好的国际投资环境的积极作用,并正在尝试采取多种措施规制国有企业的相关行为。就我国而言,国有企业长期以来控制着国民经济的命脉,在一些关键领域中占据着核心支配地位。除了在市场上的控制力外,长期以来,我国国有企业在补贴和分红领域中仍存在自身的特殊性,这些情况将在一定程度上构成国有企业参与公平竞争的障碍。对我国国有企业特殊问题的把握以及对以竞争中立为代表的公平竞争目标的追求之间将在一定程度上存在差异。从发展的眼光来看,二者并不矛盾,而是通过相互的影响不断推进高水平投资保护阶段的实现。就国有企业海外能源投资可能涉及的公平竞争问题,结合我国当前的现状,可以从以下方面进行完善:

---

〔1〕 张正怡:《公平竞争议题下国有企业相关法律问题的挑战与应对》,载《岭南学刊》2016年第2期。

〔2〕 OECD Guidelines on the Corporate Governance of State - owned Enterprises, available at http://www.oecd.org/corporate/ca/corporategovernanceofstate - ownedenterprises/oecd-guidelinesoncorporategovernanceofstate - ownedenterprises.htm, last visited on July 26, 2021.

第一，承认公平竞争议题目标基础、认识到对国有企业概念界定的差异性。和平稳定、竞争有序的国内外投资环境无论对投资母国还是东道国而言都是十分必要的，公平竞争也是参与投资谈判的国家和地区一直追求的目标之一。我国应充分尊重并承认公平竞争对提升国际投资流动、增强投资信心、保护投资者的促进作用，将公平竞争视为提高投资水平、规范市场运作的前提条件。实现公平竞争的投资目标，对我国而言并不能一蹴而就，而是需要分阶段、有步骤地进行。首先，我国当前的投资市场自由程度尚不足以同高水平投资保护相接轨，完全实现公平竞争可能还存在制度上和执行上的障碍。国内地区经济发展的不均衡、对境内外投资的管理重点、投资过程中的利益归属等诸多因素决定了我国在短期内难以完全实现高标准的公平竞争要求。其次，当前我国正处在传统东道国与投资母国“身份混同”的阶段，吸收外资和海外投资两种功能并存，对待公平竞争的态度正处于渐进式接受的过程中，唯有在不断发展的过程中有层次地完成公平竞争的基本要求，才能逐渐实现投资环境的转变和投资地位的提升。最后，有条件地接受公平竞争也将逐渐推进国内投融资体制的改革。我国当前的投资法律环境和体制显然不可能在短期内迅速转轨，通过公平竞争议题的推动作用，将逐渐实现我国投资市场的自由化。因此，无论是从我国当前的市场化水平、参与国际投资的身份还是投资体制而言，接受公平竞争议题都将成为一个渐进式的发展过程。

第二，完善国内竞争法律法规体系、促进与国际竞争法律政策框架的衔接。通过《反垄断法》和《反不正当竞争法》以不同的侧重点为规范内容，我国国内的竞争法律制度的框架已经基本形成。就当前的竞争法律体系而言，我国的竞争法律法规还存在体系不完全协调、国际合作倾向不明显等问题。竞争法律体系完善还不同程度地存在不同法律中的竞争条款对相对竞争行为的规定直接发生冲突、不同位阶的竞争规则之间相互抵触、竞争执法统一性不足、地方或部门保护主义等现象。[1] 无论是《反不正当竞争法》还是《反垄断法》，其域外适用部分的规定均有所缺失，特别是针对涉及面广、危害性大的跨国竞争行为仍难以进行调整，我国竞争法律体系中执法的双边和多边合作仍有待加强。虽然我国当前的竞争法律制度仍不够完善，难以短期内同国际社会的竞争政策对接，但仍可以根据市场的自由化程度逐步提高采取相适应的竞争政策和规则，同时关注国际竞争法律政策的发展，积极开展国际竞争法律制度相关的合作行为。

第三，考虑中国国有企业的特殊性、平衡通盘谈判的基本策略和针对方案。国有企业由于其自身地位的特殊性，在当前经济社会发展的过程中，作为政府实现经济社会目标和产业政策、合理进行资源配置的工具，具有服务、引导、保证、调控等功能，在参与市场竞争的同时，间接地完成了国家社会经济职能的延伸。有关国有企业在公平竞争议题下的行为规制，不能简单纯粹地从市场化的视角出发，而是需要综合考虑多种现实因素，尤其是各国国有企业正在全球范围内承担的一定社会职能、起到稳定经济发展的重要作用。此外，我国当前正在逐步开放非国有企业进入的领域和范围，现有的包括外资在内的经济主体参与市场竞争有助于打造开放包容的环境。在国有企业问题上，我国短期内尚不具备全盘接受竞争中立政策的全部目标和要求的能力，需要较长时间的过渡期分解完成，并与我国的经济发展水平和市场自由化程度相适应。可以说，国有企业参与投资竞争对于我国而言，无论是从改善东道国投资环境的视角还是从海外投资者权益的视角出发，都是投资实践和改革发展必然经历的阶段，也是我国需要谨慎关注的重点问题。

第二节　中国海外能源投资风险防范措施

当前，我国“一带一路”倡议致力于构建亚、欧、非大陆及附近海

[1] 参见王仁富：《竞争法律体系协调性的内涵及其标志》，载《法学论坛》2011 年第 1 期。

洋的互联互通，建立和加强同各国的伙伴关系，发掘区域内市场潜力、实现共同发展。“一带一路”沿线国家的投资环境尽管总体态势趋好，但由于历史文化、经济发展等原因各不相同，加之战争内乱、经济危机、地缘政治动荡此起彼伏，不断引发国际能源、金融与大宗商品市场的异常波动，往往给海外投资增加的新的不确定性。面对错综复杂的国别投资风险和投资环节风险，中国的海外投资风险防范措施亟须建立和加强。从投资者视角出发，通过启动投资环节的投资合同可以同东道国政府就投资风险的防范进行合同条款的确认。从投资母国的视角出发，尽管 BIT 已经奠定了国别投资保护的条约基础，但仍不足以应对难以预判的各类海外投资风险，唯有建立有效的海外投资保险法律制度体系，才能够更好地服务于本国投资者的海外投资。

一、中国海外能源投资中对稳定条款的运用

进入 21 世纪以来，金融危机和国际油价节节攀升的背景为企业以低成本跨国并购海外资源类企业提供重要机遇，有助于国内能源企业实现对上游资源性资产以及下游战略性资产的收购。在海外直接能源投资方面，我国企业采取的方式开始呈现逐步多元化的趋势，如对外开展能源交通、石油、天然气、煤炭、电力、节能与环保项目等，能源投资的广度和深度逐步增加，对外能源投资的工程项目日益复杂化。由于直接能源投资往往与东道国重大的能源项目相关联，相关投资体现出规模影响大、投资回收期长的特征。我国海外能源投资处在快速成长阶段，大型能源投资公司开始以投资者身份走出国门、对外投资，改变了长期以来以东道国身份自居的状态。

（一）中国海外投资中应用稳定条款的必要性

稳定条款（Stabilization Clause）通常是指一国通过合同或立法条款，向外国私人投资者作出承诺，保证合同中外国投资者的合法权益

不受该国法律或政策变化的不利影响。[1] 能源领域中通过稳定条款限制东道国的立法和管制权，可以有效保护私人投资者。稳定条款主要应对的情形包括：合同缔结之后规定的税率上升；合同规定的财政收费发生变化；在合同生效之后修改公司法、税法等法律；征收、国有化以及其他任何干预企业的形式。[2]

作为应对国家立法和管制的保障措施，国际石油公司通常在与国家的合同中插入稳定条款。这一实践在同发展中国家及其国有企业签订合同时更为普遍，因为发展中国家可能具有更高的政治风险。然而，在同发达国家签订的合同中通常未必包括稳定条款，因为在相对稳定的法律体制下投资者尚未意识到可能存在政治风险。引入稳定条款不仅仅是国际石油公司的关注也是其股东包括借贷金融机构的期待。在过去几十年中，稳定条款在实践中被分类为经典和现代两类。经典的稳定条款旨在禁止东道国通过立法或管制方式行使主权，干预国际石油公司的利益，而现代稳定条款则试图在国家行使主权的权力和缔约的国际石油公司利益之间做平衡。根据现代稳定条款，如果国家行使主权超过各方在履行合同时的原始的平衡，国家应当在该整合合同期间通过支付遭受损失的国际石油公司补偿或者善意与国际石油公司进行协商来维持原始的平衡。如果各方未能达成协议重新平衡合同的均衡，投资者可以向第三方争端解决机制申请仲裁解决。此外，关于稳定条款的合同法律适用，有观点认为应当考虑国际法或非国内法，由于东道国国家主权，东道国国内法律有可能发生变化。然而也有观点认为无论合同中的法律适用如何，合同稳定条款仅

---

〔1〕 参见王斌：《论投资协议中的稳定条款——兼谈中国投资者的应对策略》，载《政法论丛》2010年第6期。

〔2〕 See Hadiza Tijjani Mato, *The Role of Stability and Renegotiation in Transnational Petroleum Agreements*, Journal of Politics and Law (2012), Vol. 5, p. 34.

适用国际法,国内法与稳定条款无关。[1] 国际法体系下,稳定条款的实际效果是可能获得更多的赔偿。但是,考虑到公司社会责任,稳定条款同样受到人权和环境因素的限制。

稳定条款的法律效力状态尽管长期以来受到争议,其直接涉及国家以及合同双方的利益,但在国际仲裁实践中也逐步转向肯定稳定条款法律效力的趋势。[2] 国际投资仲裁实践表明存在明确的承诺并不能改变各方之间的法律关系,国家通过主权行为如国有化可能损害外国投资者的相关权利,尽管主权行为具有自然资源永久主权以及建立国际经济新秩序的依据和基础,但仍然是不可取的。从这个层面上而言,稳定条款对保护投资者具有极为重要的意义。

(二)中国海外能源投资中运用稳定条款的考虑因素

事实上,国家作为主权者可以在其立法中作出稳定承诺,或在与外国投资者的合同中确立排除政府立法或税收管制措施等对合同关系造成的影响。这样从经济补偿的角度,稳定条款可以保护投资者免受法律变化产生的不利财务影响。[3] 这样,稳定条款作为风险转移工具,可以保护投资者免受大量的主权风险。

著名的巴库—第比利斯—杰伊汉石油管道工程中就涉及稳定条款的适用。1768 千米的巴库—第比利斯—杰伊汉管道每日从Azeri - Chirag - Guneshli 油田至土耳其地中海沿岸的杰伊汉运输原油 100 万桶。管道由 11 家石油公司组成的国际集团开发,共同组成巴库—第

---

〔1〕 A. F. M. Maniruzzaman, *The Issue of Resource Nationalism: Risk Engineering and Dispute Management in the Oil and Gas Industry*, Texas Journal on Oil Gas & Energy Law(2010), Vol. 5, p. 96.

〔2〕 参见杨卫东、郭堃:《国家契约中稳定条款的法律效力认定及强制性法律规范建构》,载《清华法学》2010 年第 5 期。

〔3〕 See Elisabeth Eljuri & Clovis Trevino, *Energy Investment Disputes in Latin America: The Pursuit of Stability*, Berkely Journal of International Law(2015), Vol. 33, p. 342.

比利斯—杰伊汉管道公司。[1] 项目被认为是格鲁吉亚、阿塞拜疆、土耳其和东道国政府之间的协议，东道国政府协议由石油公司集团和参与国政府于1999年9月和2000年10月签订。[2] 协议规定了项目国家和投资集团的相互权利与义务。东道国政府协议中引入的稳定条款包括两部分。第一，若法律发生变化，国家有义务恢复项目的经济均衡。第二，若新的法律要求对项目价值（经济均衡）产生消极影响，条款将赋予投资者获得补偿的权利。[3]

稳定条款对投资者因东道国特定管制行为造成的损失可能产生补偿的义务，故东道国管理公众利益的能力将受到影响。[4] 更为重要的是，该条款不仅仅包括立法部门，也包括司法部门和执行部门的行为。投资者进行赔偿的权利主要表现为加强了经济均衡条款，即国家机构的作为或不作为导致无法维持经济均衡而产生的损害，政府将进行金钱补偿。

---

〔1〕石油公司包括：BP（英国）；SOCAR（阿塞拜疆国家石油公司）；TPAO（土耳其）；Statoil（挪威）；Unocal（美国）；Itochu（日本）；Amerada Hess（美国）；Eni（意大利）；TotalFinaElf，更名为Total（法国）；Inpex（日本）and ConocoPhillips（美国）。BP在开发管道集团中控股30%，集团中其他成员包括阿塞拜疆国家石油公司SOCAR（25%），Amerada Hess（2.36%），ConocoPhillips（2.5%），Eni（5%），Inpex（2.5%），Itochu（3.4%），Statoil（8.71%），Total - FINA - ELF（5%），TPAO（6.53%）and Unocal（8.9%）。

〔2〕The European Bank for Reconstruction and Development, Striking a balance: Intergovernmental and host government agreements in the context of the Baku - Tbilisi - Ceyhan pipeline project, European Bank for Reconstruction and Development, available at http://www.ebrd.com/pubs/legal/lit042e.pdf, last visited on Aug. 10, 2020.

〔3〕See Jernej Letnar Černič, *Corporate Human Rights Obligations under Stabilization Clauses*, German Law Journal (2010), Vol. 11, p. 220.

〔4〕Center for International Environmental Law, Comment to the IFC Baku - Tbilisi - Ceyhan Pipeline Project, available at http://www.ifc.org/wps/wcm/connect/topics_ext_content/ifc_external_corporate_site/ifc + sustainability/learning + and + adapting/knowledge + products/publications/publications_loe_btc__wci__1319578699042, last visited on Aug. 10, 2020.

从东道国的视角来看，在国际能源投资的领域，能源投资合同应当注重对格式条款的严格审查，特别是涉及稳定条款的情形。在适用稳定条款的类型上，应当尽量避免完全限制东道国立法和管制的“冻结条款”；在适用稳定条款的范围上，应当注意对稳定条款的适当限制而非将该条款适用国内的全部法律。由于当前仲裁实践中很少直接将稳定条款与东道国国家责任相联系，而是通过该条款判定投资者的投资环境，因此，东道国应尽量考察本国的整体投资环境是否违反条约中的投资待遇和投资承诺等内容，同时应尽量研究形成符合本国实际的不同类别投资合同范本。以稳定条款为契机，东道国应对本国能源投资环境的稳定性作综合全面考察，以避免出现投资仲裁中的不利局面。

从投资者的视角来看，在“走出去”与“一带一路”海外投资的背景下，投资者应当格外重视整体投资环境的稳定性。例如，受当地政局动荡的影响，中石油长城钻探工程分公司的6个海外项目合同曾在利比亚等中东、北非地区终止，影响公司全年营业收入约12亿元。[1]能源投资环境的安全稳定是投资者利益的基本保障。投资者在与东道国签订特许协议的过程中，投资者应当特别关注对投资稳定性的规定，包括稳定条款的具体文本。投资者应注意稳定条款适用的特殊情形，包括但不限于协议中的稳定条款类型、稳定条款的具体适用范围，以及稳定条款的例外规定等。由于稳定条款自身仅仅是东道国对投资者作出的一种承诺，投资者有必要关注当东道国的行为违反稳定条款时，投资者自身的救济措施应当如何进行。如果有可能，应当尽量在协议中厘清投资合同与投资保护协定之间的相互关系，以寻求更为广泛的保护依据。

稳定条款作为投资者和东道国之间的投资合同中的重要内容，无

---

〔1〕《中石油在利比亚等6海外项目中止，影响年收入约12亿》，载和讯网，http://news.hexun.com/2011-08-23/132718038.html。

论是在理论演变还是在实践认定中都发生了一定的变迁，也体现出保护投资者和尊重东道国主权之间的平衡。我国正处于东道国和投资母国双重身份的并存时期，稳定条款无论是对投资者还是对东道国而言，都具有一定的启示作用。在稳定条款的选择运用方面，传统的稳定条款功能在于约束东道国本身，核心是约束其立法主权，稳定投资者签订时的法律制度，并排除后续立法对合同关系的影响。[1] 而经济均衡条款则主要关注通过协商的方式对投资者由于法律变化产生的财政相关事项进行补偿。此外，混合型的稳定条款融合上述两种类型的稳定条款，赋予了投资者调整合同的机会，包括免受法律的影响、获得相应的补偿。[2] 能源投资合同通常将经过双方确认，对该类条款的要素进行界定，如发生变化的情形、对合同引发的效果以及产生重新协商请求的权利、重新协商的目标等。同时，为了确保各方能够更好地进行协商，各方应当对协议相关的经济条件留下一定的空间。因此，海外投资过程中，投资者有必要在签订能源投资合同时，充分考察东道国的国内政治风险、法制水平，根据双方合同关系、合作前景等具体因素，明确引发稳定条款的前提并合理地选择恰当的稳定条款，提高其对能源投资合同的保障功能。

二、海外投资保险制度的建立与完善

海外投资具有跨国性、多样性、复杂性的特征，投资准入阶段、投资运行阶段、投资退出以及投资争端解决阶段均伴随着风险，成为“一带一路”背景下国际投资安全的重要关切。在国际投资安全中涉及的非商业风险，即排除任何商业投资活动中固有的风险，政治、经济、文

---

〔1〕 参见单文华等:《中国对外能源投资的国际法保护——基于实证和区域的制度研究》，清华大学出版社 2014 年版，第 156 页。

〔2〕 See Sam Foster Halabi, *Efficient Contracting between Foreign Investors and Host States: Evidence from Stabilization Clauses*, Northwestern Journal of International Law & Business (2011), Vol. 31, p. 293.

化等外部因素造成的政治风险更加值得关注。

(一)政治风险与海外投资保险制度

外国资本在进行海外投资的过程中不可避免地将面临政治风险。近年来,全球范围内政治风险均存在不同程度的增加。政治风险也存在不同的定义方式:一是将其等同于政府干预商业运作的风险;二是特定政治事件如国内暴乱或征收等具体行为对外国投资者造成了消极影响。[1] 政治风险主要源于政府行动、国内和国际动乱。东道国造成风险的方式可能包括进行征收或没收但不进行恰当补偿、强制重新协商合同、间接征收或管制征收、通过调整税收或消除贸易壁垒等方式进行管制干预等。[2] 因此,外国投资者在进行海外投资时非常有必要考虑包括现存的投资条约、政治稳定性、区域形势、经济和法律状况以及东道国国家法制结构等评估国际投资风险的因素。

面对国际环境下频发的投资政治风险,各国普遍通过缔结或修订的 BIT,提供了投资者的实体保护要求和争端解决救济方案。虽然稳定了投资信心,但其作用仍然较为有限,表现为部分投资者以及发展中国家对于直接将投资者国家提交投资仲裁的方式仍然存在不适应,投资者在面临征收的情形下往往难以获得恰当的救济,甚至部分发展中国家认为仲裁机制过于偏向投资者应当对此进行限制。[3] 为此,海外投资过程中政治风险保险的出现成为必然,其对于投资者和东道国而言均具有重要的意义。投资者可以获得与政府征收、政治动荡、货币不可兑换等相关的政治风险的保险,而作为东道国的发展中国家

---

〔1〕 See Jason Webb Yackee, *Political Risk and International Investment Law*, Duck Journal of Comparative & International Law(2014), Vol. 24, p. 480.

〔2〕 See Ashton B. Inniss, *Rethinking Political Risk Insurance: Incentives for Investor Risk Mitigation*, Southwestern Journal of International Law(2010), Vol. 16, p. 482.

〔3〕 See Alexia Brunet & Juan Agustin Lentini, *Arbitration of International Oil, Gas and Energy Disputes in Latin America*, Northwest Journal on International Law & Business(2007), Vol. 27, p. 625.

也因为保险政策保障投资项目的运作而受益。

（二）我国海外投资保险制度的发展

海外投资保险制度的主要功能在于服务迅速发展的海外投资，目前我国已经通过多边和 BIT 以及国内制度安排形成了国际法和国内法两个层面的海外投资保险制度。

1. 国际层面的海外投资保险制度

在国际公约层面上，我国已经于 1988 年批准加入 MIGA 公约。MIGA 将作为国家和区域保险项目的补充，关注主要资本输入国即发展中成员国的项目，并与国内和区域机构共同提供保险，从而实现对商业风险的承保、促进私人投资流向发展中国家。MIGA 同国家和区域合作的模式取决于该发展中国家的行政管理结构和保险市场水平。在政府协调公司保险活动的构架中，MIGA 将同成员方政府合作，决定政治风险的保险事项，包括机构在规划保险运作、再保险、赞助运作和管理合作方面的补充功能。[1] 为此，MIGA 可以同成员方政府签订框架协议确定合作事项。目前，MIGA 承包的政治风险险别为货币转移险、战争内乱险、征收和类似措施险以及违约险。

此外，我国目前已经同世界各国订立了 130 多项 BIT，其中生效的为 104 项。[2] 中国缔结的 BIT 大多数都涉及保险的代位求偿权，近期如 2012 年同加拿大签订的 BIT 第 13 条规定了代位制度，规定："如果一缔约方或其代理机构依据其对投资者的涵盖投资授予的担保或保险合同向该投资者作了支付，则另一缔约方应承认该投资者的任何

---

〔1〕 MIGA, *Commentary on the Convention Establishing the Multilateral Investment Guarantee Agency*, p. 17, available at https://www.miga.org/documents/commentary_convention_november_2010.pdf, last visited on 27 July 2021.

〔2〕 中华人民共和国商务部条约法律司：《我国对外签订 BIT 一览表》，载中华人民共和国商务部网，http://tfs.mofcom.gov.cn/article/Nocategory/201111/20111107819474.shtml。

权利或诉请均转移给前述缔约方或其代理机构。”此项权利可由缔约方行使，或由其授权的任何代理机构行使。进行仲裁时，缔约方不得以投资者根据保险或担保合同已收到或将收到对其全部或部分所诉损失的赔偿或其他补偿，作为提出抗辩、反诉、抵消或其他主张的理由。上述规定明确肯定了依据 BIT 获得代位求偿的权利。可见，无论是多边层面还是双边层面，中国的投资保险制度的设立都已经形成了条约基础。

2. 国内层面的海外投资保险制度

我国海外投资保险起步于 20 世纪末。1998 年，中国人民保险公司出口信用险部开办了海外投资保险业务。中国人民保险公司于 2000 年同 MIGA 订立《合作谅解备忘录》，开始承担海外投资保险的职责。2001 年中国加入 WTO 后，国务院批准成立了中国出口信用保险公司，为鼓励投资者进行海外投资、对投资者因投资所在国发生的汇兑限制、征收、战争及政治暴乱，以及违约风险造成的经济损失进行赔偿的政策性保险业务。承保风险的主要类别包括征收、汇兑限制、战争及政治暴乱、附加政治风险（如经营终端或东道国政府违约）。其中，基本政治风险项下赔偿比例最高不超过 95%，违约风险项下赔偿比例最高不超过 90%。[1]

2005 年，国家发改委颁布了《关于建立境外投资重点项目风险保障机制有关问题的通知》，明确境外投资风险保障机制主要用于支持下列境外投资项目：能弥补国内资源相对不足的境外资源开发类项目；能带动国内技术、产品、设备等出口和劳务输出的境外生产型项目和基础设施项目；能利用国际先进技术、管理经验和专业人才的境外研发中心项目；能提高企业国际竞争力、加快开拓国际市场的境外企业收购和兼并项目。可见，我国对海外能源投资项目风险的预估和重

[1] 中国出口信用保险公司：《海外投资保险简介》，载 https://www.sinosure.com.cn/ywjs/xmxcp/hwtzbx/hwtzbxjj/index.shtml，访问日期：2020 年 8 月 12 日。

视程度是较为明显的。特别是该文件第3条第4款要求提供境外投资保险服务，承保境内投资主体因征收、战争、汇兑限制和政府违约等政治风险遭受的损失。中国出口信用保险公司还可视具体情况对国家鼓励的境外投资重点项目提供与项目相关的出口信用保险及担保服务。

2010年，商务部颁布《关于加强境外经济贸易合作区风险防范工作有关问题的通知》，要求进一步完善配套政策体系，积极稳妥地推进境外经济贸易合作区建设工作，有效规避防范合作区建设过程中的投资风险和信用风险，再一次强调海外投资保险制度的安排。2012年，国家发改委公布《关于鼓励和引导民营企业积极开展境外投资的事实意见》，要求推动保险机构积极为民营企业境外投资项目提供保险服务，创新业务品种、提高服务水平。值得一提的是，近期国内部分地区对境外投资提供了相应的制度支持，如《海南省境外投资项目备案实施办法》重新修订，简化境外投资办理流程，缩短办理时限、提升服务效率，加强境外投资监测、实施全流程跟踪管理，优化境外投资服务，防范发生风险。[1]

（三）我国海外投资保险制度的完善

据统计，全球国际直接投资中仅有约14%进行了海外投资保险。[2] 在对外投资规模持续增加的背景下，海外投资保险制度具有较大的发展空间，我国更应当关注海外投资保险的制度设计，尽可能通过制度设计为海外投资提供支持。

1.统一并明确海外投资保险的指导立法

我国目前尚未建立直接针对海外投资保险的立法。我国国家发

---

〔1〕《海南省企业境外投资管理办法》，载中华人民共和国国家发展和改革委员会网，https://www.ndrc.gov.cn/fggz/lywzjw/jwtz/201904/t20190408_1038580.html。

〔2〕See Alberto Tita, *Investment Insurance in International Law: A Restatement on the Regime of Foreign Investment*, Journal of World Investment & Trade (2010), Vol.11, p.651.

改委、商务部、财政部等部门先后发布了关于办理出口信用保险的相关通知，这些部门规章不仅层级较低、而且较为杂乱，仅具有临时应急和政策导向的功能。我国《保险法》也没有针对海外投资中的出口信用保险进行规定，仅最高人民法院在2013年《关于审理出口信用保险合同纠纷案件适用相关法律问题的批复》中指出鉴于出口信用保险的特殊性，人民法院审理出口信用保险合同纠纷案件，可以参照适用保险法的相关规定；出口信用保险合同另有约定的，从其约定。长期以来，我国没有确立适应海外投资保险制度的指导性质的立法，使出口信用保险等制度难以在法律上得到有效的支撑，不利于海外投资的风险防范。

通过比较参考发达国家的海外投资保险立法以及MIGA对承保风险和业务运作的规定，我国可以考虑就海外投资保险进行专门立法并作出基础性的规范。我国可以先行制定《境外投资条例》，在条件成熟时再行制定《海外投资法》。[1] 该类立法应当着重围绕海外投资保险制度展开，并包括如下内容：

首先，该类立法应当明确海外投资保险的主管部门。当前，我国国家发改委利用外资和境外投资司、商务部对外投资和经济合作司均承担着海外投资的管理服务功能，并且两大部门均曾发布与出口信用保险的相关通知，其服务与管理功能具有重复之嫌。在海外投资保险法律制度的构建方面，如果能够通过立法的形式确认商务部作为监管部门，不仅实现了进出口和投资业务的归口管理，也能够提高行政管理职能。

其次，明确海外投资保险审批权的行使。以美国为代表，海外投资保险公司的审查批准机构与业务经营机构合二为一，大大提高了海外投资保险的申请和运作效率。该模式在实践中的运作也取得了良

[1] 参见史晓丽：《构建中国海外投资保险制度的法律思考》，载《国际贸易》2013年第11期。

好的效果。从我国现阶段出口信用保险公司运行的基本方式来看，企业询保后中国进出口信用保险公司应申请出函，由企业正式投保。在作出保险决定权之前，中国进出口信用保险公司将进行保前调查，最终才能通过审批、签订保单。可见，在我国海外投资保险的实际运作过程中，中国进出口信用保险公司已经承担着审查批准与业务经营的双重职能。通过立法的形式明确海外投资保险审批机构，也将进一步发挥海外投资保险的功能，对非商业风险进行提前预防。

最后，妥善处理好立法与我国已经签订的 BIT 的相互关系。代位权不仅是 BIT 中的重要条款，也是海外投资保险实践中的关键环节。有学者认为依据投资母国的海外投资保险法取得的海外投资保险代位权涉及国内法与国际法两种不同的法律体系，海外投资保险代位权不能直接对东道国政府行使。[1] 东道国和投资母国之间有关海外投资保险代位权的行使更多取决于双方协商订立的 BIT 规定。然而，在我国现有的规范性文件以及出口信用保险公司的操作指南中，对代位权的实现及索赔的规定几乎难以获得详细说明。因此，在操作层面有必要加强设计和研究国内海外投资保险制度具体运作特别是代位权制度实现的规范。代位权是保险制度的核心，我国在确立海外投资保险制度操作的同时，还应当注意 BIT 等国际投资规则的协调。

2. 逐步确立海外投资保险所采取的模式

在海外投资保险模式的选择上，理论界大体存在三种不同的观点，分别是单边模式、双边模式和混合模式。所谓单边投资保险模式，是指依据本国国内法的相关规定设立海外投资保险，以日本为代表；双边投资保险模式是以资本输出国和资本输入国之间的 BIT 为前提设立海外投资保险，以美国为代表；混合模式则是兼采以上两种模式，以德国为代表。目前，占主导观点的是单边投资保险模式和双边投资保险

---

〔1〕 参见梁开银：《论海外投资保险代位权及其实现——兼论我国海外投资保险立法模式之选择》，载《法商研究》2006 年第 3 期。

模式。

中国已经签订了大量BIT，在国内立法上虽然没有统一的海外投资保险法，但也存在部分有关海外投资的规范性文件，因而，仅从形式上难以推断我国海外投资保险的模式。就法律文件的性质而言，我国缔结的BIT作为国际条约，其中的规定是应当得到国内法的遵守和执行。即使不存在BIT，也不意味着我国不对海外投资并购项目提供保险。海外投资保险的双边模式最终仍要落实到国内法的制定和实施中去。BIT作为两国政府间的相互承诺，将推动国内海外投资法律制度的建立健全。可以说，将海外投资保险制度等同为国际条约的义务标准必然将采用双边模式，而单边模式则是大多数国家设立海外投资保险制度的最低标准。中国的海外投资保险正处于起步阶段，以单边模式为起点是较为合理和恰当的，随着投资自由化程度的提高，可以根据缔约国对等互惠的原则考虑采纳双边模式。

3. 明确海外投资保险机构的设置及承保业务

承保机构的设置也是海外投资保险实务中的重要问题之一。政府直接设置或受政府委托经办的海外投保险机构一般都拥有特殊的垄断地位，政府可以通过改变其经营策略等对海外投资产生导向作用。实践中，以美国海外投资保险制度为代表，美国1969年修订《对外援助法》，设立了海外私人投资公司（Overseas Private Investment Corporation，OPIC），成为主管美国海外投资保险和保证业务的专门机构，改变了以往由美国援外机构监管投资保险业务的传统。海外私人投资公司具有政府和私人两种身份，属于半政府性质的公司。[1] 而英国的海外投资保险义务则由英国出口信贷保险局（Export Credits Guarantee Department，ECGD）承担，仅承保投资者面临的政治风险。法国授权法国外贸保险公司和法国外贸银行代理海外投资保险业务，

〔1〕 参见孙蕾：《美国海外投资保险制度的实施与发展》，载《国际经济法学刊》2010年第4期。

由法国财政部管理。德国法定承保机构为联邦政府，审查和批准海外投资保险的机构是由经济部、财政部和外交部组成的委员会以及联邦银行和会计审核员代表组成的咨询委员会，具体业务执行由黑姆斯信用保险公司和德国信托与监察公司完成。日本海外投资保险由通商产业省大臣负责，具体业务由通商产业省企业局长期输出保险承办。〔1〕 各国承保机构设置选择的不同也反映出各国对海外投资保险制度不同的体制安排。

目前，我国从事海外投资保险业务的实体为中国出口信用保险公司，其海外投资保险业务也在稳步发展之中。仅中国出口信用保险公司承保海外投资风险的运行现状来看，既没有明确海外投资保险机构的定位，也没有具体明确的机构设置安排和分工体系，特别是清晰的审批机构与经营机构分离制度。在适当的时机，海外投资保险运行应考虑通过建立明确的海外投资保险体系化运作模式，从而有助于推动海外投资保险业务乃至整个海外投资制度的发展。海外投资保险审批机构可以界定合格投资者以及合格投资的范围，只有范围内的投资方可获得海外投资保险机构的承保。

在海外投资保险的具体业务中，保险范围也颇具争议。尽管我国目前的保险范围已经在中国出口信用保险公司的实践操作中得到确定，但是对此仍存在不同的主张，如将投保范围分类并扩张为：征收险、外汇险、战争和内乱险、政府违约险、营业中断险、恐怖主义危险。〔2〕 恐怖主义危险目前已经为部分全球保险机构所认可。随着海外投资尤其是能源投资在深度和广度上的扩张，海外投资保险范围必然将随着投资实务的发展呈现相应的扩张趋势。

---

〔1〕 参见张菲：《大国海外投资保险制度的比较及对中国的启示》，载《国际商务财会》2012年第9期。

〔2〕 参见栾平平：《论我国海外投资保险制度的构建》，载《政法论丛》2012年第2期。

第三节　中国海外投资的立法保障及其完善

海外投资的体系化立法是我国促进对外投资中的重要环节，其将对投资者境外投资将提供直接的制度支持和法律保障。我国现有的海外投资立法并不足以充分全面服务海外投资者，在立法模式、立法层级以及立法功能方面都有待进一步完善。

一、我国海外投资立法现状

据统计，2020 年，我国企业在“一带一路”沿线对 58 个国家非金融类直接投资 177.9 亿美元，同比增长 18.3%，占同期总额的 16.2%，较上年同期提升 2.6 个百分点。对外承包工程方面，我国企业在“一带一路”沿线的 61 个国家新签对外承包工程项目合同 5611 份，新签合同额 1414.6 亿美元。[1] 在海外能源投资方面，中国三大石油公司自 20 世纪 90 年代开始尝试对外投资，投资范围覆盖北美、非洲、东南亚等主要能源所在国家和地区，并通过海外并购的方式成功实现投资目标。快速增长的海外投资需要投资母国建立有效的法律体系予以保护，形成能够为海外投资提供制度的法律规范。

我国当前的境外投资法律法规主要形成了分别以国家发改委和商务部、国家外汇总局、财政部等为发布主体的政策规范体系。

我国目前关于海外投资的立法仍然以政策性通知为主体、以解决单一问题为原则，并且存在多部委立法的零散现象。《境外投资管理办法》构成了我国对外投资立法中的最高层级的文件，但其仍然无法全面涉及海外投资中的诸多法律问题。其他多数文件的立法层级较低，以通知为主体、以指引等为补充，严格意义上我国目前并没有真正形成海外

---

[1] 《2020 年我国对“一带一路”沿线国家投资合作情况》，载中华人民共和国商务部“走出去”公共服务平台，http://fec. mofcom. gov. cn/article /fwydyl/tjsj/202101/20210103033338. shtml。

投资立法体系。

二、当前我国海外投资立法的主要问题

我国海外投资立法产生于21世纪初，远远落后于海外投资实践。尤其是《外商投资法》及相关规定出台后，我国作为东道国的投资法制相对完备，而作为投资母国的相关法律仍有缺失。无论是从立法体系、关联程度，还是从功能与目标方面都尚未完全理顺，难以为海外投资尤其是能源类投资提供完全、充分的保障，因而有必要关注当前我国海外投资立法之中仍然存在的问题。

（一）立法模式混乱、存在不统一现象

在综合性法律规范方面，我国海外投资法律体系中仍缺乏一部统一的法律，目前仅以国家部委的规范性文件作为指导。具体而言，我国的海外能源投资的规范性文件主要由商务部、国家发改委等部门发布的文件为依据，重点管理投资审批、外汇、税收、国有资产等事项。商务部于2014年修订《境外投资管理办法》，其中第2条将“境外投资”定义为“在中华人民共和国境内依法设立的企业通过新设、并购及其他方式在境外拥有非金融企业或取得既有非金融企业所有权、控制权、经营管理权及其他权益的行为”。商务部和省级商务主管部门按照企业境外投资的不同情形，分别实行备案和核准管理。企业境外投资涉及敏感国家和地区、敏感行业的，实行核准管理。从上述规范内容来看，《境外投资管理办法》仅仅明确了我国境内企业境外投资的基本管理形式及其配套要求，尽管国家发改委、国务院国有资产监督管理委员会分别于2017年、2018年发布《企业境外投资管理办法》《中央企业境外投资监督管理办法》予以补充，但整体而言，我国海外投资立法仍较为分散。

我国当前海外能源立法的不统一集中地表现为规范文件的制定主体各异，所涉事项纷繁复杂。我国国家发改委、商务部、国家开发银行、生态环境部、外交部、国资委、中央外宣办、全国工商联、财政部、国

家统计局、国家外汇管理局等数十个部门就各自涉及事项发布不同文件,不仅效力层级不一,其约束范围和程度也存在一定的交叉。我国当前缺乏海外投资统一立法、现有层次杂乱的现状对我国海外投资提供的法律保障而言极为不利。

(二)立法层级偏低、相互间协调性较弱

就我国海外投资的立法层次及其相互关系来看,海外投资监管立法作为我国海外投资立法的重点不够明确,表现在投资主体规定简单化、立法忽视全球经营等。[1] 事实上,我国已有的海外投资立法规范主要停留在部门规章层面,相互之间缺乏必要的配合和相互支持。从各类规范解决的事项来看,多为应急性质的操作安排、政策导向与投资指南,部分文件如国别投资指引等也仅能够起到参考作用,其约束力较为有限。由于法出多门,较为散乱,各个文件的效力难以统一协调,因而难以实现海外投资立法的规范效力。

我国能源类海外投资的立法不仅存在上述问题,而且似乎缺乏较为统一的规划。然而在实践中,大量海外投资失败案例均与能源投资有关,如中海油收购尤先科失败案、中铝入股力拓失败案等,如能够通过立法对海外投资提供相应保障,投资失败的风险也可能在一定程度上有所降低。海外能源投资对东道国的国际经济主权、对投资母国全球经济战略的影响均不容忽视。因此,无论是从投资法律实践的层面还是从国际经济政治关系的宏观背景考量,建立协调、完整的能源投资法律体系有必要性和紧迫性。

(三)立法功能弱化、政策激励略显不足

我国海外投资立法的功能和目标在现有规范体系中仍不甚明确,现有的文件以海外投资监管为主要指导思想,《境外投资管理办法》甚

〔1〕 参见梁开银:《论中国海外投资立法的路径和体系》,载《河北法学》2006年第2期。

至排除了自然人作为投资者从事海外投资的情形。此外,对境外投资的基本条件也规定得较为模糊,如该办法第 4 条认为企业境外投资不得:危害中华人民共和国国家主权、安全和社会公共利益,或违反中华人民共和国法律法规;损害中华人民共和国与有关国家(地区)关系;违反中华人民共和国缔结或者参加的国际条约、协定;出口中华人民共和国禁止出口的产品和技术。尽管从全面审批制走向备案制与审批制的并存被认为我国海外投资立法的重要进步,但是仅以投资监管为目标的立法指导思想难以真正发挥促进境外投资立法的效果。

从投资母国的视角出发,海外投资立法仅以监管为中心是失之偏颇。监管环节只能作为海外投资的出发点之一,随着海外投资特别是能源投资竞争日趋激烈、投资环境较为复杂,只有为海外投资提供的激励措施与制度支持才能够更好地为我国海外投资服务。在我国投资者从事境外投资的过程中,我国政府如何提供并能够在多大程度上提供相关激励优惠政策对于海外投资实业而言更具有实际意义。在我国现有的相关文件中,以国家开发银行、财政部为发文单位,就境外投资专项贷款享受中国进出口银行出口信贷优惠利率、企业境外所得抵免等问题进行了简单说明,但仍然无法充分体现海外投资立法引导促进境外投资的基本功能。

三、完善我国海外投资立法的参考建议

国内立法及相关措施的协调是发展我国海外能源投资法律、完善保护措施的主要实现方式。为促进我国海外投资尤其是海外能源投资,主要应从制定统一的《境外投资法》、清理并调整海外投资政策、协调国内立法与国际条约之间的相互关系以及提升投资激励措施等方面予以考虑。

(一)制定统一的《境外投资法》

在目前我国没有统一对外直接投资法典的情况下,对外投资关系

主要根据一些单行的立法及相关法规规章来调整。对外投资立法几乎已成为发达经济体对外投资法制的主要内容，而我国却迟迟没有纳入立法日程。[1] 我国亟待制定位阶较高的《境外投资法》统一海外投资立法。从立法指导思想的角度，我国迫切需要形成良好的境外投资法律保障体系。综观世界主要经济发达体，无一不具备完善的境外投资法律体系，如1961年美国修订《对外援助法》，设立国际开发署接管投资保证业务，并通过《海外反腐败法》等法律法规保障海外投资的有序进行；德国通过了《对外经济法》《对外经济法实施细则》，由联邦经济和技术部负责主管对外经济事务；韩国也先后颁布了《外汇管理规章》《海外资源开发促进法》《审查批准海外投资标准》《扩大对外投资自由化方案》等对外投资的法律。[2] 显然，促进海外能源投资，必然需要制定在国内具有相当影响力的海外投资法律，而我国目前的法律规范层级过低，内容也不够全面。唯有完善的法律体系作为支撑，才能推动我国海外投资活动的顺利进行。

当前我国海外投资立法的松散与杂乱表明推动对外投资促进与保护在立法统一方面的紧迫性。当前我国的《境外投资管理办法》尚不足以统领海外投资法律问题，可以考虑采取逐步渐进[3]的方式形成我国海外投资的统一立法。具体步骤为：首先由商务部或国家发改委在现行部门规章的基础上形成《境外投资促进与保护办法》，解决当前对外投资促进与保护中最为迫切的操作问题，并建立统一的对外投资促进机构规范框架体系。随后，在条件成熟时最终过渡到人大常委会制定《境外投资法》，调整我国境外投资的事项，如对外投资的管理体制、海外投资保险制度、对外投资政策支持等内容，从而将我国海外

〔1〕 参见程慧、胡斌：《我国对外直接投资的立法路径》，载《国际经济合作》2010年第9期。

〔2〕 参见赵晓迪：《中国对外直接投资长期发展趋势》，新华出版社2008年版，第113页。

〔3〕 参见沈四宝、伏军：《构建我国境外投资促进立法的若干思考》，载《法学家》2006年第4期。

投资活动的法律规范法典化,为海外投资者提供稳定的投资促进制度。

(二)清理并调整海外投资政策

由于海外投资可能涉及众多政府部门,统一的境外投资立法不仅可以协调各部门间的利益和职权,还可以促进整合现有的规范性文件,避免相互冲突。我国现有的海外投资规范性文件出自不同的职能部门,其出发点和管理要求难免存在一定的差异。此外,由于没有系统清理,我国海外投资立法的规范汇总往往较为繁杂艰难。尽管我国当前海外投资的文件数量较多,但由于存在多方管理,缺乏一定的权威性和透明度,因此,及时清理并调整可能存在相互冲突的规范性文件是我国在统一海外投资立法工作中的必要环节,也是我国在构建海外投资立法体系中的必由之路。

在《境外投资法》的统领下,我国可以考虑设立单一机构统领海外投资监管与服务事项,由该机构统一发布国家海外投资政策并在其领导下统一协调涉及海外投资相互间机构的职能。根据我国现有实践操作,商务部牵头的单一机构模式能够较好地为海外投资提供信息、服务及制度支撑。单一机构的主管模式可以降低多重政策的不确定性,进一步提高行政效率,为我国海外投资提供明确的指引。

(三)协调国内立法与国际条约的关系

事实上,我国对外投资促进与保护方面订立的 BIT 数量和效力远远高于国内立法。我国在海外投资立法的过程中,应当特别关注已经缔结的双边投资保护条约的根本内容,确保国内立法与国际条约有效对接。例如,BIT 中对投资者以及投资的概括列举式定义在国内法中应当得到应有的回应,从而能够构成对缔约背景的一部分,形成对条约的有效解释。又如,绝大多数投资母国都已经建立了较为完善的海外投资保险制度,该制度应当成为我国海外投资立法中不可或缺的内容。在进行海外能源投资保险立法的过程中,还应当注意国内法与BIT、区域投资协定、行业投资协定特别是ECT的协调和统一。此外,我国还应当督促和加强对BIT和避免双重征税协定的协调、修订等工作,善于利用MIGA和ICSID对海外能源投资及投资者进行保护。

(四)持续鼓励发展海外投资激励措施

在鼓励引导政策上,我国应进一步扩大对海外能源投资的支持力度。以2002年为时间界限,中国迎来了政府政策性限制管制转向政府扶持和鼓励政策主导下的企业海外投资蓬勃发展的新时期,[1]相关政策主要表现在基础性信息管理、投资项目审批与管理、外汇管理、融资和保险政策支持、直接费用补贴等方面。随着传统的对外投资审批制向备案制的逐步过渡,海外投资相关的激励措施则更应当配套完善。在放松管制的基础上,我国可以进一步考虑增强政策性金融机构功能,如为企业海外并购提供优惠贷款并以增加贷款安全为理由帮助企业完成并购前的调查工作。[2] 此外,我国可以在现行基础上探索税收、信贷等优惠措施,并为企业海外投资尤其是并购提供相关政策服务。

从政策层面上看,我国对待海外能源投资的政策仍存在一定的调整空间,[3]如优化和简化审批程序、开拓多渠道的融资市场、改善国有企业管理机制、开放民营企业进行海外能源投资等。我国有必要将能源投资的领域从中东部分地区、非洲和拉丁美洲向全球拓展、加强能源投资的力度并扩张其影响力,奠定我国在海外能源市场中的关键地位,为国家倡议政策的发展和调整作出应有的贡献。

---

[1] 参见严明:《海外投资金融支持——以中国企业为对象》,社会科学文献出版社2006年版,第210页。

[2] 参见林爱民:《论我国海外投资立法缺陷及完善》,载《河北法学》2008年第7期。

[3] 参见李众敏、何帆:《扩大我国海外能源投资的政策思考》,载《中国财政》2010年第14期。

第四节　中国海外能源投资权利救济的双边保障措施

BIT是资本输出国与资本输入国之间就相互保护与鼓励双方私人投资而签订的双边条约,[1]作为我国目前国际投资法的主要国际法渊源,受到国家总体政治、经济关系的影响。在BIT的演变过程中,中国经历着立法态度的转变和调整,不仅反映出国家对投资准入的管制限度,在某种程度上也体现出东道国的投资立法理念和实践中对引入外资的基本态度,逐渐成为促进国际投资发展的重要工具。综观我国已缔结的BIT,投资的界定及其待遇、征收补偿以及争端解决方式的规定虽颇有争议,但业已成为各项协定中的特色条款。随着我国投资潜力的增加和对外投资能力的逐渐增强,协定相关条款也将进行修订、补充和完善。

一、我国缔结BIT中的投资定义

在BIT各项规范中,投资待遇的定义则成为缔约双方协商的主要焦点之一。应当说,投资保护协定中的适用范围及投资待遇已成为资本准入的门槛和重要决定因素。我国的各项BIT通常规定了投资准入,即缔约双方允许对方投资进入本国境内的一般规定。

(一)对投资定义的纵向比较

从缔结第一部双边投资协定至今,中国缔结的双边投资协定的总体风格经历了两次重大的转型,分别是20世纪90年代末和2008年前后进行的。在第一次转型中,中国从最初强调维护东道国(中国经

---

[1] 参见汤树梅:《国际投资法的理论与实践》,中国社会科学出版社2004年版,第267页。

济主权的相对保守的模式)转变成强调投资自由且保护投资者的自由模式;第二次转型中,中国开始认识到自由模式的弊端,从而逐步转向平衡模式。

1.20 世纪 80 年代

当时我国刚开始实行改革开放政策,国内市场经济整体尚处于萌芽阶段,对待外国资本的态度比较谨慎和保守。这一时期中国的主要目的是大力引进外国资本,以发展我国国内经济。国内资本力量的薄弱使我国暂时缺乏对外投资的能力。因此反映在我国缔结的双边投资协定中,就采取了相对保守的投资定义。以第一部 BIT(中国—瑞典 BIT)为例,协定所涵盖的投资类型和范围相对较小,尚未将知识产权、债权以及债衍生的权利、合同权利等列入保护范围,诚然这样的定义模式符合我国当时的投资实践,有助于维护我国的经济主权。

2.20 世纪 90 年代

20 世纪 90 年代,伴随中国市场经济改革的深入,"走出去"的战略标志着我国国际投资实践开始逐步走向自由模式。此时我国对外签订的投资保护协定基本上形成了对投资定义进行一般概括式和特别列举式并行的方式,[1] 通常在对投资进行基础定义后附上主要财产形式的列举。在投资定义条款中,增加了知识产权以及合同权利,对投资定义进行了逐步的完善和扩充。

3.2000 年至今

进入 21 世纪以来,自由模式给中国的对外投资的跨越式发展提供了助力,改善了中国的国际投资环境。投资定义的风格开始出现自由化特征,表现为对各类权利类投资采取更加宽泛的列举方式,如知识产权和工业产权包括著作权、商标、专利、工业设计、工艺流程、技术诀窍、商业秘密、商名和商誉等;合同权利包括交钥匙工程合同、建设

---

[1] 参见杨卫东:《双边投资条约研究:中国的视角》,知识产权出版社 2013 年版,第 47 页。

合同、管理合同、生产合同和收入共享合同；商业特许权包括勘探、提炼或开发自然资源的特许权，对企业贷款或企业权益作出详细解释说明；协定认为投资特征系指资本或其他资源的投入、对收益或利润的期待或者对风险的承担。

（二）对投资定义的横向比较

投资定义条款为各项投资协定所共有，其规范范围的逐步扩大同样经历了从发达国家向发展中国家蔓延的趋势。中国缔结的双边投资协定在总体风格上更加接近欧式范本，针对不同缔约国采取的变化形式较小。

（三）BIT 中投资定义特征及启示

从结构上看，与主流的双边投资协定相类似，中国缔结的双边投资协定大多数也采取了列举式定义法，即通过“定义 + 列举”的方式，首先前半部分采取一个宽泛的抽象概念对投资进行描述，紧随其后采用非穷尽的列举式定义具体的财产类型。从内容上看，我国缔结的双边投资主要采取了以“资产”为基础的开放式定义。出于维护东道国利益，减轻东道主国家负担和压力的目的，BIT 又对投资定义施加了两个限制性的条件。这两个限制分别为地域限制和公共政策限制，即“缔约一方投资者依照缔约另一方的法律和法规”以及“在缔约另一方领土内所投入的具有投资特征的各种财产”。

我国 BIT 中投资定义在纵向发展的脉络中呈现扩大化的趋势。以资产为基础的开放定义模式规定了广泛的投资类型，包括直接投资和间接投资、有形资产和无形资产、动产与不动产以及多种新型的财产性权利，而我国现有的地域条件以及公共政策条件对投资定义扩大化的限制极为有限。在国际投资争端解决实践中，投资定义的扩大化意味着涉及的管辖范围的扩大，我国缔结的双边投资协定中宽泛的投资定义将极有可能增加我国被诉的风险。

二、我国缔结 BIT 中的投资待遇

我国在协定中的措辞多为“促进和保护投资”，这表明我国政府对外国投资的鼓励态度，同时也希望我国对外投资能够获得同等待遇。外资待遇是指东道国给予外国投资者的投资和与投资有关的活动的待遇。有学者将 BIT 中外国投资的待遇标准分为两类：一是绝对待遇标准，指缔约方根据国际法公平和公正地对待来自缔约对方的投资，对来自缔约对方的投资、对来自本国国民和第三国国民的投资待遇如何，即公平与公正待遇标准；二是相对待遇标准，指缔约方给予来自缔约对方的投资与其本国国民和第三国国民同等的待遇标准，即国民待遇标准和最惠国待遇标准。[1]

公正和公平的待遇是绝大多数投资保护协定中规定的基本投资待遇，也是对各成员国促进和保护投资措施的基本要求。早在 1948 年，旨在建立国际贸易组织的《哈瓦那宪章》就曾提出公平公正待遇，但一直没有作为一项强行法加以确定，只能在部分国家被视为国际习惯法，从而成为最低待遇标准。因此，对 BIT 中的投资待遇主要围绕东道国给予本国和第三国投资者的具体待遇即国民待遇及最惠国待遇展开。

（一）对投资待遇的纵向比较

众所周知，最惠国待遇的实质是追求“外外平等”；国民待遇的实质是追求“内外平等”。但二者在我国对外签订的 BIT 中并非总是同时出现，而是经历了如下变化：

1. 20 世纪 80 年代

最惠国条款在各项投资协定中主要针对“投资和与投资有关的活

---

〔1〕 Paul E. Comeaux & N. Stephan Kinsella, *Protecting Foreign Investment under International Law, Legal Aspects of Political Risk*, Oceana Publications Inc., 1997, p. 105 - 106. 转引自曾华群：《变革期双边投资条约实践述评》，载陈安主编：《国际经济法学刊》第 14 卷第 3 期，北京大学出版社 2007 年版，第 15 页。

动”，并随着时间的推移在例外规定上更加完善。如1985年与新加坡的双边投资协定率先采取单列条款的形式指出最惠国待遇不适用于“地区性海关、金融、关税或贸易方面的安排、地区性合作的安排以及缔约任何一方领土内的税收事项”。[1] 此后，与斯里兰卡、马来西亚、新西兰等国的协定中也延续了最惠国待遇例外的专条规定。

而国民待遇则不然，仅在与日本的双边投资协定中有所体现：“缔约任何一方在其境内给予缔约另一方国民和公司就投资财产、收益及与投资有关的业务活动的待遇，不应低于给予该缔约一方国民和公司的待遇。”[2] 然而这项仅有的国民待遇条款措辞却比较笼统，其中的解释条款将“与投资有关的业务活动”定义为维持业务活动的设施、控制运作公司、雇用和解雇专家以及缔结和履行合同四项。此外，除了实体上的权利外，协定中还赋予缔约国国民和公司在请求或接受法院受理和向行政机构提出申诉的程序权利方面的国民待遇。[3] 可见，20世纪80年代唯一的国民待遇条款所涵盖的范围已经相当广泛。

2. 20世纪90年代

最惠国待遇的适用范围在延续“投资和与投资有关的活动”的同时有了一定程度的扩张，特别是20世纪90年代中期与一些国家的协定中，最惠国待遇不仅包括“投资及其收益”，还包括“投资者在投资的管理、维持、使用、享有或处置”等方面保证投资者对投资的权利的措施。[4] 但是尚未有协定对程序权利上享有最惠国待遇作出明确规定。在例外条款的发展上，除了地区协定（包括关税同盟、自由贸易区、经济联盟等）、避免双重征税协定及边境贸易三项传统例外，个别

---

〔1〕《中华人民共和国政府与新加坡政府相互鼓励和保护投资协定》第5条［以下简称中新（加坡）第5条］，下文中出现的中国与其他国家签订的相互鼓励和保护投资协定，均按照此格式使用简称。

〔2〕中日第3条。

〔3〕中日第4条。

〔4〕如1996年中沙（特阿拉伯）第3条。类似规定在与阿拉伯联合酋长国、北马其顿等国的投资协定中也有所体现。

协定还排除了某些已签订的协定中的优惠措施[1]和给予有外资参与的、其设立的唯一目的为主要通过非营利行为提供发展援助的开发金融机构的特别优惠。[2] 总体上看,该时期内我国对外投资协定中的有关最惠国待遇的规定已基本成型,开始出现细微的地区差别现象。

国民待遇在投资领域要求缔约一方保证给予投资者与本国投资者相同的待遇,不过协定中提及的方式上却有所差别。我国在与韩国、沙特阿拉伯以及捷克和斯洛伐克的投资协定中明确规定了国民待遇条款,[3]在与西班牙、冰岛以及南斯拉夫联盟等国投资协定中将国民待遇作为最惠国待遇的补充条款来适用,[4]而与摩洛哥的投资协定则要求在国民待遇和最惠国待遇中选择从优适用。[5] 适用范围上国民待遇规定较为典型的是中韩协定,要求东道国在"投资、收益和与投资有关的活动方面"既给予最惠国待遇又给予国民待遇,只是在协定议定书中明确在征收、战乱及其补偿和前述补偿的转移方面给予最惠国待遇。尽管该时期协定中对国民待遇的规范有所增加,但是就具体内容而言,其地位相对较低,大多只对最惠国待遇起到辅助作用。如在1997年与尼日利亚的投资协定措辞中,[6]最惠国待遇被赋予绝对标准,"在任何情况下"不得被颠覆,而国民待遇仅存在相对标准,存在无法获得的可能性。

3. 2000年至今

进入21世纪以来,BIT对投资者及其投资的保护加强,投资待遇高标准化趋势日趋明显。我国在对外签订的BIT中无一例外地作出规定:对"投资及与投资有关的活动"同时适用国民待遇与最惠国待

[1] 中阿(根廷)第3条第4款。

[2] 中南(非)第3条第5款。

[3] 中韩第3条第3款;中沙(特阿拉伯)第3条第2款;中捷(克斯洛伐克)第3条第2款。

[4] 中西(班牙)第3条第4款;中冰(岛)第3条第3款;中南(斯拉夫联盟)第3条第2款。

[5] 中摩(洛哥)第3条第1款。

[6] 中尼(日利亚)第4条。

遇，二者之间没有优劣之分，可以存在选择。如2000年与伊朗签订的投资协定明确规定可以优先使用更为优惠的条款。[1] 高标准的投资待遇是一把“双刃剑”，既有利于提高我国吸收外资和对外投资的水平，同时也对我国保证高标准投资待遇的能力提出了挑战。

（二）对投资待遇的横向比较

最惠国待遇一般为各项投资协定所共有，对其规定范围及例外条款的逐步完善同样经历了从发达国家向发展中国家蔓延的趋势。保护范围由“投资及与投资有关的活动”扩展到“投资、收益及与投资有关活动”，个别协定中还扩张到“请求或接受法院审理和向行政终裁机构及行政机关提出申诉的权利方面的待遇”。[2] 由于最惠国待遇在BIT中的普遍性，一般各国均将其视为对待外资的基本待遇之一。

国民待遇尽管在投资协定中有不同程度的体现，但是我国和发达国家签订的投资协定在数量和保护程度上明显高于和发展中国家签订的投资协定。从最早规定国民待遇条款的中日BIT中可以发现，国民待遇的范围相当广泛，从实体权利拓展到了程序权利。一般认为国民待遇对外资保护要求较高，东道国在协定中只有“尽量”却没有“必须”的义务。

（三）对外资待遇的规定的问题及其完善

在BIT中，我国对待外资的绝对待遇与相对待遇虽均有提及，但由于缔约的时代局限性，不少规定显然已经不符合形式发展的需要。因此，有必要对此类BIT进行修正或重新订立投资保护协定。

1. 公正与公平待遇条款

当今国际投资环境正在发生根本性的变化，将公正与公平待遇标

---

〔1〕 中伊（朗）第5条。

〔2〕 中韩第4条。

准片面理解为保护投资者的工具已经不合时宜。投资的绝对待遇并未削弱双边投资协定作为一个整体对外资的保护，但是最惠国待遇等条款的存在，使公正与公平待遇发挥的作用受到限制。

就我国的BIT而言，公正与公平待遇条款规定得过于简单抽象，没有明确具体的适用规则，而且不同协定之间的措辞并不统一，在发生投资纠纷时很容易造成混乱和不同理解。此外，我国缺乏对BIT的权威解释，原本抽象的绝对待遇条款极易成为外国投资者主张请求的主要依据。

对此，有观点认为：我国应当尽可能不在协定中承诺给予外资公正与公平待遇；通过正确定位公正与公平待遇标准、谨慎适用公正与公平待遇标准、明确公正与公平待遇标准的适用范围、细化公正与公平待遇标准的具体内容及正确解释公正与公平待遇标准等方式来完善公正与公平待遇标准；完善同公正与公平待遇相关的程序性机制并及时补救已有的公正与公平待遇条款。[1] 然而，对公正与公平待遇不予规定难以符合BIT的发展趋势。为避免遭遇类似美国、加拿大及墨西哥在NAFTA中所遭受的讼累，我国应当吸取其中的经验教训，尽可能限定对此项绝对待遇的解释及完善相关程序机制来限定其适用范围。

2. 最惠国待遇条款

BIT中的最惠国待遇问题一般涉及以下两方面：一是可援用BIT的当事人是否可以依据BIT项下最惠国条款享受东道国缔约的其他条约项下更优惠的待遇；二是其他条约项下当事人是否可以依据其他条约的最惠国条款，适用BIT项下的更优惠的条件，包括争端解决。[2] 我国的投资协定在上述两方面尚没有明确的答案。

---

〔1〕 参见陈辉萍、黄玉梅：《国际投资协定中公正与公平待遇标准的新发展》，载陈安主编：《国际经济法学刊》第13卷第3期，北京大学出版社2006年版，第22～27页。

〔2〕 参见林一飞：《双边投资协定的仲裁管辖权、最惠国待遇及保护伞条款问题》，载陈安主编：《国际经济法学刊》第13卷第1期，北京大学出版社2006年版，第263页。

首先,对最惠国待遇条款的适用范围不明确。我国对最惠国条款的适用规定缺乏统一度,在协定中分成了三种情况,即"投资及与投资有关活动的待遇"、"投资、收益及与投资有关活动的待遇"以及在第二种情况下增加"请求或接受法院审理和向行政仲裁机构及行政机关提出申诉的权利方面的待遇"。关于能否根据本条款享受东道国缔约的其他条约下更优惠的待遇的问题,我国的各项投资协定中只有 1992 年在与阿根廷签订的协定中予以明确否定,[1] 而其他协定中未曾提及。我国尚未排除第三国援引我国政府承诺给他国的更优惠的待遇,以统一标准对待投资能力有所差别的国家,对我国来说可能并不是最优的选择。

其次,关于最惠国条款在争端解决中的适用问题。对此,ICSID 仲裁庭的实践没有得出完全统一的结论。仲裁庭认为下列情况下最惠国待遇条款不能适用于争端解决程序:在规定该条款的适用范围时采用限制性较大的词语,至少不要采用"所有权利""所有事项";明确规定如有关合同中约定了争端解决程序,则仅限于适用合同产生的争端;东道国在实践中对"当地救济"方面尽量体现统一的政策。[2] 由于最惠国待遇条款适用范围的不统一,我国目前的 BIT 实践不能排除未来仲裁庭将最惠国待遇条款适用于争端解决的可能性,存在外国投资者直接寻求 ICSID 救济的可能性。

事实上,最惠国待遇本身具有客观的衡量依据,即两个不同国籍的外国投资者相比,其中一个因受到歧视待遇而产生了经济损失。[3] 其产生的原因并非完全来自东道国的歧视,更有可能源自不同缔约过

---

〔1〕 中阿(根廷)第 3 条第 4 款中规定阿根廷与意大利、西班牙签订的提供优惠贷款的双边协议中的优惠、特权和特许不延及中国投资者。

〔2〕 参见王海浪:《MFN 条款在 BIT 争端解决中的适用问题》,载陈安主编:《国际经济法学刊》第 14 卷第 2 期,北京大学出版社 2007 年版,第 175 页。

〔3〕 参见梁丹妮:《国际投资条约最惠国待遇条款适用——以"伊佳兰公司诉中国案"为中心的分析》,载《法商研究》2012 年第 2 期。

程中东道国产生的不同规定。因此,有必要在 BIT 的缔结或修订的过程中进行必要限制,即将投资争端解决明确排除在最惠国待遇条款的适用范围之外。

3. 国民待遇条款

就我国现状而言,投资协定中采纳的是事实上有限的准入后国民待遇原则。我国承诺给予国民待遇的条约数量有限,主要从“投资”和“投资者”两方面限定国民待遇的适用范围,上述概念的不统一必然导致国民待遇原则适用的混乱。此外,在规范中出现“尽量”“尽可能”等词语,使投资保障性较差。可见,我国 BIT 中实行的是有差别的国民待遇,这种多样性的规定容易导致条约执行结果的不一致和不确定。此外,从国内法的层面来看,我国国内法律法规对“国民待遇”的理解仍有差异,不利于同投资协定相衔接。

在重构我国 BIT 国民待遇原则的过程中,首先必须解决的前提条件是该原则的适用范围,特别是对“投资”及“投资者”定义问题。我国应当和缔约方以对等的方式适当扩大“投资者”的范围,这样也有利于保护代表我国利益投资的投资者。以《外商投资法》规范准入前国民待遇为标志,我国已经在国内立法中对国民待遇采取了更加开放的态度。与此同时,我国有必要清理、更新旧的协定,建立我国的 BIT 范本,这样既有利于同国际接轨,符合市场经济发展的特征,又能够保持我国双边投资立法的稳定性,使之不断完善。

三、我国缔结 BIT 中的征收条款

征收条款是 BIT 中的重要条款,历来都是投资东道国和投资母国争论的主要“战场”。对于投资者而言,投资的安全性应当是投资前考虑的重点。由于现在的国际法所确立的国家主权原则,投资者母国不得对投资东道国进行强制干预,以达到保护其海外投资者利益的目的。因此,东道国政府有义务保证投资者在东道国境内财产安全。而征收,恰恰是由东道国政府对投资者的财产进行剥夺的一种形式。因

此,对于投资者母国和投资东道国,如何对征收条款进行确定就成了 BIT 博弈的重点。

（一）征收条件

在我国的所签订的 BIT 中,国家对外资进行征收是不被许可的,即中国所签订的 BIT 将不征收作为一项义务施加给东道国。但条约又赋予了东道国在一定条件下对外资进行征收的权利,也就是本部分所讨论的征收的条件,可以概括为:为了公共利益的需要、依法确定的程序、非歧视性以及给予补偿。根据统计,我国在 20 世纪 80 年代所签订的 31 个双边投资协定中共有 28 个协定包含了公共利益的要求;共有 31 个协定包含法律程序要求;共有 31 个协定包含了非歧视性要求;共有 31 个协定包含了给予补偿的要求。在 20 世纪 90 年代签订的 63 个双边投资协定中共有 63 个协定包含了公共利益的要求;共有 59 个协定包含了非歧视性的要求;共有 63 个协定包含了给予补偿的要求。从 2000 年至今所签订的所有双边投资协定均符合以上四项条件的要求。

可见,以上四项条件是一般性的规定,大多数条约都以这四项条件为征收的基本条件,只是在个别条约中,对征收条件的规定也有所不同。比如,1983 年与罗马尼亚签订的条约中,没有非歧视性这一要求;仅有在与新加坡（1985 年）、新西兰（1989 年）签订的条约中加入了要由法院对合法性措施进行审查的要求。这样的例外规定也并不影响以上四项条件,而仅仅是作为一项程序性要求。只是要求东道国的法院系统对实体上条件是否达到进行审查。其他条约都是遵照以上四项条件进行规定的。可见,中国所签订的 BIT 在征收条款关于征收条件的规定下保持了条约整体上的一致性,在征收条件的问题上也表现出了一种发展完善的趋势。前两个阶段中,对于征收条件,中国所签订的 BIT 虽然保持了大体上的一致性,但仍然有部分条约没有完全达到这四项条件。而在第三阶段,所有的条约都将以上所列四项条件作为征收的条件。

值得注意的是，第一阶段的条约包含了后三项条件，而在公共利益要求上有所缺失。造成这一点上差异的原因是立法技术层面用语的问题，而非在对征收条件中公共利益条件的要求上的不同。这样的结果可能是由于改革开放初期在条约缔结与制定方面存在条约制定技术上的生疏。在第二阶段，缺失集中在法律（正当）程序要求和非歧视性要求上，缺失的国家包括了发达国家和发展中国家。缺失国家的数量十分有限且所占比例在这个阶段中太低，同时出现的国家和时期之间没有任何规律可循。在第三阶段，无论是对发展中国家还是对发达国家签订的条约，在征收条件方面表现出了极强的一致性。这说明经过长期的实践和选择，以公共利益、法定程序、非歧视和补偿作为征收的条件，是比较合理的做法，也是与国际接轨的做法。可见，在征收条件的问题上，我国缔结的 BIT 经历了从粗糙到精细、从混乱到统一的过程。

（二）间接征收

"类似国有化、征收效果的其他措施"，同样也属于征收。但是在绝大部分条约中并没有规定间接征收的具体含义，仅在近期极少数条约或议定书中进行了解释。从我国条约的发展历史可以看出，一直以来我国对间接征收的范围进行比较谨慎的处理，采取的是一种宜粗不宜细的方式。

在 20 世纪 70 年代，国际投资法领域出现了"逐渐征收"（creeping expropriation）的概念。虽然其原意指东道国政府和外国投资者实现约定，外国投资者在一定年限内，按一定比例将其股份逐步转让给东道国政府或国民，是东道方所持股份达到 51% 以上，甚至达到全部转让。[1] 但是发达国家通过一些国际组织或者本国机构的文件，扩大了逐渐征

---

[1] 中国大百科全书总编辑委员会《法学》编辑委员会、中国大百科全书出版社编辑部编：《中国大百科全书·法学》，中国大百科全书出版社 1984 年版，第 256 页。

收的认定范围，由此，演化出间接征收的概念。

在 BIT 征收条款中，用语一般都是“相当于国有化或征收效果的措施”，其含义是东道国政府在未从法律上取得外国投资者所有权的情况下，采取阻碍或影响外国投资者对其资产行使有效控制权、使用权或处分权的行为，诸如强制国产化、强制股权转让、强制转让经营、不适当地大幅提高税率等。[1] 此类措施就是一般所称的间接征收措施，也被称为事实上征收、逐渐征收。但是，关于间接征收概念的具体含义和范围并没有一个明确的、公认的定义。间接征收也成了国际司法和国际仲裁时间中产生最多争议的概念。

2012 年我国同加拿大的 BIT 中首次提及对间接征收的理解：[2] 第一，关于间接征收的定义。间接征收源于缔约方采取的一项或一系列措施，该等措施与直接征收具备同等效力，但没有在形式上体现为转移所有权或直接没收。第二，判断间接征收基于个案并考虑相关因素。需要考虑的因素包括但不限于：该措施或该系列措施的经济影响，虽然缔约一方的一项措施或一系列措施对投资的经济价值有负面影响，但这个单一事实并不表明间接征收已经发生；该措施或该系列措施在何种程度上干预了作出投资的明显、合理期待以及该措施或该系列措施的性质。第三，不构成间接征收的情形。除了在极少数的情况下，如一项措施或一系列措施从目标来看相当严重，以至于这些措施不能认为以善意方式采取和适用，则缔约方为保护公众福祉的合法公共目的，如健康、安全和环境，而设计和适用的一项或一系列非歧视性措施，不构成间接征收。

（三）征收补偿

征收补偿的问题一直以来是在 BIT 中最大的争议焦点之一。征

---

[1] 参见陈安、蔡从燕主编：《国际投资法的新发展与中国双边投资条约的新实践》，复旦大学出版社 2007 年版，第 75 页。

[2] 中加（拿大）第 2 部分第 10 条“附录”。

收应当补偿已经作为一项征收的条件列入了条约，但如何进行补偿就成为在征收问题上角力的重点。

在不补偿原则被世界大多数国家否认后，只剩下充分、及时和有效补偿的原则（赫尔原则）以及适当或合理补偿的原则。在国际投资法领域，发展中国家与发达国家关于补偿原则的分歧很大，发达国家多坚持充分、及时和有效补偿的原则，而发展中国家普遍赞成适当或合理补偿的原则。[1] 我国作为投资输入国，主张的是适当或合理补偿的原则，并反对发达国家提出的赫尔原则。自 1982 年以来，我国在缔结 BIT 的过程中，与发达国家就征收补偿是采赫尔规则还是适当补偿原则的争论从未停止。我国也一直坚持底线，采用适当补偿原则，这一主张在条约中的体现是，我国在征收条件的规定中，从未使用"充分、全部、充足"补偿等措辞，有的仅仅规定对外国投资者以"补偿"，有的则采用"合理、适当、合适、公正、公正与公平"补偿等表述。[2] 对于我国来说，坚持合理补偿原则是我国作为一个外资输入大国的底线，是不能轻易跨越的。

但是，补偿原则的确立并不完全能够代表一国实际补偿标准的高低。在实践中能够影响补偿额的还有补偿额的计算标准和方法，其更具有实际意义。纵观三个时间段所订立的条约，在关于补偿的计算上，条约基本采取了计算征收前实际价值的方法，体现在条约用语上就是："所述的补偿，应等于宣布征收前一刻被征收的投资财产的价值，并包括直至付款之日的适当利息""补偿应相当于征收或即将采取的征收为公众所知前一刻的实际价值，应包括以正常利率计算的直至支付之日的利息""补偿应等于采取征收措施或其为公众所知前一刻的该投资的市场价值""补偿应根据投资在征收之日实际价值计算"等。尽管用语有所区别，但是都表明对补偿的计算是要以被征收投资

[1] 参见屈茂辉、张红：《论征收法律制度的几个问题》，载《法学评论》2003 年第 2 期。

[2] 参见陈安、蔡从燕编：《国际投资法的新发展与中国双边投资条约的新实践》，复旦大学出版社 2007 年版，第 120 页。

在被征收时的正常价值为标准。

我国缔结的 BIT 对估价问题的规定并不是十分明确。对市场价值估价方式大部分没有规定,少数有规定的仅仅用"普遍承认的估价原则"这样的用语来概括。对估价方法的重视随时间演进逐步加强,缔约技术的完善是估价方法比重增大的原因。这一过程体现了各国关注的重点逐渐从抽象的补偿原则向具体的补偿计算倾斜,这是一种更为务实的做法。

四、我国缔结 BIT 中的争端解决条款

我国缔结 BIT 中的争端解决机制条款主要涉及两个方面:一是缔约国之间就条约的解释与适用发生的争端;二是东道国政府与投资者之间因特定投资而发生的争端。其中,第一类争议属于作为国际法主体的两个国家之间的争议,适用国际公法关于解决国际争端的规则。第二类争议属于私人投资者与东道国国家间发生的争议。我国缔结的 BIT 中对此类争议的解决包括三种方式:友好协商、东道国国内救济以及国际仲裁。首先,投资者与东道国政府发生争议后,大部分 BIT 规定应进行协商,力争友好解决。[1] 经一定期限内的友好协商仍无法解决争议的,方可采用其他解决机制,因此协商为必经程序。关于协商期限,在协商之日起算,多数协定规定为 6 个月,少数协定规定为 3 个月[2]、5 个月[3]或 1 年[4]。如果争议不能通过协商解决,我国缔结的 BIT 一般规定有两种解决方法:东道国当地救济或国际

[1] 没有规定协商程序的 BIT 包括:中泰、中奥(地利)、中波(兰)、中巴(基斯坦)、中保(加利亚)(补偿额)、中加(纳)、中苏(联)、中匈(牙利)、中乌(克兰)、中白(俄罗斯)、中西(班牙)、中哈(萨克斯坦)、中吉(尔吉斯斯坦)、中乌(兹别克斯坦)、中以(色列)、中亚(美尼亚)、中巴(布亚新几内亚)。

[2] 中瑞(典)第 6 条第 3 款(2004 年修订)、中澳(大利亚)第 12 条第 2 款、中芬(兰)第 9 条第 2 款。

[3] 中巴(林)第 9 条第 2 款。

[4] 中叙(利亚)第 9 条第 3 款。

仲裁。

(一)以"中心条款"为视角的纵向分析

实践中,缔约国可以在投资协议中、本国国内法中或BIT中同意中心调解或仲裁的条款,这些条款通称为"中心"条款。[1] 由于我国BIT规定的国际仲裁主要是"中心"仲裁,其较好地展现了我国缔结的BIT中东道国管辖与国际救济的分配,以我国缔结的BIT中"中心条款"为分析重点,按照对常设国际仲裁机构管辖权的接受,大致可将我国缔结的BIT分为以下三个时期。

1.20世纪80年代:萌芽时期

从1982年我国与瑞典缔结第一个真正意义上的BIT直至20世纪80年代末,我国共与25个国家缔结了BIT。由于当时我国尚未加入1965年《关于解决国家和他国国民之间投资争端公约》(以下简称《华盛顿公约》),所以这一时期我国对外缔结的BIT中鲜有关于"中心"条款的规定。虽然有相当一部分BIT规定缔约一方的国民或公司与缔约另一方之间因有关在缔约另一方领土内的投资而发生争议(有的BIT进一步细化为就"有关征收补偿款额的争议")可提交给双方组成的国际仲裁庭,但此类国际仲裁庭一般仅限于由双方协议特别组成的临时专设仲裁(ad hoc arbitration),而不包括依据《华盛顿公约》组成的解决投资争端国际中心这一常设仲裁机构。有些BIT虽然明确提到了《华盛顿公约》,但从这些BIT的措辞看,其仍是"参考"《华盛顿公约》而制定仲裁规则或组成相应的调解委员会或仲裁委员会,并未规定缔约双方可将相关投资争议诉诸ICSID中心裁决。

这一时期的BIT虽然没有明确规定"中心"条款,但这并不意味着20世纪80年代末以前我国BIT与《华盛顿公约》及"中心"之间毫无关系。首先,有些协定要求专设仲裁庭在制定、决定或确立其仲裁规

---

〔1〕 参见余劲松:《国际投资法》(第5版),法律出版社2018年版,第386页。

则时，参照、依据“中心”仲裁规则。其次，有些BIT在条约正文中虽既未明确规定“中心”条款，亦未规定可参照《华盛顿公约》制定专设仲裁庭的程序规则，但却规定未来一方或双方成为“中心”成员国之后将投资争议提请“中心”解决。这种规定有些是直接在协定正文中规定的，有些则以换文、换函、谅解备忘录等形式来表现。[1]

从以上分析可知，虽然20世纪80年代我国尚未成为《华盛顿公约》的缔约国，我国缔结的BIT正文中也未见有关接受“中心”管辖的规定，但从一些涉及《华盛顿公约》及“中心”的条文以及BIT附件、议定书或谅解中的“嗣后条款”来看，我国与《华盛顿公约》以及“中心”仍存在某种间接的关系。这种间接的联系透露了一个信息，即在将来时机成熟时，我国将逐步接受“中心”体制。一旦我国加入《华盛顿公约》，“中心”条款即会“一触即发”。所以，这一时期可称为“中心”条款的萌芽时期。

2. 20世纪90年代：谨慎同意时期

随着我国在20世纪90年代初正式接受“中心”体制，[2]这一时期中国缔法的BIT中关于“中心”管辖的规定也如雨后春笋般接踵而至。从1992年9月30日中韩BIT中接受“中心”管辖起，我国在这个时期同外国缔结的62个BIT中，有15个BIT接受了ICSID的管辖。就这些BIT文本的规定内容而言，主要可以分为以下几种模式（如表5－1所示）。

---

〔1〕 如中德（换文1）、中法（换文）、中新（加坡）（谅解备忘录1）、中科（威特）（换文）、中斯（里兰卡）（谅解备忘录）、中英（换文）、中瑞（士）（换函）、中澳（大利亚）、中马（来西亚）（谅解备忘录）。

〔2〕 我国政府于1990年2月9日正式签署了《华盛顿公约》。1993年1月7日，经全国人大常委会审议通过，我国向世界银行总部提交了批准书，自1993年2月6日起，正式成为该公约第107个缔约国，接受了公约规定的“中心”仲裁体制。我国政府在递交加入公约批准书时即申明：“根据公约第25条第4款规定，中国政府仅将因征收和国有化而引起的赔偿争端提交ICSID管辖。”

表 5-1 BIT 中心条款模式

类型	中心条款规定模式	BIT
模式 1	如争议在 6 个月内未能协商解决，缔约一方投资者有权将争议提交：(1)接受投资的缔约一方有管辖权的法院；(2)有关补偿额的争议或其他双方同意的争议可提交依照 1965 年 3 月 18 日在华盛顿开放签字的《华盛顿公约》设立的国际投资争端解决中心。	中立(陶宛)、中马(其顿)、中巴(林)、中沙(特阿拉伯)、中以(色列)、中南(斯拉夫)
模式 2	如涉及征收补偿款额的争议，在诉诸本条第 1 款的程序(协商程序)后 6 个月内仍未能解决，可应任何一方的要求，将争议提交根据 1965 年 3 月 18 日在华盛顿签署的《华盛顿公约》设立的国际投资争端解决中心进行仲裁。缔约一方的投资者和缔约另一方之间有关其他事项的争议，经双方同意，可提交该中心。如有关投资者诉诸了本条第 2 款所规定的程序(当地救济程序)，本款规定不应适用。	中秘(鲁)、中韩、中智(利)、中冰(岛)
模式 3	如果争议在书面提出解决之日起 6 个月内不能由争议双方通过直接安排友好解决，该争议可/应按投资者的选择提交：(1) 投资所在的缔约一方有管辖权的法院，或者 (2) 1965 年 3 月 18 日在华盛顿开放签字的《华盛顿公约》下设的国际投资争端解决中心仲裁。为此目的，缔约任何一方对有关征收补偿额的争议提交本条款所述的仲裁程序均给予不可撤销的同意。其他争议提交程序应征得当事双方同意。	中加(蓬)、中喀(麦隆)、中也(门)、中摩(洛哥)
模式 4	如本条第 1 款的争议在争议一方自另一方收到有关争议的书面通知之日后 6 个月内不能协商解决，投资者有权选择将争议提交下述两个仲裁庭中的任意一个，通过国际仲裁的方式解决：(1)依据 1965 年 3 月 18 日在华盛顿签署的《华盛顿公约》设立的国际投资争端解决中心；(2)根据《联合国国际贸易法委员会仲裁规则》设立的仲裁庭。该规则中负责指定仲裁员的机构将为解决投资争端国际中心秘书长。	中巴(巴多斯)A9-2

在模式 1 的情形下，对于征收补偿额的争议，投资者既可以选择东道国国内救济，也可以选择“中心”的国际救济，而对于征收补偿额以外的其他事项的争议，投资者仅可在东道国进行救济。但是，从模式 1 条文的措辞看，投资者是否可以在进行了国内救济后，继续诉诸

国际救济，则无法得出明确的结论。

在模式 2 的情形下，无论是关于征收补偿额的争议，还是关于征收补偿额以外的争议，都可以在东道国国内救济和“中心”的国际救济间作出选择。在选择“中心”仲裁时，对于两类不同的争议具有不同的适用条件。在关于补偿额的争议方面，只要应任何一方的单方要求，就可以在一定期限协商未解决时提交“中心”解决；在关于补偿额的争议以外的其他事项方面，“中心”的管辖权必须依据双方另行达成的提交“中心”仲裁的协议，也就是说关于征收补偿额外的其他事项的争议并不能依据投资者单方的要求提交“中心”仲裁。模式 3 对这些适用条件进一步予以了明确：“缔约任何一方对有关征收补偿额的争议提交中心仲裁均给予不可撤销的同意。其他争议提交程序应征得当事双方同意。”与模式 1 对投资者是否可以先后进行国内救济与国际救济的问题语焉不详的情况不同，模式 2 明确规定投资者一旦诉诸国内救济程序，则排除了再进行国际仲裁的可能性。

值得注意的是，上述模式 1 至模式 3 的“中心”条款，与我国在加入《华盛顿公约》时向“中心”提交的可提交其进行仲裁的范围的“通知”基本一致，而模式 4 规定的范围却大大突破了“通知”的范围。从模式 4 的措辞看，对于因投资而发生的有关争议，投资者都有权提交“中心”仲裁，也即提交“中心”仲裁的争议范围从原来的有关争议补偿额的争议扩大到所有与投资有关的争议。根据《华盛顿公约》第 25 条第 4 款的规定，“通知”并不构成公约所要求的提交“中心”管辖的“同意”。因此如果“通知”的范围与我国特定的 BIT 中规定的范围不一致，应当视为东道国撤回了其以前所做的通知。换言之，《华盛顿公约》缔约国可以随时撤回根据第 25 条第 4 款所作出的通知。[1]

---

〔1〕 Aron Broches, *Book Review*: *Moshe Hirsch*, *Arbitration Mechanism of the International Center for the Settlement of Investment Disputes*, ICSID Rev. ——FILJ, Vol. 10, No. 1, Spring 1995, p. 163. 转引自陈安主编：《国际投资争端仲裁》，复旦大学出版社 2001 年版，第 83 页。

综合上述分析,20世纪90年代我国对外缔结的BIT中,有相当一部分已经纳入了"中心"条款,同意"中心"对特定争议事项的管辖。而从"中心"条款的具体规定模式看,虽然以中巴(巴多斯)BIT为典型的第四种"中心条款"模式极大地扩大了中心对投资仲裁的管辖,但大部分BIT仍将可以提交中心仲裁的事项严格地限定在与征收补偿额有关的争议,这与我国在加入《华盛顿公约》时所做的通知也是一致的。所以总体而言,这一时期可称为中心条款的"谨慎同意"时期。

3. 晚近:全盘同意时期

进入21世纪,中国缔结的BIT中纳入"中心"条款BIT比例进一步提高。从2000年至2007年年初,我国又签订了大约35个BIT,其中仅有7个没有接受"中心"管辖权,接受中心管辖权的大约有28个。具体来看,这一时期BIT中的"中心"条款主要采用了如下的模式:首先,规定如争议自一定期限(3个月或6个月)的协商后仍未能友好解决的,可以将争议提交缔约另一方有管辖权的法院解决或者提交国际仲裁庭仲裁。其次,在国际仲裁中,一般都规定可以在"中心"仲裁与专设仲裁庭仲裁中作出选择。最后,规定争议提交仲裁之前,缔约方可以要求投资者根据该缔约方国内的法律法规,用尽当地行政复议程序。一部分BIT还明确规定,如果投资者已经诉诸了国内救济程序,则关于国际救济的规定将不适用,[1]或一旦投资者将争议提交给相关缔约方的司法机构或"中心",对这两种程序中任何一种程序的选择都是终局的。

特别值得注意的是,自1998年中巴(巴多斯)BIT第一次全盘接受"中心"管辖以来,此类BIT的数量便急剧增加。2000年以来,我国在对外缔结BIT的过程中,对"中心"的管辖可谓全面开放,即对于缔约一方与缔约另一方投资者因有关投资而发生的任何争议,都有被提

---

[1] 但中荷BIT规定,如果争议与在荷兰王国领土内的投资有关,投资者可以选择在任何时候将争议提交国际争议解决。

交“中心”仲裁的可能性。只要投资者认为争议在其发生后的一定期限内未通过相关程序得以解决，该投资者单方面得就该争议提交“中心”，而无须再经东道国的同意，“中心”即可对该争议享有管辖权。

进入21世纪以来，随着我国对外投资能力的增强以及外资政策的转变，我国对ICSID公约及中心体制的态度也发生了巨大的变化。在我国所有对外缔结的BIT中，不但嵌入“中心条款”的BIT的比例进一步提高，而且对“中心”可管辖的投资范围也大大放松。

基于上述对中国缔结的BIT中争端解决重点条款的历史回顾析，我国在与外国缔结或修订BIT时，不宜采取“一刀切”的做法，而应根据缔约对方的政治、经济及法治状况，区分不同的缔约对象，订立不同的争端解决条款。从总体上，发展中国家由于经济大多处于起步阶段，法制不够健全，法治水平较低，在外国投资者与东道国发生投资争端时，往往无法提供充分有效的当地救济；外国投资者在这些国家投资面临较大的风险。而发达国家由于经济实力雄厚、法制健全，投资者面临的投资风险相对较小。所以，在同两类国家缔结BIT的过程中，就投资争端的解决在多大程度上接受“中心”的管辖权，应有相应的不同考量。

（二）中国BIT范本中的争端解决机制条款评述

2010年4月，商务部草拟《中华人民共和国政府和________政府关于促进和保护投资的协定》，亦被称为《中国投资保护协定范本》（草案），其中第12条和第13条分别对应缔约双方间争议解决、投资者与缔约一方争议解决。有观点认为，BIT的创造性在于为投资者与东道国政府之间寻求一条非政治化解决途径。[1]

关于投资者与东道国的争端解决机制，该范本提供了四种选择方

〔1〕参见温先涛：《〈中国投资保护协定范本〉（草案）论稿（三）》，载《国际经济法学刊》2012年第19卷。

式，即缔约另一方有管辖权的法院、根据1965年3月18日在华盛顿签署的《华盛顿公约》设立的解决投资争端国际中心仲裁解决、依据联合国国际贸易法委员会仲裁规则设立的专设仲裁庭、经争议双方同意的任何其他仲裁机构或专设仲裁庭。以上四种方式的选择应当是终局性的。同时，该条款要求投资者在提起国际仲裁之前需要用尽另一缔约方法律和法规所规定的国内行政复议程序。此外，该范本主要围绕仲裁庭的法律适用、裁决形式、裁决性质以及裁决费用等内容作出了说明。

从我国范本中的相关内容来看，其中的争端解决机制条款强调争端解决方法的单一选择以及用尽当地救济原则，相比现有对外缔结BIT的规范更加详细，但并没有过多关注裁决的程序包括透明度、公众参与等问题。

（三）我国参与BIT争端解决机制实例

根据ICSID秘书处的统计，我国已经在国际投资争端解决中心参与案件共计14件。其中，由包括我国香港特别行政区投资者在内的投资者提起仲裁案件9件，我国作为被申请方的案件5件。目前已经处理完毕的案件9件。[1] 这些案件中，谢业琛与秘鲁国政府案涉及中国与秘鲁签订的BIT是否保护我国香港特别行政区投资者的问题、马来西亚易加兰公司与我国政府案经过协商和解、平安保险与比利时政府的投资仲裁案件则围绕我国与比利时政府签订的两项BIT所涉及的管辖权问题。中国投资者对于国际投资争端解决机制开始逐步了解并接受，涉及争端领域包括建筑业、能源业等产业。上述案件基本案情依次整理如下：

中国香港居民谢业琛与秘鲁的投资仲裁案中，秘鲁国家税收监督

〔1〕 International Center for Settlement of Investment Disputes：Cases，available at https://icsid. worldbank. org/cases/case – database，last visited on 7 Oct. 2021.

管理局(SUNAT)经审计于2015年对秘鲁公司TSG Perú S. A. C(以下简称TSG公司)发布巨额税收决定和罚款,并发布三份执行令,冻结相关账户资金,扣押部分动产。TSG公司在秘鲁当地法院提起行政申诉及上诉,诉求均被驳回。上诉期间香港居民谢业琛由原先间接持股转为直接收购TSG公司90%股份。2006年,谢业琛依据中秘BIT向ICSID提出仲裁请求,主张秘鲁政府违反BIT下的提供公平公正待遇义务、保护投资义务、征收补偿义务和允许投资收益转移义务。秘鲁政府提出五项管辖权异议(申请方不是BIT规定的投资者、未在争端发生前作出投资行为、未完成征收这一请求的初步举证、请求不在BIT范围内、最惠国待遇不应被用于扩大管辖范围)。对此,仲裁庭裁定对征收事项具有管辖权。此后,在2011年仲裁庭作出最终裁决,裁定秘鲁政府存在BIT规定的征收行为并应作出相应赔偿。裁决作出后,秘鲁政府依据ICSID公约以仲裁庭存在滥用职权等情形为由,申请撤销全部裁决。同年,ICSID秘书长对此决定中止原裁决执行后,2015年专门委员会最终作出不予撤销仲裁裁决的决定并恢复原裁决的执行。

中国平安人寿保险有限公司和中国平安保险(集团)股份有限公司(本节以下统称中国平安)与比利时投资仲裁案发端于2008年金融危机中,当时跨国金融公司Fortis集团陷入资金困境,求助于比利时国家银行的贷款。此前,中国平安通过收购成为Fortis的单一最大股东。以股权转让为条件,比利时银行同意提供紧急资金援助,分别采取了两次救市措施。两次干预后,经股东大会投票,2009年Fortis下子公司FBB的75%股份最终转让给法国巴黎银行。此过程中,中国平安的综合持股比例进一步被稀释,投资价值骤减。2012年,中国平安依据1986年BIT的实体义务和2009年BIT的救济程序,针对比利时向ICSID提出仲裁申请,主张比利时政府违反BIT中规定的保护投资、公平待遇、征收补偿、正当程序等义务,使中国平安遭受了不公平的情势。比利时随后基于属时管辖权、属事管辖权、仲裁合意、不存在纠纷和礼让原则五个角度提出管辖权异议。对此,仲裁庭支持了属时管辖权异议,认为2009年BIT下的救济措施不能适用于在其生效前已经据1986年BIT进行通知但未进入仲裁或司法程序的争议。至此,仲裁庭最终裁定对案件缺乏管辖权,驳回中国平安的请求。

北京城建集团与也门的投资仲裁案中,北京城建集团中标也门萨那国际机场二期项目建设,并与也门民航气象局签署建设合同。在项目建设过程中,也门当局采取一系列措施阻碍北京城建履行合同义务,并于2009年以北京城建违约为由要求终止合同。2014年北京城建依据中也BIT向ICSID提出仲裁申请,主张也门政府构成强制征收行为。在管辖权问题上,双方主要围绕北京城建作为国有企业是否符合私人投资者定义,征收补偿数额争端是否包括征收补偿争端本身,最惠国待遇能否规避有限争议解决条款,工程承包是否属于合格投资范畴以及是合同索赔或是条约索赔等焦点展开辩论。仲裁庭虽认为最惠国待遇条款不能用于扩大也门政府对争议解决的同意范围,但裁定其对北京城建的征用指控索赔具有管辖权。进入实体审理阶段后,本案因当事人双方达成和解,申请终止仲裁程序而告终。

赛诺投资有限公司(中国澳门特别行政区)(本节以下简称赛诺公司)与老挝的仲裁案中,自2007年开始,赛诺公司在老挝开展了包括其与ST集团合资发展博彩与酒店业在内的多项投资。在投资过程中,赛诺公司与老挝政府发生争端。2012年,赛诺公司据中国老挝BIT对老挝提出临时仲裁请求,仲裁庭指定新加坡为仲裁地,常设国际仲裁院为登记机构以及适用UNCITRAL规则。其间,老挝政府提出的中国老挝BIT不能适用于中国澳门特别行政区以及双方并未构成仲裁合意等管辖权异议未得到仲裁庭支持。老挝政府因此向新加坡最高法院高等法庭请求审查仲裁裁决,其关于中国老挝BIT不适用于中国澳门特别行政区等主张得到了支持。此后,赛诺公司向新加坡最高法院上诉法庭提出上诉,上诉法庭最终认定仲裁庭对赛诺公司的仲裁请求具有管辖权。最后常设国际仲裁院于2019年最终裁决因证据不足,驳回赛诺公司有关征收的仲裁请求。

渣打银行(中国香港特别行政区)有限公司与坦桑尼亚共和国投资仲裁案中,渣打银行(中国香港特别行政区)有限公司于 2009 年收购了坦桑尼亚独立电力公司。但在 2010 年因坦桑尼亚独立电力公司此前与坦桑尼亚电力供应有限责任公司的电力购买协议履行过程中的争议,原本放在坦桑尼亚中央银行第三方托管账户的争议款项被放贷给坦桑尼亚泛非电力公司,用于购买坦桑尼亚独立电力公司 70% 的股份。因此,2015 年渣打银行(中国香港特别行政区)有限公司向 ICSID对坦桑尼亚政府提出投资仲裁申请,2019 年仲裁庭最终裁决坦桑尼亚政府违反执行协议并承担相应赔偿责任。本案与 2010 年渣打银行(英国)v. 坦桑尼亚共和国,2010 年渣打银行(中国香港特别行政区)有限公司 v. 坦桑尼亚电力供应有限责任公司为关联案例。

马来西亚伊佳兰公司与中国政府仲裁案中,伊佳兰公司与中国文化艺术有限公司共同出资设立位于中国的子公司——海南中马文化艺术有限公司(以下简称中马公司)。中马公司与海南政府签订土地租赁协议,但因其一直未使用该土地,2004 年海南政府根据《城市房地产管理法》和《海南经济特区土地管理条例》的相关规定收回对涉案土地的使用权。伊佳兰公司于 2011 年向 ICSID 提起仲裁请求,要求中国政府作出征收补偿。本案未进入实体审理阶段,双方达成和解协议结案,中止仲裁程序。基于本案现有公开资料,案件管辖权可能涉及的争议焦点如下:中马 BIT 是否含有对 ICSID 管辖权的同意;除征收数额外的争端是否包含于中马 BIT 的可仲裁事项内;中国加入 ICSID公约时所作通知是否会限制 BIT 的可仲裁事项范围;投资者是否可援引最惠国待遇条款适用第三方投资协定中的争端解决条款。

韩国安城住房有限公司(韩国)(本节以下简称安城公司)与中国政府仲裁案中,安城公司于 2006 年收购射阳海滨国际高尔夫球场有限公司,并与射阳港工业管理委员会签订协议,约定在高尔夫球场建设后政府应提供用于配套设施开发的 300 公顷土地。此后在建设过程中,就 300 公顷土地的使用权问题,双方产生了争端。2014 年,安城公司根据中韩 BIT 向 ICSID 申请仲裁。相应地,中国提出安城公司超出 BIT 所规定仲裁时效等管辖权异议。对于管辖权部分,仲裁庭认为 BIT 中并未规定将最惠国待遇延展至仲裁时效内容,因此驳回安城公司的仲裁请求。

德国海乐西亚泽公司(本节以下简称海乐公司)与中国国际投资仲裁案中,前身为中外合资企业济南海乐西亚泽食品有限公司的德国独资企业海乐公司,于 2004 年迁入济南华山片区厂房。2014 年济南市政府作出征收公告,海乐公司厂房位于拆迁范围之内。海乐公司在国内法院提起行政诉讼寻求救济未果。2017 年地方法院依据济南市政府申请作出强制行政裁定。海乐公司于 2017 年据中德 BIT 对中国提起投资仲裁请求。本案目前仍在审理中,仲裁期间海乐公司房屋及附属设施已被强制执行。

五、完善我国 BIT 争端解决机制的建议

结合我国双边投资保护条约中的争端解决机制及其运用的实践,在对比各主要 BIT 范本的基础上,为更好地适应国际投资争端的发展,对我国 BIT 中争端解决机制的完善可以从以下方面进行:

(一)争端解决机制的适用范围需要进一步明确

综观我国对外缔结的 BIT,目前就适用范围仍存在不统一的状况。20 年代 80 年代的 BIT 虽然含有争端解决机制条款,但通常并没有明确区分国家间的争端解决机制与国家投资者争端解决机制。20 世纪 90 年代缔结的多数 BIT 则通常将提交争端解决的范围限定于“征收补偿款额”。这样,不同年代产生的 BIT 对争端解决机制的不同要求也会导致我国在国际投资领域中与不同国家的争端解决机制适用范围不一致现象的出现。进入 21 世纪以来,我国已经逐步和法国、德国、荷兰等主要投资国家适时更新修订了 BIT,但仍然存在 BIT 适

用范围不一致的情形。值得注意的是,通过最惠国待遇扩大投资仲裁庭管辖权的案例在实践中也频繁出现并引发争议。在最惠国待遇适用范围上,我国新版 BIT 已经去除了任何模糊或扩张解释的可能性。[1] 尽管如此,我国现有的 BIT 中争端解决机制的差异仍有可能在实践中产生争议。

(二)统一争端解决机制的运用方式与相应要求

通常,国际投资争端的解决在 BIT 及其范本中都会明确国内救济与国际仲裁的相互关系,该争端解决条款也被称为"岔路口"(fork - in - the - road)条款。通过梳理主要国家的 BIT 范本,可以发现其建议的运用方式主要包括协商与仲裁。在我国对外缔结的 BIT 中则包含协商、作为争议一方的缔约方有管辖权的法院、仲裁。此时,协商、国内法院与国际仲裁是否隐含着"三步走"的顺序位置,仍不得而知。印度范本中明确了用尽当地救济作为投资者提起国际投资仲裁的前提条件,可以为我国在今后缔结或修订 BIT 的实践提供启示与参考。作为解决投资争议的国内方法,是否必须诉诸当地救济及其作为强制性条约义务的程度,因投资争端的类型和条约之间规定的不同存在较大差异。[2] 应当说,用尽当地救济原则作为一项习惯国际法规则,缔约方在争端发生前后应通过明示或默示的方式确定是否适用,如通过投资者和东道国之间的选择来进行确定。

(三)增加运用争端解决方式具体条件的规定

当前,我国 BIT 范本对提交国际投资仲裁仅作出了协商时限通常为 6 个月的要求,相比主要国家 BIT 范本的要求略显简单。在运用投

---

〔1〕 参见沈伟:《论中国双边投资协定限制性投资争端解决条款的解释和适用》,载《中外法学》2012 年第 5 期。

〔2〕 参见杨卫东:《双边投资条约研究:中国的视角》,知识产权出版社 2013 年版,第 171 页。

资争端解决的过程中，包括时限、通知在内的具体要求更加具有实践意义。例如，投资者将争端提交国际投资争端解决中心之前对东道国的通知义务及其具体要求通常在我国已经缔结的 BIT 中是有所缺失的。仅有近期的少数协定中注意到提起仲裁的具体要求，如 2007 年修订的同古巴政府的 BIT 要求提起仲裁的通知应当包括：投资者的名称和住所、认为缔约方所违反的协定可适用的法律条文、仲裁请求的事实和法律基础以及大致的损失数额和请求赔偿的数额。[1] 2012 年我国和加拿大政府的 BIT 则对时限要求进一步明确，要求在诉请提请仲裁至少 4 个月前，投资者已以书面形式向争端缔约方递交诉请提请仲裁的意向通知。[2] 可见，上述近期的协定对运用争端解决方式具体条件的要求已经在逐步完善的过程中，也将对我国今后的缔约和修约实践提供一定的参考。

（四）考虑对争端解决机制中程序性内容的关注

近年来，国际争端解决机制对程序性问题的关注也延伸到 BIT 中来。以主要国家的 BIT 范本为例，对争端解决过程中的程序公平问题特别关注，如考虑争端解决的透明度和公众开放问题、对于非缔约方及其意见的尊重等，部分协定范本如美国、加拿大、印度范本几乎试图规范通过仲裁解决投资者东道国投资争端的全部过程。对比我国对外缔结的 BIT，目前也仅有同加拿大政府的 BIT 第三部分涉及非争端方和公众参与的内容。随着国际投资争端解决机制的逐步开放，修订增加有关争端解决程序性安排不仅有助于我国完善 BIT 内容的本身，也有助于包括我国投资者在内的主体在未来充分参与国际投资争端解决实践。

---

〔1〕《中华人民共和国政府和古巴共和国政府关于促进和相互保护投资协定的修订》第 9 条。

〔2〕《中华人民共和国政府和加拿大政府关于促进和相互保护投资的协定》第 21 条。

（五）修订条约时恰当处理新约与旧约的相互关系

鉴于我国签订 BIT 的庞大数量，未来我国极有可能逐步修订完善已有的早期 BIT。目前，我国已经通过更新协定或增加议定书的方式修订了先前同瑞典、德国、法国、比利时和卢森堡、芬兰、荷兰、瑞士、保加利亚、葡萄牙、西班牙、罗马尼亚、乌兹别克斯坦、尼日利亚、古巴等国的 BIT。其中，值得注意的问题是在修订或更新的过程中处理好新约和旧约之间的关系，明确新旧条约各自的适用期限与情形。在平安保险对比利时政府的投资仲裁实践中，我国投资者的主张在管辖权阶段被驳回的主要原因就在于仲裁庭对所援引的新约中过渡条款与争端解决条款的不认可。因此，我国在未来修订条约的实践中，有必要充分重视过渡条款中对争端解决机制的规范，将已经进入司法或仲裁程序的争议、已经通知但未成熟到可以进入司法或仲裁程序的争议、新约生效后发生的争议所适用的条约予以明确，妥善处理新旧 BIT 之间的相互关系。

六、对我国缔结 BIT 其他条款的建议

我国对外签订的 BIT 整体上较为简洁，在未来服务海外投资的过程中也将面临修订和完善。除了上述条款外，近期我国对外签订的部分协定增加了例外条款以及利益拒绝条款，也将为我国今后缔结或修订 BIT 提供参考。

综观我国对外签订的国际投资条约，尤其是双边投资条约，其中含有例外条款的国际投资条约所占比重依然较小，仅出现在近年来的投资协定之中，如中国土耳其 BIT（2020 年）第 4 条规定了一般例外条款，中国日本 BIT（2014 年）第 18 条规定了安全例外条款，中国加拿大 BIT（2012 年）也有部分例外规定。对例外条款规定相对较为全面的是中日韩投资协定，内容涉及安全例外、审慎例外。在我国同他国已经签署的自贸区中，绝大部分协定均包含了例外条款，并以一般例外

为主,适当加入安全例外。[1] 例外条款的历史沿革尽管可以追溯至GATT,但是由于国际投资协定中的发展较晚,而我国对外签订的大量BIT集中在20世纪八九十年代,因此例外条款在我国对外缔结的BIT中极为有限,且仅集中在新近签订的BIT之中。

随着例外条款在区域经贸协定中的兴起,以国家安全为标志的例外条款引起了多数经济体的广泛关注。一般例外与安全例外通常对措施施加相应的限制,要求协定不得被解释为阻止采取相应措施。审慎例外则将某一政策领域或产业整体排除在条约范围之外。[2] 例外条款以一般例外、安全例外、审慎例外为主体,实际上在国际投资中的东道国管制权行使与投资者权利保护之间寻求一定平衡。作为海外投资和外商投资的双向投资流动大国,我国有必要在未来BIT修订过程中纳入例外条款,从而为东道国与投资者之间的均衡进行必要考量,尤其是通过例外条款设立必要的管制与保护措施。

在2012年我国同加拿大缔结的BIT中,一般例外条款成为排除协定适用范围的重要的方式。根据该协定,一般例外所排除的范围包括与文化产业相关的措施、通常例外、根本安全例外、金融审慎例外和货币信贷政策例外。其中,涉及确保遵守法律法规、保护人类动植物生命健康、保护可耗尽自然资源相关措施的例外必须满足不以武断或不合理之方式适用,或不构成对国际贸易或投资的变相限制。对于根本安全利益,协定表述为与武器,弹药和战争工具的贸易有关,并与直接或间接为军事或其他安全设施之目的而进行的其他货物、材料、服务和技术的贸易和交易有关的措施;在战时或其他国际关系紧急情况时采取的措施;或者此类措施与执行关于不扩散核武器或其他核爆炸装置的国家政策或国际协定有关的措施;阻止缔约方根据联合国宪章

〔1〕 中国自由贸易区服务网已签协定的自贸区协定专题,载中华人民共和国商务部网站,http://fta.mofcom.gov.cn/index.shtml,访问日期:2021年7月2日。

〔2〕 See Caroline Henckels, *Should Investment Treaties Contain Public Policy Exceptions*, Boston College Law Review(2018), Vol. 59, p. 2828.

为履行维护国际和平与安全义务而采取行动。至此,我国在对外签订的 BIT 中已经形成了例外条款,并几乎涵盖了缔结阶段可能考虑的例外情形。随着今后我国缔结或修订条约进程的推进,例外条款也将成为一项重要的谈判工具,可以考虑对例外条款进行区分,包括根本例外与一般例外、金融审慎例外、机密例外等典型条款,从而更好地体现作为缔约方政府的管理职能。

另一项值得关注的新型条款可称为利益拒绝条款,近期出现在我国 2013 年同坦桑尼亚缔结的 BIT 之中。根据该条款,如果存在企业是由非缔约方的国民或企业拥有或控制,且缔约一方与该非缔约方没有外交关系;缔约一方针对该非缔约方采取一定的措施禁止其与该非缔约方投资者进行交易,或者给予协定项下的利益会违反或阻碍该措施;该企业在另一方领土内未从事实质性商业经营,则缔约一方可拒绝给予缔约另一方的企业及其投资以本协定项下的利益。同样,如果一项投资是由缔约一方的国民或企业拥有或控制的企业在该缔约一方进行,且该企业在缔约另一方领土内未从事实质性商业经营,缔约一方可拒绝给予该企业享有缔约另一方的企业及其投资以本协定项下的利益。该类利益拒绝条款起初主要用于拒绝外交保护,之后才被逐渐引入专门的投资保护条约。[1] 利益拒绝条款广泛被运用于世界范围内的双边保护协定甚至区域、多边协定的主要原因在于其能够有效防止第三方利用现存的 BIT“搭便车”以及未从事实质商业活动的缔约方套用 BIT。当然,利益拒绝条款作为投资保护的例外,未来还将在具体适用的问题上通过协商谈判进一步明确。

此外,我国近期对外签订的 BIT 中还包含了有关透明度要求的规定。如在当前生效的双边投资协定中,中国与墨西哥于 2008 年签订的 BIT 和中国与加拿大于 2012 年签订的 BIT 包含了透明度规则。

---

〔1〕 参见马迅:《国际投资条约中的“利益拒绝”条款研究》,载《中国海洋大学学报(社会科学版)》2013 年第 1 期。

2008年中墨BIT，仲裁裁决应当公开，争端当事方另有约定除外。2012年中加BIT第17条规定了法律、法规与政策的透明度，要求为促进理解与涵盖投资相关或影响涵盖投资的法律与政策，每一缔约方均应：公布这些法律与政策，并使其易于获得；应要求向另一缔约方提供特定法律与政策的副本；以及与另一缔约方磋商，以对特定法律与政策进行解释。对于与投资准入条件相关的法律、法规与政策，包括申请与注册程序、评估与审批标准、处理申请及作出决定的时间表，以及对决定的复议或申诉程序，每一缔约方均应确保能够为另一缔约方投资者所知悉。此外，该规范还鼓励缔约方提前公布其计划采取的任何措施；向利害关系人及另一缔约方提供对其计划采取的措施进行评论的合理机会。

尽管目前我国在BIT特别是争端解决机制方面并没有同意在以条约为基础的投资者与国家争议中增加透明度条款，但是上述两项协定的出台依旧表明我国已经在双边投资协定中纳入透明度规则，除了信息保密要求之外相关仲裁文件应当供公众获得并开放。当前，中美双边投资协定谈判也涉及透明度要求，随着区域与碎片化投资规则对透明度要求关注的上升，未来我国也极有可能在国家投资者争端中主动运用仲裁方式解决争端并逐步确立透明度规则。当然，透明度规则也将积极促进我国国内投资相关法律政策的开放和透明，逐步完善我国国内投融资体系并同世界接轨。透明度规则的逐步确立与完善也将提升国际直接投资对中国投资环境的信任，形成更加开放和稳定的投资环境，吸引外国资本的流动。以透明度规则为契机，我国在未来缔结或修订双边投资协定、参与并主导区域投资规则的过程中，均可以充分提升自身的话语权。从海外投资的视角来看，作为投资母国的政策与法律支持，以投资者的身份来发展透明度规则本身就利于保护中国企业在海外投资的根本利益，为中国的企业建立起一个更加稳定和可靠的投资环境，推进我国“一带一路”投资布局与倡议的实施。

第五节　中国海外投资区域与多边争端解决体制的构建

在区域与多边层面,能够为海外能源投资提供较为体系化保障的机制当属争端解决机制。当前,区域投资争端解决机制正在逐步形成的过程中,我国也在积极参与区域投资规则特别是争端解决规则的制定。由于先前努力的失败,多边投资体制目前仍然呈现碎片化的局面,以国际投资争端解决中心为代表的投资争端解决机制仍发挥着主要作用,我国正在也将在未来通过运用多边投资争端解决机制为海外投资者提供更多的保障。

一、我国海外投资区域争端解决体制的构建与完善

我国已经通过自有贸易协定、综合经济协定等一系列方式有限度地参与了区域层面投资规则的制定,但仍然受制于地理范围的限制,没有向更加广泛的区域投资谈判平台迈进。未来,我国在参与区域投资规则的形成以及提高自身话语权方面仍有较大空间。

(一)我国参与区域层面投资争端解决机制现状

在全球经济一体化、区域经济合作增强的背景下,近年来我国也逐步参与了区域层面的合作协商,并形成了包括中日韩投资保护协定、中国东南亚国家联盟全面经济合作框架投资协议、亚太经济合作组织、上海合作组织等在内的区域合作框架协议。就我国目前在区域层面上参加的协定中的争端解决机制构建而言,体现出如下特征:

1. 处于起步阶段、局限相近区域

我国目前区域领域内合作的主要伙伴包括东亚、东南亚、亚太、中亚等国家地区,基本上构成了以我国为中心、辐射周边国家的现状。就达成的区域协定的形成来看,我国参与区域层面的实践时间较短,

主要局限于相近区域，往往通过区域性国际组织平台达成相关协定。在有关投资领域的区域安排中，除了中日韩投资协定、中国与东盟的经济合作协议外，当前尚未完全形成各区域内特有的争端解决机制。譬如，现有 APEC 框架下有关投资保护与促进的内容主要以原则和宣言为主：2008 年 APEC 部长会议发布《投资促进行动计划》，旨在提升 APEC 成员经济体之间的竞争性与可持续发展，该计划以政策领域的行动为主来促进改善 APEC 的投资环境。[1] 此外，APEC 曾于 2011 年修订并发布不具有约束性的投资原则。上海合作组织主要涉及关于投资和贸易便利化、投资项目评估和实施方面的协定，如 2001 年 9 月 14 日签署的《贸易投资便利化备忘录》及其 2002 年 5 月的议定书；2007 年 11 月签署的《上海合作组织银行联合体成员投资项目筛选、评估和实施协作条例》。[2] 但上述两项以区域为平台的框架并没有真正涉及投资争端解决机制，可以说仍处于区域层面投资争端解决机制的起步阶段。

2. 条款较为温和、解决方式单一

就我国现已形成的区域协定中的规范内容来看，涉及争端解决机制的规范基本上较为温和。中日韩投资协定以及中国东盟经济合作协议均包含了投资者国家争端解决机制，但仍以我国对外签订的 BIT 中的内容为蓝本制定。在争端解决的运用方式方面，除仲裁外中日韩投资协定没有明确替代性争端解决方式，仅提及投资争端当事方的缔约方之间应当尽可能通过友好协商解决。中国东盟经济合作协议也仅仅建议争端所涉方应尽可能通过磋商解决争端。唯一涉及“冷却期”的规定为：如果提出磋商和谈判的书面请求后 6 个月内，争端仍未

---

[1] APEC Investment Experts' Group, available at http://www. apec. org/Home/Groups/Committee - on - Trade - and - Investment/Investment - Experts - Group, last visited on 27 July 2021.

[2] 参见阿不都热合曼·卡德尔：《上海合作组织经济合作法律机制研究》，社会科学文献出版社 2013 年版，第 130 页。

解决,投资者则有权选择提交解决争端。[1] 可见,根据已有的争端解决机制规范,仲裁几乎将成为解决投资者与国家之间争端的唯一方式。在仲裁机构的选择方面, ICSID 及其附加便利规则、UNCITRAL 仲裁以及各方同意的其他规则均可能进行仲裁。

3. 谨慎运用机制、程序规范不足

基于我国对外签订 BIT 基础而产生的区域投资协定中的争端解决条款在制度设计方面仍然较为谨慎。在提交争端解决的范围方面,中国东盟经济合作协议限定为违反国民待遇、最惠国待遇、投资待遇、征收、损失补偿、转移和利润汇回,通过对投资的管理、经营、运营、销售或其他处置等行为给投资者造成损失或损害的投资争端,并排除了协议生效之前已经发生或解决或进入司法或仲裁程序的投资争端、投资者拥有争端所涉缔约方的国籍或公民身份的情形。由于美国、加拿大等双边投资范本均允许外国投资者直接将争端提交国际仲裁庭,事实上剥夺了东道国对每一案件的"逐案审批同意"权。[2] 我国在区域协定的争端解决机制中采取较为谨慎的态度,也体现出从发展中国家视角出发避免过于被动的考虑。

从现已形成的区域投资协定的争端解决机制来看,程序性规范的内容稍显薄弱。尽管中日韩投资协定已经明确投资者提交请求中应当包含的内容以及提交的相应部门,[3] 但是仍然没有建立起从争端解决机制全过程的程序要求,也没有强调对争端解决的有效监督如透明度、非争端方以及公众参与等。事实上,程序公正的要求主要是应

---

[1] 《中国—东盟全面经济合作框架协议投资协议》第 14 条,载中国自由贸易区服务网, http://fta. mofcom. gov. cn/dongmeng/dongmeng_special. shtml,访问日期:2020 年 8 月 9 日。

[2] 参见陈安、蔡从燕:《国际投资法的新发展与中国 BIT 的新实践》,复旦大学出版社 2007 年版,第 370 页。

[3] 《中华人民共和国政府、日本政府及大韩民国政府关于促进、便利及保护投资的协定》第 15 条,载中华人民共和国商务部条约法律司,http://tfs. mofcom. gov. cn/article/h/at/201405/20140500584816. shtml。

对国际投资争端解决机制中出现的利益冲突事项。据统计，国家投资者争端解决机制中的仲裁员中有过半具有在其他的国家投资者争端解决机制中为投资者担任律师、有约10%具有在其他的国家投资者争端解决机制中为东道国担任律师情形，因而极有可能导致案件中仲裁员的利益冲突。[1] 正因如此，以CPTPP、CETA、USMCA等为代表的区域投资协定充分强调争端解决程序规范的重要性，极力增加对仲裁庭组庭过程中各方权利的尊重、仲裁裁决过程中的信息透明化与公众参与权利。相比之下，我国目前形成的区域投资协定中尚未考虑到对争端解决机制程序的细化要求，有可能在争端解决实际运作中产生一定的困难。

（二）区域协定投资争端解决机制发展的启示

由于参与区域协定争端解决机制规则有限，我国未来在区域协定投资争端解决机制的发展中仍具有较大的潜力。梳理当前区域协定中投资争端解决机制的发展将为我国提供有益的启示。

1. 多边碎片化背景下的区域主导已成为常态

自"二战"后，全球社会就曾对多边投资法制的确立作出不懈的努力。然而至20世纪中叶，多边投资协定（MAI）的流产再次表明国际投资领域之间的尖锐矛盾难以调和。多边投资协议通常包含影响东道国政府、投资母国政府以及跨国公司三方的权利和义务，因而困难重重。[2] 除ICSID、MIGA仍长期运作外，专门针对国际投资领域的综合性制度规范仍然缺失。毫不夸张地说，多边层面投资法律制度早已呈现碎片化的状态。

事实上，多边碎片化背景下的区域主导协定也在一定程度上延续

---

〔1〕 See Laura Henry, *Responding to Public Concerns over Investor State Dispute Settlement Clauses in APEC Free Trade Agreements*, Journal of Korean Law (2013), Vol. 12, p. 203.

〔2〕 See Lois T. Wells, *The Emerging Global Regime for Investment: A Response*, Harvard International Law(2010), Vol. 52, p. 45.

了多边层面未能达成的谈判进程。MAI 文本第五部分中的争端解决方式为投资者提供了东道国国内法院或仲裁庭以及国际仲裁庭的两种模式,其中后者涵盖了 ICSID 及其附加便利规则、UNCITRAL、ICC 三类全球知名仲裁规则的选择。[1] 区域层面的协定进展,一方面避免了大量签订或修订 BIT 的重复性,另一方面也可以将正在谈判或协商中的自由贸易协定尽可能扩张其适用范围。

就投资者国家争端解决机制而言,其赋予投资者广泛的权利"对抗"东道国政府管理行为,通过常见的仲裁解决方式以敦促补偿支付的方式解决投资者与东道国之间的投资争端,也成为区域协定层面的关注焦点之一。

2. 区域争端解决机制运作源于双边、高于双边

BIT 对外国投资者及其投资提供了充分的保护,其中的争端解决机制更是发挥了创造性的作用,使国家和投资者在解决争端的同时维持相互间关系,并为受到损害的投资者提供了恰当的救济。[2] 应当说,BIT 中争端解决机制对投资者的保护效果是积极和直接的,多数国际投资仲裁庭的裁决对此提供了有力的例证。

BIT 尤其是近期的美式协定范本同 CPTPP 具有较强的关联性。从条款的全面性而言,2012 年美国 BIT 范本的内容完全覆盖甚至超过了 CPTPP 投资章节的内容,可以说缔结 BIT 是之前参加 TPP 投资条款的充分条件。[3] 作为一项区域综合协定,CPTPP 的目标在于促进"贸易和贸易相关事项",试图在伙伴关系下为达成既定目标提供参

---

〔1〕 See Razeen Sappideen, Lingling He, *Investor – State Arbitration: The Roadmap from the Multilateral Agreement on Investment to the Trans – Pacific Partnership Agreement*, Federal Law Review(2012), Vol. 40, p. 211.

〔2〕 See Nancy A. Welsh, Andrea Kupfer Schneider, *The Thoughtful Integration of Mediation into Bilateral Investment Treaty Arbitration*, Harvard Negotiation Law Review (2013), Vol. 18, p. 75.

〔3〕 参见沈铭辉:《美国双边投资协定与 TPP 投资条款的比较分析——兼论对中美 BIT 谈判的借鉴》,载《国际经济合作》2014 年第 3 期。

考规范体系。为了确保进一步消除贸易壁垒,达成促进经济一体化的有效手段,CPTPP 在投资领域继续推行高标准的开放政策,如采用负面清单促使成员国全面对外国投资者开放,仅允许少量附件例外安排。[1] 此外,投资领域有关投资待遇的规范也积极推动了市场准入。

美式协定在投资保护层面更加注重投资者的保护,特别是投资政治风险的保护与处理,加强了对代位求偿权以及投资争端解决制度的规定。在投资争端解决机制方面,以 CPTPP、CETA 为代表的区域规范事实上延续了当前 BIT 的最高标准,并细化了投资争端解决机制的程序要求,试图打造更加透明、公正的投资争端解决全程监督体系。在双边层面难以推进的投资高标准,部分国家转而以区域谈判的方式吸引多国共同参与,区域投资协定中的争端解决机制在一定程度上扩张了原先双边模式下争端解决机制的影响。

3. 应以主动姿态积极参与区域规则制定

当前,国际投资谈判转向区域层面,正在或已经形成了以强有力争端解决机制为代表的投资自由化内容的协定。然而,我国在对外投资自由化谈判中实际上裹足不前,投资议题往往止步于投资保护方面,这样大大束缚了中国在区域经济合作中的步伐。[2] 就我国目前形成的具有约束力的区域协定来看,仅中日韩投资协定以及中国东盟经济合作协议涉及争端解决机制。我国正在参与一系列自由贸易协定的谈判,并推动亚太地区经济一体化的建设。RCEP 在投资领域提供既有战略性又有针对性的指导,并敦促成员国以积极建设性的姿态继续参与谈判进程是各国部长们的承诺。[3] 在全球主要经济体正在

---

〔1〕 Ad hoc Editoral Committee, *Trans - Pacifica Partnership Agreement was Reached*, Journal of East Asia & International Law(2015), Vol. 8, p. 506.

〔2〕 参见崔凡、赵忠秀:《当前国际投资体制的新特点与中国的战略》,载《国际经济评论》2013 年第 2 期。

〔3〕 商务部新闻办公室:《〈区域全民经济伙伴协定〉(RCEP)第四次部长级会议在老挝举行》,载 http://www. mofcom. gov. cn/article/ae/ai/201608/20160801374072. shtml。

克服国际投资体系破碎化的背景下,我国应当更加主动参与区域协定谈判,并提出投资争端解决的建设性方案,引领国际投资保护标准走向,最终形成有利于自身竞争的国际投资法律框架。[1] 我国正式申请加入 CPTPP 体现出进行高水平对外开放的决心。在打造丝绸之路经济带与 21 世纪海上丝绸之路战略背景的双重推动下,我国对外投资面临前所未有的机遇与挑战。随着我国经济地位的提升与改革开放的深化,对外投资的规模与收益也将继续增长。我国以更加积极主动的姿态参与区域国际投资规则的构建也是对我国投资者海外投资国际法律保障制度的构建和完善。具体而言,由于短期内我国主导制定区域协定投资争端解决规则存在一定难度,我国可以充分考虑关注以下问题:第一,考虑东道国与投资者利益的平衡,充分尊重国家的规制权,尤其是在社会、环境、劳工等公共利益领域中的管制功能,实现国际投资管制的可持续发展。[2] 第二,逐步在争端解决机制的条款中设计替代性争端解决方案,如引入具有中国特色的调解方式作为启动国家与投资者仲裁程序的前置条件,更加积极地推动争端解决机制的完善。这样,既可以缓和国家与投资者争端的对立态度,也遵循了当前主要区域以及双边投资中坚持争端解决机制从协商到仲裁的循序渐进过程。第三,关注仲裁透明度与公众及第三方参与程度。当前投资协定发展过程中另一个值得关注的方向是对仲裁透明度的提高,表现为公众以及非争端方获得仲裁裁决和资料的便利性。其中,关于非争端方对仲裁庭的建议和帮助的肯定,已经类似"法庭之友"的地位。我国在协定谈判的过程中可以进一步强调争端解决机制的透明度,提高国家对投资争端解决机制的参与程度。此外,我国在现有区域协定的基础上,可以考虑以 BIT 的范围为蓝本进一步扩大"一带一

---

〔1〕 参见沈伟:《中国投资协议实体保护标准的自由化和多边化演进》,载《法学研究》2015 年第 4 期。

〔2〕 参见黄世席:《欧盟投资协定中的投资者国家争端解决机制——兼论中欧双边投资协定中的相关问题》,载《环球法律评论》2015 年第 5 期。

路”倡议提倡区域和此区域的合作机制，鼓励发挥沿线国家平台的建设性作用，[1]并结合“一带一路”沿线国家和地区的实际情况深入探讨区域投资争端解决机制的可能性和现实性。

4. 充分运用争端解决条款及其例外规定

我国在BIT中对待争端解决条款的态度经历了从仅就征收补偿提交争端解决的谨慎阶段扩张到任何争端提交解决的全面阶段。在区域协定中，争端解决机制的构建也成为各方博弈的主要问题之一。面对争端解决范围的无形扩张，我国可以考虑充分研究争端解决机制的实际运用限制与例外条款予以缓和。例如，CETA中将投资仲裁提请的范围限制为违反非歧视待遇和投资保护，即有关投资的扩张、进行、运作、管理、维持、使用、利用、出售或处置以及投资者主张的由于违约而遭受损失或损害；禁止投资者对错误陈述、隐瞒、贪污或导致滥用过程的程序获得的投资将申诉提交仲裁。CPTPP的投资争端解决机制虽然没有进行明确的限制，但是由于区域层面意见的不统一，该协定允许各缔约方通过附件的方式提出一定保留，如澳大利亚提出的对于依据其本国的外国投资政策作出的关于是否批准一项外国投资提议的决定不得被诉诸争端解决。该模式在确立投资争端解决机制框架的基础上赋予了成员方更大的自由权，可以为我国协商缔结区域投资协定所借鉴。除了通过对争端解决机制自身的限制充分运用该类条款之外，投资协定整体的例外安排如一般例外和根本安全例外条款的选择，也可以体现对于区域内投资争端解决机制的策略性选择。从我国对外投资企业的角度而言，我国可以充分运用当前投资争端解决机制条款的安排，自投资设立至投资运营环节均可以通过投资争端解决机制主张投资实体权利的保护，维护投资者在海外投资过程中的合法权益。

---

[1] 参见徐绍史：《一带一路双向投资研究与案例分析》，机械工业出版社2016年版，第17页。

二、我国海外投资多边争端解决机制的参与及完善

多边投资规则是依据国际公法和国际私法理论与实践进行特有创造，其不仅包括了保护私人权利商业活动的权利，更是赋予投资者通过裁判场所获得包括裁决赔偿的救济。[1] 投资者与国家争端解决机制（ISDS）一直被认为是国际投资多边层面最为成功的设计。双边投资保护条约也是因为普遍增加了投资者与国际争端解决机制而更具有理论和实践意义，使投资者有权通过国际仲裁解释适用相关条款，为投资者针对东道国的行为提供法律保护。[2] 外国投资者与东道国之间的投资争端，兼具国际公法与一般商法的特征，具有明显区别于私人投资者之间的投资争议的特点。[3]

事实上，多边层面投资规则中最为引人注目的莫过于1965年创设的ICSID，至2021年上半年，该中心共受理外国投资者与东道国政府之间的投资争议案件862件，其中已经裁决案件561件，仍有301件仍在处理的过程中。[4] 特别是近几十年来，大量涉及东道国政府对外国投资的间接征收、投资待遇等问题引起国际投资索赔纠纷，呈现索赔数额巨大、涉及内容复杂等特征。据统计，投资者国家争端解决机制下仲裁庭作出有利于投资者裁决的比例约为35%。[5]

---

[1] See Susan D. Franck, *Conflating Politics and Development? Examining Investment Treaty Arbitration Outcomes*, Virginia Journal of International Law (2014), Vol. 55, p. 18.

[2] See Jason Webb Yackee, *Do States Bargain Over Investor - State Dispute Settlement? Or, Toward Greater Collaboration in the Study of Bilateral Investment Treaties*, Santa Clara Journal of International Law (2013), Vol. 12, p. 287.

[3] 参见龚柏华、伍穗龙主编：《涉华投资者—东道国仲裁案述评》，上海人民出版社2020年版，第14页。

[4] ICSID Cases, available at https://icsid. worldbank. org/apps/ICSIDWEB/cases/Pages/AdvancedSearch. aspx, last visited on 27 July, 2020.

[5] See Susan D. Franck & Lindsey E. Wylie, *Predicting Outcomes in Investment Treaty Arbitration*, Duke Law Journal (2015), Vol. 65, p. 459.

(一)中国参与多边投资争端解决机制概况

当前,中国的身份正从传统意义上的东道国开始向投资母国转变,出现了身份混同的局面。在此基础上,我国正在进行的投资保护协定谈判中也明确扩大了交付投资争端解决中心的案件范围,这意味着我国将很有可能在现有基础上进一步扩大参与国际投资争端解决机制的范围。

国际投资条约通常限制了仲裁庭对国家与投资者之间投资争端的管辖权。[1] 我国于1990年签署ICSID公约,1993年经批准成为公约正式缔约国。作为全球投资领域内最为成功的国际公约,ICSID公约的争端解决机制一直成为海外投资者维护自身投资权益的重要法律手段。我国已经开始尝试运用多边层面最有影响力的投资争端解决制度即国际投资仲裁处理投资争议,目前中国参与ICSID的情况按时间顺序如表5-2所示。[2]

表5-2 ICSID涉中国案件一览

案号	申请方	被申请方	争议领域	当前状态
ARB/07/06	谢业琛	秘鲁	渔业生产企业产业	完成
ARB/10/20	渣打银行(中国香港特别行政区)有限公司	坦桑尼亚电力供应有限公司	电力能源产业	完成
ARB11/15	马来西亚伊佳兰公司	中国	艺术文化设施服务业	完成

〔1〕 See Xiaohong Liu, Zhengyi Zhang, *Chinese Private International Law*, Hart Publishing (2021), p. 242.

〔2〕 根据ICSID官方网站整理,ICSID Cases, available at https://icsid. worldbank. org/ cases/case - database? sfw = pass1627365428, last visited on 27 July 2021.

续表

案号	申请方	被申请方	争议领域	当前状态
ARB/12/29	中国平安人寿保险股份有限公司、中国平安保险集团股份有限公司	比利时	银行金融服务业	完成
ARB/14/25	韩国安城住房有限公司	中国	房地产开发项目建筑业	完成
ARB/14/30	北京城建集团有限公司	也门	机场航运楼建设业	完成
ARB/15/41	渣打银行(中国香港特别行政区)有限公司	坦桑尼亚	电力能源产业	完成
ADHOC/17/1	赛诺投资有限公司(中国澳门特别行政区)	老挝	博彩业	进行中
ARB/17/19	德国海乐西亚泽公司	中国	香料产品公司	进行中
ARB/20/22	宏贸有限公司	中国	房地产开发项目	进行中
ARB/20/26	Fengzhen Min	韩国	房地产项目	进行中
ARB/20/34	Goh Chin Soon	中国	房地产开发项目	进行中
ARB/21/36	Alpene 有限公司	马耳他	银行企业	进行中
ARB/21/42	叶琼、杨建平(Qiongye, Jianping Yang)	柬埔寨	信息通信业	进行中

(二)中国参与多边投资争端解决机制实例评述

由于中国参与多边投资争端解决机制时间较短,总体案例数量不多,下文仅就 ICSID 目前已经处理完毕或发布裁决的四例具有代表性的案件即马来西亚伊佳兰公司诉中国案、中国平安诉比利时政府案、谢业琛诉秘鲁政府案、渣打银行(中国香港特别行政区)有限公司与坦桑尼亚电力供应有限公司投资争端案进行介绍与分析。

1. 被动应诉——马来西亚伊佳兰公司与中国案

Ekran Berhad 公司的商业范围包括建筑、伐木和资产管理。本起争端源于 Ekran 公司的下属公司中马艺术文化(Sino Malaysia Art & Culture)公司对中国海南省土地的租赁权被海南地方当局收回的事实,被收回的土地价值约 1750 万马来西亚令吉(折合 570 万美元)。据称,Ekran 公司在提交 ICSID 争端解决之前曾与当地政府协商多年,但均未得到解决,于是依据 1990 年 3 月 31 日生效的《中华人民共和国政府和马来西亚政府关于相互鼓励和保护投资协定》,即中国马来西亚 BIT 提起本申诉。[1] 从案件基本情况可知,本申诉是一起涉及征收补偿的投资争端案件。投资者 Ekran Berhad 因在东道国的土地租赁权被收回而提起申诉,要求予以补偿。案件于 2011 年 5 月 24 日被 ICSID 秘书处立案登记。该案于 2013 年 5 月 16 日经双方和解通知 ICSID 秘书处,马来西亚伊佳兰公司最终撤回申诉。

该案是我国加入 ICSID 以来的首次参与程序作为被申诉方的案件。众所周知,管辖权作为开启 ICSID 仲裁程序的前提条件,成为申诉方和被申诉方首要关注的焦点问题之一。ICSID 公约第 25(1)条对提交 ICSID 仲裁的条件进行如下限制:主体必须是一方为缔约国;另一方为缔约他国国民;争议必须是直接因投资而产生的法律争议;必须经双方书面同意提交中心解决且不可单方撤回。ICSID 公约第 25 条有关管辖权内容的规定为仲裁庭作出管辖权裁决提供了主体、客体、主观三方面的指导要素,实践中 ICSID 仲裁庭则通过裁决不断丰富和发展了 ICSID 公约第 25 条的管辖权规定。[2] 与管辖权密切相关的概念如"国民""投资""同意"等在很大程度上已经成为决定仲裁庭是否具有管辖权的判断要素。

---

〔1〕 First ICSID Case against China, available at http://www.wunscharb.com/content/first-icsid-case-against-china, last visited on July 19, 2016.

〔2〕 参见张正怡:《晚近 ICSID 仲裁庭管辖权裁决的实证考察——兼谈我国首次被申诉案件的管辖权抗辩》,载《时代法学》2011 年第 6 期。

随着 ICSID 仲裁庭管辖范围的逐渐扩张,有关管辖权的裁决日益增加,ICSID 体制的影响力开始显现。仲裁庭获得管辖权的基本依据是 ICSID 公约第 25 条的相关规定,而仲裁庭在实践中也参考了 BIT 的规定,对具体概念进行辨析,并采取条约解释的方式进行推理。马来西亚伊佳兰公司与中国案的诞生至少表明我国开始正式进入国际投资仲裁体制。在管辖权问题上,可以结合 ICSID 管辖权裁决的相关特征,从主体要件、客体要件、主观要件、程序要件方面提起管辖权异议。面对国际投资争端仲裁机制,我国应分别从东道国和投资母国的视角分别做好长期准备,为充分参与国际投资、维护国家和投资者权益奠定基础。

2. 主动提起——中国平安人寿保险股份有限公司、中国平安保险集团股份有限公司与比利时政府案

中国平安人寿保险股份有限公司、中国平安保险集团股份有限公司认为荷兰和比利时政府强制收购富通集团的股份或剥离其相关资产,属于法律意义上对私有资本的征收。由于中国平安人寿保险股份有限公司、中国平安保险集团股份有限公司是富通集团的第一大股东,两国政府对富通采取的措施实质上构成了对外国投资者的征收。中国平安人寿保险股份有限公司、中国平安保险集团股份有限公司历经三年多的交涉,始终没有得到合理补偿,于 2012 年 9 月向国际投资争端解决中心提起仲裁,主张索赔近 10 亿欧元。2015 年 4 月,仲裁庭作出裁决,以对中国平安人寿保险股份有限公司、中国平安保险集团股份有限公司诉比利时政府的纠纷为管辖权为由驳回。理由是中国平安人寿保险股份有限公司、中国平安保险集团股份有限公司援引的投资协定错误。

本案的争议焦点在于我国同比利时卢森堡经济联盟分别于 1986 年和 2009 年签订的两份双边投资协定产生的时效管辖权问题。仲裁庭认为无法推断出当事方有关争端的意图已经根据 1986 年 BIT 被通

知但还没有进入到司法或仲裁程序，并列举了六项理由作为依据：[1]第一，2009 年 BIT 第 8(1)条的语言连同第 8(2)条和第 10(2)条，仅针对 2009 年 BIT 生效之后产生的争端。第 8(1)条语言“当一缔约方投资者和另一缔约方之间产生法律争端，争端任何一方应当书面通知另一方”不能被解读为“当法律争端产生或已经产生”以及“争端任何一方应当通知或应当已经通知争端另一方”。第 8(1)条的语言似乎排除了对申请者主张观点的扩张解释。第二，2009 年 BIT 序言也没有提供帮助。2009 年 BIT 的序言和任何 BIT 一样，仅具有有限的解释效果。序言表明协定的目标是通过创造另一方领域内投资者投资的有利条件加强缔约方之间的经济合作。事实上 2009 年 BIT 试图通过创造对投资有利的条件加强经济合作或试图鼓励、促进和保护投资并不导致干预，如果与 2009 年 BIT 之前争端存在空白保护地带，则需要通过创造性地解释，而序言无法对仲裁庭要回答的问题提供帮助。第三，2009 年 BIT 的共同条款适用于所有投资，无论是在生效之前还是之后作出，没有对生效之前产生争端的效果问题提供帮助。第四，2009 年 BIT 第 10(2)条的规定不适用于其生效之前已经进入司法或仲裁程序的争端，其自身已经影响了 2009 年 BIT 之前争端根据先前 BIT 通知但是未进入司法或仲裁程序必须属于 2009 年 BIT 的范围。第五，第 10 条也没有明确试图替代 1986 年 BIT，构成影响 1986 年 BIT 下已经通知但没有进入司法或仲裁程序可能在 2009 年 BIT 下进行的争端的理由。第六，最为重要的针对影响或扩张解释的方面是允许对已经根据 1986 年 BIT 通知的主张适用 2009 年 BIT 更为广泛的争端解决条款。2009 年 BIT 第 10(2)条的效果是有关投资的任何争端或主张已经在

---

[1] Ping An Life Insurance Company of China, Limited and Ping An Insurance (Group) Company of China, Limited v. Kingdom of Belgium (ICSID Case No. ARB/12/29) Award of the Tribunal, p. 221 – 226, available at https://icsid.worldbank.org/ICSID/FrontServlet?requestType = CasesRH&actionVal = showDoc&docId = DC5912_En&caseId = C2463, last visited on August 15, 2020.

2009年12月1日进入司法或仲裁程序将根据1986年BIT进行，这意味着国际仲裁中该类主张将继续局限于有关征收等补偿数量的争端。

关于时效管辖权，仲裁庭的核心观点是2009年BIT如果支持了管辖权，申请方将比其在2009年12月1日之前任何时间根据1986年BIT的救济获得更为广泛的争端解决机制。尽管如此，该案涉及当地政府对银行国有化的争端，也是中国大陆投资者第一次运用国际投资争端解决机制维护自身权益，具有极为重要的影响意义，标志着我国国际投资者海外维权意识的增强和国际投资争端解决救济措施的启动。

3. 涉港思考——谢业琛与秘鲁政府案

2011年7月11日，ICSID根据秘鲁和中国的BIT以及ICSID公约对中国香港居民与秘鲁政府的仲裁案发布裁决。该案由中国香港居民谢业琛主张秘鲁政府违反BIT从而影响了其在TSG公司的投资为由提起，谢业琛是TSG公司90%股份的间接股东，共计作出投资40万美元。谢业琛认为秘鲁税务当局对TSG公司进行的审计调查以及采取限制资产的临时措施导致TSG公司无法正常交易，最终进行债务重组。这些行为构成了对投资的间接征收，该征收违反BIT，由此造成的损失累计达250万美元。仲裁庭经审理，认为税务当局进行的临时措施构成了对谢业琛投资的间接征收，并基于TSG公司的价值裁决谢业琛获得78.63万美元的补偿。

作为第一起中国投资者在国际投资争端中心提起仲裁的案件，谢业琛与秘鲁案引发了各界的广泛讨论。比如，关于该案中对于“争端”的不同理解，中国秘鲁BIT第8(3)条规定，涉及征收的赔偿数额的争端可以根据任何一方的要求提交ICSID国际仲裁。对此，秘鲁要求进行限制性解释，仲裁庭则采用协定前言的文字作为条约解释的补充工具，用于分析裁决过程的语境。[1] 此外，该案引发的另一项讨论是

〔1〕 参见沈伟：《论中国双边投资协定中限制性投资争端解决条款的解释和适用》，载《中外法学》2012年第5期。

BIT 对我国香港特别行政区的适用问题，由于谢业琛是中国香港居民，援引协定时必须要考虑到协定的适用范围。根据条约的属地效力，在缔约过程中形成的领域内适用范围应当表明协定当然适用于各方领土或境内。台湾地区、香港、澳门作为我国领土，目前我国所有对外签订的 BIT 并未将三地排除在外。《中华人民共和国香港特别行政区法》第 153 条以及《中华人民共和国澳门特别行政区法》第 138 条均规定：我国缔结的国际协议，中央人民政府可根据情况和澳门特别行政区的需要，在征询特别行政区的意见后，决定是否适用。有观点认为考虑到基本经济制度和发展水平差异，我国所有对外签订的 BIT 至少在目前阶段不应延伸适用。[1] 显然，由于 BIT 中缺乏明确规定，该观点并没有得到仲裁庭的认可。现阶段在我国投资者利用国际争端解决中心提起的投资案件中，中国香港特别行政区的投资者提起的情形过半。

4. 非国家争端——渣打银行（中国香港特别行政区）有限公司与坦桑尼亚电力供应有限公司投资争端案

渣打银行（中国香港特别行政区）有限公司与坦桑尼亚电力供应有限公司投资争端案是 ICSID 处理得较为特殊的案件类型，涉及主体并没有包含国家。该案由渣打银行（中国香港特别行政区）有限公司于 2010 年 10 月根据其与坦桑尼亚电力供应公司以及坦桑尼亚独立电力公司签订的电力购买协议提起申诉。仲裁庭在肯定其自身管辖权的基础上，认为关税必须重新计算以反映独立电力坦桑尼亚有限公司通过股东贷款而非支付股份基金的贡献，并要求各方就关税达成一致。[2]

---

〔1〕 参见杨卫东：《双边投资条约研究：中国的视角》，知识产权出版社 2013 年版，第 76 页。

〔2〕 Standard Chartered Bank (Hong Kong) Limited v. Tanzania Electric Supply Company Limited (ICSID Case No. ARB/10/20), Decision on Jurisdiction and Liability, para. 380, available at https://icsid.worldbank.org/ICSID/FrontServlet? requestType = CasesRH&actionVal = showDoc&docId = DC4272_En&caseId = C1220, last visited on 27 July 2021.

随后2015年，渣打银行（中国香港特别行政区）有限公司再次就电力购买协议纠纷问题对坦桑尼亚提起仲裁。仲裁庭于2016年9月作出裁决，后续案件经历了撤销程序但撤销请求被驳回。

尽管该案的程序正在进行之中，但是首次以非国家主体的投资仲裁较为罕见，根据ICSID公约的管辖权规定，缔约国或其政府部门或该国向中心指定的机构经国家同意均可以作为投资争端解决机制的主体之一。

5. 成功应诉——韩国安城住房有限公司与中国投资争端案

韩国安城住房有限公司与江苏省射阳港口产业园区管委会签订关于高尔夫球场及豪华附属设施开发的投资协议。项目动工后，由于我国房地产开发政策发生变化，管委会表示不能按照投资协议约定的价格向申请方提供一期工程所需300公顷土地，要求其公开竞买。一期工程竣工后，管委会未及时提供二期用地。申请方于2011年10月将项目低价转让给了另一家中国公司。2014年10月7日，申请方根据2007年中韩双边投资保护协定申请仲裁。

本案裁决涉及的主要法律问题包括法律适用、时效管辖权和最惠国待遇。在判断是否属于ICSID仲裁规则第41（5）条"明显没有法律问题的主张"时，仲裁庭认为被申请方对该问题的反对有关时效管辖权，进而分析了中韩BIT第9（7）条。仲裁庭就时效期间的起算日（*dies a quo*）和终止日（*dies ad quem*）分别归纳分析，认为双边投资协定规定"自投资者自首次知晓或者应当首次知晓遭受损失之日三年后不得提起主张"的时限已过，不能溯及2011年10月之前。[1] 在最惠国待遇条款的分析上，仲裁庭认为中韩双边投资保护协定第3（5）条已经为第3（3）条提供了明确的参考，对投资者"向法院和行政仲裁及机构"进行主张提供了特殊的保护，但是情形不同于国内争端解决机

[1] Ansung Housing Co., Ltd. v. People's Republic of China, ICSID Case No. ARB/14/25, Award para. 114.

制，本案并不适用。为此，仲裁庭驳回了最惠国待遇条款可以协助申请方排除超过时限的主张以及申请方的全部仲裁请求。

6. 终止程序——北京城建与也门投资争端案

由于航站楼建设产生争端，北京城建集团公司根据1998年中国也门双边投资保护协定对也门提起仲裁。在裁决发布前，各方同意和解解决争端，仲裁庭根据ICSID仲裁规则第43(1)条发布程序命令终止本案。本案也成为我国投资者提起投资争端后首次以和解方式终止申诉而不进入裁决程序的案件，继马来西亚伊佳兰公司与中国案后我国第二次在国际投资争端解决机制中通过协商和解结案。

7. 卷土重来——渣打银行(中国香港特别行政区)有限公司与坦桑尼亚投资争端案

鉴于电力购买协议中的争议，渣打银行(中国香港特别行政区)有限公司再次提起国际投资仲裁，此次仲裁针对的对象调整为东道国坦桑尼亚。仲裁庭就管辖权、责任与赔偿数额进行了充分的讨论，最终仲裁庭于2019年10月11日作出裁决：确定其对案件具有管辖权；坦桑尼亚违反了执行协议的条款且执行协议自2018年7月6日终止，裁决被申请方赔偿1.859亿美元及利息。

(三)中国参与多边投资争端解决机制中的反思

从上述我国参与多边投资机制的总体情况来看，我国在投资者国家争端解决机制方面尚未全面做好充分准备，究其原因：一方面源于早期对待BIT谈判不宜贸然接受新型争端解决条款学界观点的深刻影响；[1]另一方面则源于我国投资者对ICSID的相关机制尤其是管辖权要件评估不足。对于现有案件中反映出我国参与国际投资争端解决的问题，有必要进行深入分析。

---

[1] 参见陈安、蔡从燕编：《国际投资法的新发展与中国双边投资条约的新实践》，复旦大学出版社2007年版，第369页。

1. 对国际仲裁案件的管辖权争议重视不足

管辖权作为开启 ICSID 仲裁程序的前提条件，成为申诉方和被申诉方首先关注的焦点问题之一。ICSID 公约第 25(1)条对提交 ICSID 仲裁的条件进行了较为严格的限制。ICSID 公约第 25 条有关管辖权内容的规定以及以往仲裁实践为仲裁庭作出管辖权裁决提供了主体、客体、主观、客观等方面的指导要素，实践中 ICSID 仲裁庭则通过裁决不断丰富和发展了 ICSID 公约第 25 条的管辖权规定。[1]

中国平安人寿保险股份有限公司、中国平安保险集团股份有限公司与比利时政府案作为我国投资者运用国际投资争端解决中心的第一起案例，在管辖权阶段就"铩羽而归"。管辖权之争涉及的关键条款是 2009 年 BIT 的第 8(2)条争端解决条款和第 10(2)条过渡条款。[2] 中国平安人寿保险股份有限公司、中国平安保险集团股份有限公司主张的重点在后者过渡条款，但是仲裁庭则侧重讨论了争端解决条款。事实上，对"争端"的解释对仲裁庭管辖权的确立至关重要。对于已经通知但未足以进入到司法或仲裁程序的争端事实上条约并没有明确规定，这就留下了较大的解释空间。但仲裁庭认为这种情形属于早于 2009 年 BIT 产生但不属于司法或仲裁程序的争端可能进入两项 BIT

〔1〕 参见张正怡：《晚近 ICSID 仲裁庭管辖权裁决的实证考察——兼谈我国首次被申诉案件的管辖权抗辩》，载《时代法学》2011 年第 6 期。

〔2〕 《中华人民共和国政府和比利时卢森堡经济联盟关于相互促进和保护投资的协定》第 8(2)条规定：如果争议在争议一方将争议通知争议另一方 6 个月内未能通过磋商解决，缔约各方同意根据投资者的选择将争议提交：(1)作为争议一方的缔约方国内有管辖权的法院；(2)依照 1965 年 3 月 18 日在华盛顿开放签字的《关于解决国家与他国国民投资争端的公约》设立的"解决投资争端国际中心"。一旦投资者将争议提交相关缔约方国内有管辖权的法院或"解决投资争端国际中心"，对上述两种程序之一的选择应是终局的。第 10(2)条规定：本协定应适用于缔约任何一方投资者在缔约另一方领土内的所有投资，无论其是在本协定生效之前还是之后作出的。但是，本协定不得适用于在本协议生效前已进入司法或仲裁程序的与投资有关的任何争议或索偿。此等争议和索偿应继续按本条第 1 款提及的 1984 年 6 月 4 日的协定的规定解决。

之间的“黑洞(black hole)”或“仲裁缝隙(arbitration gap)”,[1]因而否定了对案件管辖权的存在。尽管仲裁庭在本案中的推理备受质疑,但不得不承认申请方确实在准备管辖权基础的依据方面存在偏颇。此外,申请方还承认了某些对自己不利观点,如对2009年BIT第8(1)条的解释。2009年BIT第8(2)条和第10(2)条应当同第8(2)条一起根据2009年BIT整体阅读。特别是第8(2)条不能孤立于第8(1)条,因为第8(2)条明确指向“争端”,主要根据第8(1)条的“法律争端”而非其他。可见,本案中申请方的确没有对投资争端解决机制进行充分的研究,在案件裁决过程中也缺乏一定的经验。与此相反,韩国安城住房有限公司与中国投资争端案中,我国作为被申请方则成功引导仲裁庭坚持对条约文本的解读,确定案件因超过时效导致投资不再受到保护。

2. 对双边投资保护协定文本解读有待完善

就ICSID受案的整体情况而言,BIT成为同意ICSID管辖依据的情形约占60%。[2] 作为经济政治关系不对称背景下的产物,BIT所提供的并非仅仅权利和义务的平衡,而是资金投入与投资保护高标准之间的交换。[3] 无论是中国平安人寿保险股份有限公司、中国平安保险集团股份有限公司与比利时政府案的时效管辖权,还是谢业琛与秘鲁政府案涉及我国香港特别行政区的问题,我国都有必要在今后缔结或修订的过程中对双边投资保护协定予以完善,以免造成对BIT解

---

[1] Ping An Life Insurance Company of China, Limited and Ping An Insurance (Group) Company of China, Limited v. Kingdom of Belgium, ICSID Case No. ARB/12/29, Award of the Tribunal, para. 207.

[2] ICSID Caseload Statistics (2020, Issue -2), available at https://icsid.worldbank.org/apps/ICSIDWEB/resources/Documents/ICSID% 20Web% 20Stats% 202016 - 2% 20 (English)%20Final.pdf., last visited on 26 June 2020.

[3] See Wolfgang Alscher, *Americanization of the BIT Universe: The Influence of Friendship*, Commerce and Navigation Treaties on Modern Investment Treaty Law, Goettingen Journal of International Law (2013), Vol. 5, p. 458.

读的不确定性。

一方面,我国应在现有 BIT 中明确与投资争端解决机制相关的"争端"含义,防止再次出现真空地带。我国现已生效的 BIT 中有多项面临重新修订,可以通过对新旧条约过渡条款的安排明确包括已产生并通知但未进入司法或仲裁程序的争端适用新的条约。另一方面,对 BIT 的适用范围进行全方位界定。绝大部分已有的 BIT 都已经明确了条约对人和对物的效力,通常表述为"缔约一方的投资者在缔约另一方领土内投资",但是对时效和地域缺乏有效的界定,从而产生了上述案件中时效管辖权以及条约是否适用于特别行政区的争议。现阶段在我国投资者利用国际争端解决中心提起的投资案件中,中国香港特别行政区的投资者提起的案件数量过半。关于特别行政区适用 BIT 的问题,似乎现有的解释规则与学界观点都表明 BIT 中的"投资者"不包括在我国香港特别行政区有永久性居留权的公民,即不适用于我国香港特别行政区。考虑到体制的特殊性,我国应尽可能在未来修订 BIT 的过程中对适用范围作出较为明确的解释。

3. 政府对征收行为及其补偿工作有待细化

现有中国作为被申诉方的案件中,实体争议焦点几乎无一例外地指向政府征收行为。通常认为合法征收应当为公共目的而采取、根据正当程序原则、按非歧视方式进行,并给予补偿。[1] 近年来,采取类似于征收效果的间接征收值得关注。该类行为同样由政府措施产生,并对投资者的投资造成影响并产生实质损失。我国在国内经济体制改革和城市建设的过程中,在执行相关国内规定和政策的过程中应当特别注重加强和外国投资者的沟通,有效行使管理职能。如涉及对外国投资者的投资进行征收时,应充分考察政府行为是否符合征收要件,并及时做好补偿,在最大限度上细化征收行为

---

〔1〕 See Krista Nadakavukaren Schefer, *International Investment Law: Text, Cases and Materials (Second Edition)*, Edward Elgar(2020), p. 192.

及其补偿工作。面对可能产生的涉及征收的投资争端时，应当在初步沟通和协商环节进行充分交流，为政府行为积累相对合适的证据支持。

（四）中国参与多边投资争端解决机制的未来走向及建议

国际仲裁领域似乎也一直期待在适当的时候出现中国被申诉的案件。然而，断定本案将标志着中外投资仲裁争端的新时代可能还为时过早，毕竟长期以来我国在 ICISD 体制下表现得过于“平静”，大部分投资争端可以通过国内司法或仲裁程序予以解决，但是以此为契机做好适应 ICSID 仲裁庭管辖权的长期准备将具有一定的前瞻性。

1. 全面充分理解国际投资争端解决机制及我国现状

国家投资者仲裁呈现两种截然相反的景象：[1]一方面，投资者寻求投资仲裁解决投资争端已经发展成为一种新常态；另一方面，国际社会反对投资者东道国争端解决机制的呼声也不断高涨，如 CPTPP 谈判中澳大利亚的明确反对；厄瓜多尔、委内瑞拉等国相继退出 ICSID。长期以来，我国对国际投资争端解决机制采取极为谨慎的态度，担心由于 BIT 全盘接受 ICSID 管辖造成不必要的风险。

由于我国对外签订的 BIT 中争端解决条款规定较为简单，导致产生将国际投资仲裁与争端解决机制直接挂钩的印象。事实上，在现阶段区域层面进行的综合性协定中，争端解决机制的范围不仅仅局限于仲裁，还包含协商、调解、专家裁判等多种方式。由于当前投资者国家争端解决机制下仲裁的高成本和长周期，调解对投资者与国家之间的争端解决更具有吸引力，可以维持二者之间友好的商业关系，并鼓励

---

〔1〕 参见张振安：《国际投资仲裁新趋势》，载《中国外汇》2015 年第 11 期。

投资者和国家之间发展互信、共享信息、满足相互间共同的利益。[1]同时,以调解为代表的替代性争端解决机制为投资和国家提供了更多更灵活的讨论机制。伊佳兰公司案、北京城建案的最终和解以及我国调解文化的传统优势,为我国全面理解国际投资争端解决机制提供了契机。今后在缔结条约与争端解决的过程中,我国完全可以充分运用各类争端解决的模式,而不局限于仲裁,争取更加高效、经济地解决国际投资争端。

2. 加强国际投资协定文本的修订和国内措施的同步完善

中国参与国家投资者投资争端中心的实例表明,以 BIT 为代表的国际投资协定文本的修订工作已经迫在眉睫。由于历史的局限性,早期我国签订的大量 BIT 并没有充分认识到争端解决机制条款的重要性,存在较多宽泛模糊的规定,这为我国参与国家投资者投资争端中心特别是案件管辖权的解释留下了较大风险。我国应结合外商投资和海外投资的资金流向,有针对性地适时修订 BIT 或区域投资协定,明确条约对特别行政区的适用,并尽可能掌握条约解释的主动权,从而为我国国家投资者投资争端中心案件提供有效的法律依据。与此同时,我国必须正视转型发展过程中政府行为对外国投资者和投资可能造成的损失风险,在完善国际条约文本的同时加强对相关国内法律法规的梳理,规范政府征收投资相关行为,加强与被征收投资者的沟通与协调,以更好应对可能发生的投资争端。

3. 研究国际投资争端解决问题应程序与实体问题并重

随着 ICSID 仲裁庭管辖范围的逐渐扩张,有关管辖权的裁决日益增加,ICSID 体制的影响力开始显现。仲裁庭获得管辖权的基本依据是 ICSID 公约第 25 条的相关规定,而仲裁庭在实践中也参考了 BIT 的规定,对具体概念进行辨析,并采取条约解释的方式进行推理。伊

---

〔1〕 See Nancy A. Welsh and Andrea Kupfer Schneider, *The Thoughtful Integration of Mediation into Bilateral Investment Treaty Arbitration*, Harvard Negotiation Law Review (2013), Vol. 18, p. 82.

佳兰案的诞生至少表明我国开始正式进入国际投资仲裁体制。在管辖权问题上，可以结合 ICSID 管辖权裁决的相关特征，聚焦业已形成的要件方面进行相应主张。

管辖权作为仲裁庭审理案件的基本权力，是仲裁庭审理后续实体问题的基础，其确立与否与最终的案件结果具有极为重要的关系。在平安诉比利时案管辖权的交锋中，比利时提出五项反对意见，但仲裁庭仅分析了时效管辖权的问题。仲裁庭首先明确了条约解释的通常原则是条约应当根据其上下文包括序言和附件中的条约术语的通常含义，并根据 VCLT 按其目标和宗旨以及缔结的情形进行善意解释。在溯及力问题上，通常意义上一般国际法原则的实体义务在没有相反规定的情况下，不具有溯及力，除非条约产生或确立不同的意图，其规定不对一方有关条约对该方生效前停止的任何行为或发生事实或任何情形具有约束力。

管辖权问题的成败直接关系着案件能否进入实体阶段。为此，参与国际投资争端解决机制应当摒弃“重实体轻程序”的固有思维定势，认真研究案件管辖权主张。面对国际投资争端仲裁机制，我国应分别从东道国和投资母国的视角分别做好长期准备，为充分参与国际投资、维护国家和投资者权益奠定基础。

4. 做好适应国际投资争端解决的长期充分准备

自 1998 年中国与巴巴多斯签订的双边投资协定第一次全盘接受 ICSID 管辖以来，对 ICSID 的管辖可谓全面开放，即对于缔约一方与缔约另一方投资者因有关投资而发生的任何争端，都有被提交仲裁解决的可能性。只要投资者认为争议在其发生后的一定期限内未通过相关程序得以解决，该投资者单方面地就该争议提交，而无需再经东道国的同意，ICSID 仲裁庭即可对该争议享有管辖权。该类规定将导致 ICSID 管辖范围在近期与我国签订协定的国家与我国之间扩张的现象。面对现状，我国应考虑着手对已经签订的 BIT 进行具体的国别研究，详细分析投资中可能产生的风险，提前预防可能出现的不利情形，以避免频繁遭遇被诉诸 ICSID 体制的境况。

近年来，随着我国海外直接投资数量的增加，海外投资者进行投资时的直接权益也应当受到保障。考察 ICSID 仲裁庭管辖权裁决的特征在一定程度上也为我国海外投资者的投资提供可以借鉴的参考依据。根据我国对外缔结的双边投资保护协定，东道国对境内外资遭受征收、国有化等政治风险时，负有赔偿责任。在投资过程中，若我国海外投资者的合法期待、稳定的法律和商业环境受到破坏，均可以寻求公平公正标准条款的保护，但必须满足相应的条件。为此，我国的海外投资者须事先做好"功课"，充分熟悉 ICSID 的相关规则，通过 ICSID仲裁庭切实维护自身的投资利益，为海外投资者权益的维护设立的保护屏障。同时，投资者在提起相关申诉时应充分考量仲裁庭裁决的重要因素的举证，以事实为依据、条约及法律为基础，在肯定 ICSID仲裁庭管辖权的基础上充分阐述东道国应当履行的相应义务。

无论主动还是被动，我国已经开启了对国际投资争端解决机制的运用。及时总结我国参与国际投资争端解决机制的实例经验，不仅可以对我国后续运用国际投资争端解决机制提供有益的参考，也可以对完善我国现有投资法律体系包括双边投资保护条约提供必要的启示。

参考文献

一、中文著作类

1. 丁伟:《国际投资的法律管制》,上海译文出版社 1995 年版。

2. 齐树洁:《英国证据法》,厦门大学出版社 2002 年版。

3. 徐昕:《英国民事诉讼制度与民事司法改革》,中国政法大学出版社 2002 年版。

4. 汤树梅:《国际投资法的理论与实践》,中国社会科学出版社 2004 年版。

5. 严明:《海外投资金融支持——以中国企业为对象》,社会科学文献出版社 2006 年版。

6. 赵晓迪:《中国对外直接投资长期发展趋势》,新华出版社 2008 年版。

7. 王年平:《国际石油合同模式比较研究——兼论我国石油与能源法的借鉴》,法律出版社 2009 年版。

8. 杨泽伟:《中国能源安全法律保障研究》,中国政法大学出版社 2009 年版。

9. 崔宏伟:《欧盟能源安全战略研究》,知识产权出版社 2010 年版。

10. 齐树洁:《美国司法制度》,厦门大学出版社 2010 年版。

11. 梁咏:《双边投资条约与中国能源投资安全》,复旦大学出版社 2012 年版。

12. 白中红:《〈能源宪章条约〉争端解决机制研究》,武汉大学出版社 2012 年版。

13. 杨解君:《美洲国家能源法概论》,世界图书出版有限公司 2012 年版。

14. 蒋云贵:《企业法律风险管理论》,光明日报出版社 2013 年版。

15. 杨卫东:《双边投资条约研究:中国的视角》,知识产权出版社 2013 年版。

16. 阿不都热合曼·卡德尔:《上海合作组织经济合作法律机制研究》,社会科学文献出版社 2013 年版。

17. 李化:《澳大利亚新能源法律与政策研究》,武汉大学出版社 2014 年版。

18. 张正怡:《能源类国际投资争端法律问题研究》,法律出版社 2014 年版。
19. 蔡从燕、李尊然:《国际投资法上的间接征收问题》,法律出版社 2015 年版。
20. 王卓宇:《应变与传承:巴西能源战略研究》,经济科学出版社 2015 年版。
21. 郑雅方:《美国外资并购安全审查制度研究》,中国政法大学出版社 2015 年版。
22. 翟玉胜、周文娟:《中国能源企业海外投资研究》,武汉大学出版社 2016 年版。
23. 中国社会科学院国家全球战略智库国家风险评级项目组、中国社会科学院世界经济与政治研究所国际投资研究室:《中国海外投资国家风险评级报告(2021)》,中国社会科学出版社 2021 年版。

二、中文编著类

1. 梅益:《能源百科全书》,中国大百科全书出版社 1997 年版。
2. 王铁崖主编:《国际法》,法律出版社 2007 年版。
3. 中国大百科全书总编辑委员会《法学》编辑委员会、中国大百科全书出版社编辑部编:《中国大百科全书·法学》,中国大百科全书出版社 1984 年版。
4. 陈安:《国际投资争端仲裁》,复旦大学出版社 2001 年版。
5. 陈安、蔡从燕编:《国际投资法的新发展与中国双边条约的新实践》,复旦大学出版社 2007 年版。
6. 胡德胜编著:《美国能源法律与政策》,郑州大学出版社 2010 年版。
7. 蒋明、张士春:《哈萨克斯坦石油公司运营法律法规汇编》(上册),法律出版社 2011 年版。
8. 陈平凡:《世界各国投资法律环境实务》,法律出版社 2012 年版。
9. 余劲松、吴志攀:《国际经济法》,北京大学出版社和高等教育出版社 2014 年版。
10. 余劲松主编:《国际投资法》,法律出版社 2014 年版。
11. 杜群、王利等:《能源政策与法律——国别和制度比较》,武汉大学出版社 2014 年版。
12. 单文华:《中国对外能源投资的国际法保护——基于实证和区域的制度研究》,清华大学出版社 2014 年版。
13. 徐绍史:《一带一路双向投资研究与案例分析》,机械工业出版社 2016 年版。
14. 张正怡等:《"一带一路"沿线国家与投资者争端解决问题研究》,上海社会科学出版社 2019 年版。
15. 毕马威中国:《"一带一路"投资关键环节:毕马威经典案例解析》,中国经济出版社 2019 年版。
16. 龚柏华、伍穗龙:《涉华投资者—东道国仲裁案述评》,上海人民出版社 2020 年版。

三、译著类

1. [英]阿德里安 A · S. 朱克曼主编:《危机中的民事司法:民事诉讼程序的比较视角》,傅郁林等译,中国政法大学出版社 2005 年版。
2. [意]彼得罗 · 彭梵得:《罗马法教科书》,黄风译,中国政法大学出版社 2005 年版。
3. [美]亚伦 · M. 海泽顿、安德鲁 · S. 托伊费尔:《能源投资》,朱晓婷译,中信出版集团 2010 年版。
4. [法]皮埃尔 · 特鲁仕主编:《法国司法制度》,丁伟译,北京大学出版社 2012 年版。
5. [英]J. G. 梅里尔斯:《国际争端解决》(第 5 版),韩秀丽等译,法律出版社 2013 年版。
6. [美]莱斯利 · 索美斯:《能源效率——实时能源基础设施的投资与风险管理》,韩冬筠译,经济管理出版社 2014 年版。
7. [英]艾琳 · 麦克哈格、[新西兰]巴里 · 巴顿、[澳]阿德里安 · 布拉德布鲁克、[澳]李 · 戈登主编:《能源与自然资源中的财产和法律》,胡德胜、魏铁军等译,北京大学出版社 2014 年版。
8. [英]维杰 · K. 巴蒂亚、[澳]克里斯托弗 · N. 坎德林、[意]毛里济奥 · 戈地编、林玫、潘苏悦:《国际商事仲裁中的话语与实务:问题、挑战与展望》,北京大学出版社 2016 年版。
9. [瑞士]克里斯塔 · 纳达尔夫卡伦 · 舍费尔:《国际投资法:文本、案例及资料》,张正怡、王丹译,上海社会科学院出版社 2021 年版。

四、中文期刊类

1. 张利宾:《对中国企业海外投资法律风险的研究》,载《北京仲裁》2011 年第 4 期。
2. 许慧、胡曲应、许家林:《论中国企业海外投资风险的防范与监管》,载《中南财经政法大学学报》2009 年第 6 期。

3. 朱孟楠、胡潇云:《我国主权财富基金投资:风险识别与风险评估体系设计》,载《经济学家》2011 年第 11 期。
4. 张建军:《情势变更与商业风险的比较探讨》,载《甘肃政法学院学报》2004 年第 2 期。
5. 梁静波:《中国企业海外投资的政治风险与对策》,载《求实》2013 年第 4 期。
6. 赵爱玲:《中国贸促会会长万季飞:中企海外投资风险防范刻不容缓》,载《中国对外贸易》2012 年第 9 期。
7. 刘红霞:《中国境外投资风险及其防范研究》,载《中央财经大学学报》2006 年第 3 期。
8. 李建军:《企业海外投资风险预警与防范研究述评》,载《经济纵横》2014 年第 10 期。
9. 韩风君、肖华娟:《石油产品分成合同类型简析》,载《中国石油大学学报(社会科学版)》2011 年第 3 期。
10. 夏凌娟等:《国际油气资源合作中合同模式的比较研究》,载《资源与产业》2013 年第 6 期。
11. 马宏伟:《伊朗回购合同关键经济商务条款分析》,载《国际石油经济》2007 年第 7 期。
12. 王年平:《国际石油合同模式比较研究》,2007 年对外经济贸易大学博士论文。
13. 赖丹馨、费方域:《公私合作制(PPP)的效率:一个综述》,载《经济学家》2010 年第 7 期。
14. 黄振中:《国际能源争议解决中的专家裁决》,载《政法论坛》2013 年第 2 期。
15. 范铭超:《比较法视野下多层次争议解决条款的强制性》,载《学术探索》2013 年第 12 期。
16. 程信和:《公法、私法与经济法》,载《中外法学》1997 年第 1 期。
17. 郭明瑞、于宏伟:《论公法与私法的划分及其对我国民法的启示》,载《环球法律评论》2006 年第 4 期。
18. 刘颖:《美国〈2005 国家能源政策法案〉分析及对我国能源立法的借鉴》,载《能源与环境》2007 年第 5 期。
19. 杨泽伟:《〈2009 年美国清洁能源与安全法〉及其对中国的启示》,载《中国石油大学学报(社会科学版)》2010 年第 1 期。
20. 陈小沁:《解析〈2030 年前俄罗斯能源战略〉》,载《国际石油经济》2010 年第

10 期。
21. 李明辉:《俄罗斯〈产量分成协议法〉述评》,载《国际石油经济》1997 年第 1 期。
22. 张平:《加拿大的能源政策》,载《中国能源》2001 年第 9 期。
23. 刘玉红、赵保庆:《加拿大的能源监管机构研究》,载《华北电力大学学报(社会科学版)》2007 年第 2 期。
24. 陈海嵩、任世丹:《德国能源立法及其对我国的启示》,载《政法学刊》2009 年第 1 期。
25. 张斌:《德国〈可再生能源法〉2014 年最新改革解析及启示》,载《中外能源》2014 年第 9 期。
26. 马明飞、曾加:《德国能源法纠纷解决机制及其对中国的启示》,载《西北大学学报(哲学社会科学版)》2011 年第 5 期。
27. 罗国强、叶泉、郑宇:《法国新能源法律与政策及其对中国的启示》,载《天府新论》2011 年第 2 期。
28. 王彦志:《国际投资争端解决的法律化:成就与挑战》,载《当代法学》2011 年第 3 期。
29. 杜群、廖建凯:《澳大利亚的能源法律制度及其借鉴》,载《时代法学》2009 年第 3 期。
30. 杨贵生、杨浩然:《哈萨克斯坦矿业投资法律制度概述》,载《矿产勘查》2012 年第 1 期。
31. 叶芳芳、昆波拉提:《哈萨克斯坦投资法律环境里利弊分析》,载《俄罗斯中亚东欧市场》2008 年第 5 期。
32. 王晓峰、王林彬:《哈萨克斯坦投资法律环境分析》,载《中国商贸》2013 年第 5 期。
33. 吴玲:《俄罗斯司法体制概述》,载《中国司法》2014 年第 4 期。
34. 於海梅:《俄罗斯法院改革初探》,载《法制现代化研究》2009 年第 12 期。
35. 万宗瓒:《加拿大民事诉讼立法立体困境及对我国的启示》,载《江淮论坛》2013 年第 3 期。
36. 赖晨野:《试论哈萨克斯坦国际商事仲裁的原则和特点》,载《政法学刊》2015 年第 3 期。
37. 张正怡:《论国际投资规则中的准入前国民待遇——兼谈中国的应对之策》,

载《安徽大学法律评论》2013 年第 1 期。

38. 石静霞、马兰:《〈跨太平洋伙伴关系协定〉(TPP)投资章节核心规则解析》,载《国家行政学院学报》2016 年第 1 期。

39. 龚柏华:《TPP 协定投资者 - 东道国争端解决机制评述》,载《世界贸易组织动态与研究》2013 年第 1 期。

40. 沈铭辉:《美国双边投资协定与 TPP 投资条款的比较分析——兼论对中美 BIT 谈判的借鉴》,载《国际经济合作》2014 年第 3 期。

41. 湛茜:《论 ICSID 仲裁中当事方的同意》,载《北京仲裁》2010 年第 1 期。

42. 王海浪:《"落后"还是"超前"? ——论中国对 ICSID 管辖权的同意》,载《国际经济法学刊》2006 年第 1 期。

43. 刘颖、封筠:《国际投资争端中最惠国待遇条款适用范围的扩展——由实体性问题向程序性问题的转变》,载《法学评论》2013 年第 4 期。

44. 徐崇利:《从实体到程序:最惠国待遇适用范围之争》,载《法商研究》2007 年第 2 期。

45. 赵红梅:《投资条约保护伞条款的解释及其启示——结合晚近投资仲裁实践的分析》,载《法商研究》2014 年第 1 期。

46. 徐崇利:《国际投资条约中的"岔路口条款":选择"当地救济"与"国际仲裁"权利之限度》,载《国际经济法学刊》2007 年第 3 期。

47. 史晓丽:《构建中国海外投资保险制度的法律思考》,载《国际贸易》2013 年第 11 期。

48. 梁开银:《论海外投资保险代位权及其实现——兼论我国海外投资保险立法模式之选择》,载《法商研究》2006 年第 3 期。

49. 孙蕾:《美国海外投资保险制度的实施与发展》,载《国际经济法学刊》2010 年第 4 期。

50. 张菲:《大国海外投资保险制度的比较及对中国的启示》,载《国际商务财会》2012 年第 9 期。

51. 栾平平:《论我国海外投资保险制度的构建》,载《政法论丛》2012 年第 2 期。

52. 何力:《国际环境法硬法趋势下的中国海外能源投资》,载《东方法学》2011 年第 1 期。

53. 韩秀丽:《环境保护:海外投资者面临的法律问题》,载《厦门大学学报(哲学社会科学版)》2010 年第 3 期。

54. 刘正:《中国国际投资协定的环境条款评析与完善思考》,载《法学杂志》2011年第12期。
55. 张正怡:《公平竞争议题下国有企业相关法律问题的挑战与应对》,载《岭南学刊》2016年第2期。
56. 王仁富:《竞争法律体系协调性的内涵及其标志》,载《法学论坛》2011年第1期。
57. 杨励、刘美:《国有企业的特殊性与国有国有企业的布局定位》,载《清华大学学报(哲学社会科学版)》2003年第2期。
58. 王斌:《论投资协议中的稳定条款——兼谈中国投资者的应对策略》,载《政法论丛》2010年第6期。
59. 杨卫东、郭堃:《国家契约中稳定条款的法律效力认定及强制性法律规范建构》,载《清华法学》2010年第5期。
60. 胡盛涛:《寻求投资开放与国家安全的新平衡——美国境内外资并购中的国家安全审查制度及其对中国立法的借鉴》,载《国际经济法学刊》2007年第1期。
61. 沈铭辉:《美国双边投资协定与TPP投资条款的比较分析——兼论对中美BIT谈判的借鉴》,载《国际经济合作》2014年第3期。
62. 崔凡、赵忠秀:《当前国际投资体制的新特点与中国的战略》,载《国际经济评论》2013年第2期。
63. 张正怡:《晚近ICSID仲裁庭管辖权裁决的实证考察——兼谈我国首次被申诉案件的管辖权抗辩》,载《时代法学》2011年第6期。
64. 沈伟:《论中国双边投资协定中限制性投资争端解决条款的解释和适用》,载《中外法学》2012年第5期。
65. 张振安:《国际投资仲裁新趋势》,载《中国外汇》2015年第11期。
66. 沈伟:《中国投资协议实体保护标准的自由化和多边化演进》,载《法学研究》2015年第4期。
67. 沈伟:《论中国双边投资协定限制性投资争端解决条款的解释和适用》,载《中外法学》2012年第5期。
68. 马迅:《国际投资条约中的"利益拒绝"条款研究》,载《中国海洋大学学报(社会科学版)》2013年第1期。
69. 梁开银:《论中国海外投资立法的路径和体系》,载《河北法学》2006年第2期。
70. 程慧、胡斌:《我国对外直接投资的立法路径》,载《国际经济合作》2010年第9期。

71. 沈四宝、伏军:《构建我国境外投资促进立法的若干思考》,载《法学家》2006 年第 4 期。
72. 林爱民:《论我国海外投资立法缺陷及完善》,载《河北法学》2008 年第 7 期。
73. 李众敏、何帆:《扩大我国海外能源投资的政策思考》,载《中国财政》2010 年第 14 期。
74. 曾华群:《变革期双边投资条约实践述评》,载陈安主编:《国际经济法学刊》第 14 卷第 3 期,北京大学出版社 2007 年版。
75. 陈辉萍、黄玉梅:《国际投资协定中公正与公平待遇标准的新发展》,载陈安主编:《国际经济法学刊》第 13 卷第 3 期,北京大学出版社 2006 年版。
76. 林一飞:《双边投资协定的仲裁管辖权、最惠国待遇及保护伞条款问题》,载陈安主编:《国际经济法学刊》第 13 卷第 1 期,北京大学出版社 2006 年版。
77. 王海浪:《MFN 条款在 BIT 争端解决中的适用问题》,载陈安主编:《国际经济法学刊》第 14 卷第 2 期,北京大学出版社 2007 年版。
78. 梁丹妮:《国际投资条约最惠国待遇条款适用——以"伊佳兰公司诉中国案"为中心的分析》,载《法商研究》2012 年第 2 期。
79. 屈茂辉、张红:《论征收法律制度的几个问题》,载《法学评论》2003 年第 2 期。
80. 温先涛:《〈中国投资保护协定范本〉(草案)论稿(三)》,载《国际经济法学刊》2012 年第 2 期。
81. 张正怡:《美国国家安全审查制度的刚性、弹性与应对——以罗尔斯案为线索》,载《学习与实践》2015 年第 8 期。
82. 白洁、苏庆义:《〈美墨加协定〉:特征、影响及中国应对》,载《国际经济评论》2020 年第 6 期。
83. 廖凡:《从〈美墨加协定〉看美式单边主义及其应对》,载《拉丁美洲研究》2019 年第 1 期。
84. 胡加祥:《国际投资准入前国民待遇法律问题探析——兼论上海自贸区负面清单》,载《上海交通大学学报(哲学社会科学版)》2014 年第 1 期。
85. 孙南申:《"一带一路"背景下对外投资风险规避的保障机制》,载《东方法学》2018 年第 1 期。

五、中文报纸类

1. 王雾平:《中日韩投资协定生效在即》,载《国际商报》2014 年 5 月 15 日,第 A1 版。

六、中文网站类

1. 2021 年版《BP 能源展望》,载 BP 全球,http://www. bp. com/zh_cn/china/reports – and – publications/_bp_2016_. html。

2. 商务部对外投资和经济合作司统计数据:2015 年我国非金融类对外直接投资简明统计,载中华人民共和国商务部网,http://hzs. mofcom. gov. cn/article/date/201601/2016010 1239873. shtml。

3.《俄出台新法开放天然气出口》,载中国能源报 http://www. lgrq. com/ranqi/ShowArticle. asp? ArticleID = 25128。

4. 中华人民共和国驻俄罗斯联邦大使馆经济商务参赞处:《俄罗斯联邦外国投资法》,载中华人民共和国驻俄罗斯联邦大使馆经济商务参赞处网,http://ru. mofcom. gov. cn/article/ddgk/ddfg/201406/20140600 644661. shtml。

5. 中华人民共和国驻哈萨克斯坦共和国大使馆经济商务参赞处:哈萨克斯坦颁布新投资法,载中华人民共和国驻哈萨克斯坦共和国大使馆网站,http://kz. mofcom. gov. cn/article/ddfg/tzzhch/200305/20030500091637. shtml。

6. Tozzini Freire:《巴西仲裁制度概览》,申玉峰译,载一裁网,http://www. mdjac. com/Item/7807. aspx。

7. 中华人民共和国商务部条约法律司:《我国对外签订双边投资协定一览表》,载中华人民共和国商务部网站,http://tfs. mofcom. gov. cn/article/Nocategory/201111/20111107819 474. shtml。

8. 秦晖:《缅甸密松水电站搁浅:政府毁约得民心、中资惨遭损失》,载经济观察报,http://news. ifeng. com/world/detail_2012_02/04/12294593_1. shtml。

9.《密松电站要不要建? 缅甸新政府宣布成立“委员会”》,载缅甸金凤凰中文报,http://pit. ifeng. com/a/20160813/49771193_0. shtml。

10. 安邦咨询东盟团队:缅甸投资风险报告,载共识网,http://www. 21ccom. net/articles/world/bjzd/20150114118991_3. html。

11. 褚大业、邢晓婧:《中石油否认在乍得违规、呼吁乍得政府撤销巨额索赔》,载人民网,http://energy. people. com. cn/n/2014/0815/c71661 – 25474845. html。

12. 彭博社:《中国海外能源投资两周内两次受挫》,载中国日报网,http://world. chinadaily. com. cn/2016 – 08/11/content_26443126. htm。

13.《中石油在利比亚等 6 海外项目中止,影响年收入约 12 亿》,载和讯网,http://news. hexun. com/2011 – 08 – 23/132718038. html。

14. 中华人民共和国商务部条约法律司:《我国对外签订双边投资保护协定一览表》,载 http://tfs. mofcom. gov. cn/article/Nocategory/201111/20111107819474. shtml。

15. 中国出口信用保险公司:《海外投资保险概述》,载 http://www. sinosure. com. cn/sinosure/ywjs/tz/zlbx/hwtzbxjj/index. html。

16. 商务部对外投资和经济合作司:《2014 年度中国对外直接投资统计公报》,资料来源:http://fec. mofcom. gov. cn/article/tjsj/tjgb/201512/20151201223579. shtml。

17. 中华人民共和国国家发展和改革委员会利用外资和境外投资司:《境外投资篇》,载 http://wzs. ndrc. gov. cn/zcfg/jwtzp/index. html,访问日期:2016 年 8 月 13 日。中华人民共和国商务部对外投资和经济合作司:《境外投资》,载 http://hzs. mofcom. gov. cn/article/zcfb/b/。

18.《中国—东盟全面经济合作框架协议投资协议》第 14 条,载中国自由贸易区服务网,http://fta. mofcom. gov. cn/dongmeng/dongmeng_special. shtml。

19. 商务部新闻办公室:《〈区域全民经济伙伴协定〉(RCEP)第四次部长级会议在老挝举行》,载中华人民共和国商务部网站,http://www. mofcom. gov. cn/article/ae/ai/201608/20160801374072. shtml。

20. 张晨静:《英媒:英国考虑将中广核从本国所有核电项目中剔除》,载观察者网,https://www. guancha. cn/internation/2021_07_26_600208. shtml。

七、外文案例类

1. PNG Sustainable Development Program Ltd. v. Independent State of Papua New Guinea, ICSID Case No. ARB/13/33 Award, p. 131.

2. Transglobal Green Energy, LLC and Transglobal Green Panama, S. A. v. Republic of Panama, ICSID Case No. ARB/13/28 Award, paras. 76, 97.

3. Nova Scotia Power Incorporated (Canada) v. Bolivarian Republic of Venezuela, ICSID Case No. ARB(AF)/11/1 Award, p. 84.

4. Liman Caspian Oil BV and NCL Dutch Investment BV v. Republic of Kazakhstan, ICSID Case No. ARB/07/14 Award, p. 183, 187, 194.

5. Libananco Holdings Co. Limited v. Republic of Turkey, ICSID Case No. ARB/06/08 Award, p. 130.

6. Saipem S. p. A. v. The People's Rupblic of Bangladesh, ICSID Case No. ARB/05/

07 Decision on Jurisdiction and Recommendation on Provisional Measures, p. 120.

7. El Paso Energy International Company v. The Argentine Republic, ICISD Case No. ARB/03/15 Award, p. 149.

8. Impregilo S. p. A. v. Islamic Republic of Pakistan, ICSID Case No. ARB/03/3 award, p. 216.

9. Mihaly International Corporation v. Democratic Socialist Republic of Sri Lanka, ICSID Case No. ARB/00/2 award, p. 58.

10. Anatolie Stati, Gabreil Stati, Ascom Group S. A., Terra Raf Trans Traiding Ltd. v. The Republic of Kazakhstan, SCC Arbitration V (116/2010) Award, p. 748 – 749.

11. Khan Resources Inc, Khan Resources B. V., CAUC Holding Company Ltd. v. The Government of Mongolia, PCA Case No. 2011 – 09, Award on the Merits, p. 291 – 292.

12. Petrobart Limited v. The Kyrgyz Republic, SCC No. 126/2003 Arbitral Award, p. 72.

13. CEAC Holdings Limited v. Montenegro, ICSID Case No. ARB/14/8 Award, p. 210.

14. PNG Sustainable Development Program Ltd. v. Independent State of Papua New Guinea, ICSID Case No. ARB/13/33 Award, p. 124.

15. National Gas S. A. E v. Arab Republic of Egypt, ICSID Case No. ARB/11/7 Award, p. 134 – 135.

16. Cambodia Power Company v. Kingdom of Cambodia, ICSID Case No. ARB/09/18 Decision on Jurisdiction, p. 269.

17. Libananco Holdings Co. Limited v. Republic of Turkey, ICSID Case No. ARB/06/08 Award, p. 537.

18. Cemetownia "Nowa Huta" S. A. v. Republic of Turkey, ICSID Case No. ARB (AF)/06/2 Award, p. 106.

19. Impregilo S. p. A. v. Islamic Republic of Pakistan, ICSID Case No. ARB/03/3 award, p. 163.

20. Petrobart Limited v. The Kyrgyz Republic, SCC No. 126/2003 Arbitral Award, p. 71.

21. Ioannis Kardassopoulos and Ron Fuchs v. The Republic of Georgia, ICSID ARB/07/15 Decision on Jurisdiction, p. 228.

22. Yukos Universal Limited v. The Russian Federation, PCA Case No. AA 227 Award, p. 264.

23. Ioannis Kardassopoulos and Ron Fuchs v. The Republic of Georgia, ICSID ARB/07/15 Decision on Jurisdiction, p. 229.

24. Yukos Universal Limited v. The Russian Federation, PCA Case No. AA 227 Award, p. 313.

25. Yukos Universal Limited v. The Russian Federation, PCA Case No. AA 227 Award, p. 303.

26. Ioannis Kardassopoulos and Ron Fuchs v. The Republic of Georgia, ICSID ARB/07/15 Decision on Jurisdiction, p. 327.

27. Ioannis Kardassopoulos and Ron Fuchs v. The Republic of Georgia, ICSID ARB/07/15 Decision on Jurisdiction, p. 211.

28. Murphy Exploration and Production Company International v. Republic of Ecuador, ICSID Case No. ARB/08/04 Award on Jurisdiction, p. 72.

29. PNG Sustainable Development Program Ltd. v. Independent State of Papua New Guinea, ICSID Case No. ARB/13/33 Award, p. 120.

30. Murphy Exploration and Production Company International v. Republic of Ecuador, ICSID Case No. ARB/08/04 Award on Jurisdiction, p. 157.

31. Rachel S. Grynberg, Stephen M. Grynberg, Miriam Z. Grynberg, RSM Production Corporation v. Grenada, ICSID Case No. ARB/10/6 Award, p. 43.

32. Teco Cuatemala Holdings LLC v. The Republic of Guatemala, ICSID Case No. ARB/10/17 Award, p. 454.

33. AES Summit Generation Limited, AES – Tisza Erömü Kft v. The Republic of Hungary, ICSID Case No. ARB/07/22 Award, p. 45 – 46.

34. Electrabel S. A. v. Hungary, ICSID Case No. ARB/07/19 Award, p. 190, 211 – 213, 217.

35. Ioannis Kardassopoulos and Ron Fuchs v. The Republic of Georgia, ICSID ARB/07/15 Award, p. 439.

36. Vanessa Ventures Ltd. v. The Bolivarian Republic of Venezuela, ICSID Case No.

ARB(AF)/04/6 Award, p. 222.

37. Plama Consortium Limited v. Republic of Bulgaria, ICSID Case No. ARB/03/24 Award, p. 52 – 56.

38. El Paso Energy International Company v. The Argentine Republic, ICSID Case No. ARB/03/15 Award, p. 116 – 119.

39. Sempra Energy International v. Argentine Republic, ICSID Case No. ARB/02/16 Award, p. 304.

40. PSEG Global Inc. and Konya Ilgin Electrik üretim ve ticaret limited Sirketi v. Republic of Turkey, ICSID Case No. ARB/02/5 Award, p. 239.

41. Nykomb Syergetics Technology Holding AB v. The Republic of Latvia, SCC Case No. 118/2001 Award, p. 33.

42. Anatolie Stati, Gabriel Stati, Ascom Group S. A, Terra Raf Trans Traiding Ltd. v. The Republic of Kazakhstan, SCC Arbitration V (116/2010) Award, p. 209.

43. Domenico Di Pietro, The Use of Precedents in ICSID Arbitration Regularity or Certainty? International Arbitration Law Review (2007), Vol. 10, Issue 3, p. 95 – 96.

44. Theodore Kill, Don't Cross the Streams: Past and Present Overstatement of Customary International Law in Connection with Conventional Fair and Equitable Treatment Obligations, Michigan Law Review (2007), Vol. 106, p. 870.

45. PNG Sustainable Development Program Ltd. v. Independent State of Papua New Guinea, ICSID Case No. ARB/13/33 Award, p 142.

46. Transglobal Green Energy, LLC, Transglobal Green Panama, S. A. v. Republic of Panama, ICSID Case No. ARB/13/28 Award, p. 89.

47. AES Summit Generation Limited, AES – Tisza Erömü Kft v. The Republic of Hungary, ICSID Case No. ARB/07/22 Award, p. 12.

48. Wintershall Aktiengesellschaft v. Argentine Republic, ICSID Case No. ARB/04/14 Award, p. 105.

49. Impregilo S. p. A v. Islamic Republic of Pakistan, ICSID Case No. ARB/03/03 Award, p. 220.

50. Nova Scotia Power Incorporated (Canada) v. Bolivarian Republic of Venezuela, ICSID Case No. ARB(AF)/11/1 Award, p. 150.

51. Plama Consortium Limited v. Republic of Bulgaria, ICSID Case No. ARB/03/24 Award, p. 57 – 58.

52. AES Summit Generation Limited, AES – Tisza Erömü Kft v. The Republic of Hungary, ICSID Case No. ARB/07/22 Award, p. 93 – 94.

53. Ioannis Kardassopoulos and Ron Fuchs v. The Republic of Georgia, ICSID ARB/07/15 Award, p. 389.

54. Vanessa Ventures Ltd. v. The Bolivarian Republic of Venezuela, ICSID Case No. ARB(AF)/04/6 Award, p. 215.

55. El Paso Energy International Company v. The Argentine Republic, ICSID Case No. ARB/03/15 Award, p. 233.

56. PSEG Global Inc. and Konya Ilgin Electrik üretim ve ticaret limited Sirketi v. Republic of Turkey, ICSID Case No. ARB/02/5 Award, p. 278 – 279.

57. Nykomb Syergetics Technology Holding AB v. The Republic of Latvia, SCC Case No. 118/2001 Award, p. 33.

58. Yukos Universal Limited v. The Russian Federation, PCA Case No. AA 227 Award, p. 548.

59. Anatolie Stati, Gabriel Stati, Ascom Group S. A, Terra Raf Trans Traiding Ltd. v. The Republic of Kazakhstan, SCC Arbitration V (116/2010) Award, p. 240.

60. Ivan Pupolizio, The Right to an Unchanging World – Indirect Expropriation in International Investment Agreements and State Sovereignty, Vienna J. on Int' l Const. L. (2016), Vol. 10, p. 151.

61. Occidental Petroleum Corporation, Occidental Exploration and Production Company v. The Republic of Ecuador, ICSID Case No. ARB/06/11 Award, p. 707.

62. The Rompetrol Group N. V. v. Romania, ICSID Case No. ARB/06/3 Award, p. 293.

63. LG&E Energy Corp, LG&E Capital Corp, LG&E International, Inc. v. Argentine Republic, ICSID Case No. ARB/02/1 Award, p. 35.

64. Nykomb Syergetics Technology Holding AB v. The Republic of Latvia, SCC Case No. 118/2001 Award, p. 38.

65. Mohammad Ammar Al – Bahloul v. The Republic of Tajikistan, SCC Case No. V. (064/2008) Award, p. 17.

66. Anatolie Stati, Gabriel Stati, Ascom Group S. A, Terra Raf Trans Traiding Ltd. v. The Republic of Kazakhstan, SCC Arbitration V. （116/2010） Award, p. 390.

67. CMS GAS Transmission Company v. The Argentine Republic (Award, 12 May 2005), ICSID Case No. ARB/01/08, at p. 151.

68. El Paso Energy International Company Claimant (Award on Jurisdiction, 27 April 2006), ICSID Case No. ARB/03/15, at p. 81.

69. Parkerings – Compagniet AS v. Republic of Lithuania (Award, 14 Aug. 2007), ICISD Case No. ARB/05/08, at p. 332 – 333.

70. Duke Energy International Peru Investments No. 1, Ltd. v. Republic of Peru (Award, 18 Aug. 2008), ICISD Case No. ARB/05/08, at p. 224 – 228.

71. Inter – American Convention on Extraterritorial Validity of Foreign Judgments and Arbitral Awards, May 8, 1979, OEA/Ser. A. 28 (SEPF), reprinted in Second Inter – American Specialized Conference on Private International Law: Inter – American Convention on Extraterritorial Validity of Foreign Judgments and Arbitral Awards, 18 I. L. M. 1224 (1979).

72. Pingan Life Insurance Company of China, Limited and Pingan Insusurance (Group) Company of China, Limited v. Kingdom of Belgium, ICSID Case No. ARB12/29.

73. Standard Chartered Bank (Hong Kong) Limited v. Tanzania Electric Supply Company Limited (ICSID Case No. ARB/10/20), Decision on Jurisdiction and Liability.

八、外文论著类

1. Oksan Bayulgen, *Foreign Investment and Political Regimes: The Oil Sector in Azerbaijan, Russia, and Norway*, Cambridge University Press (2010).

2. Mustafa Erkan, *International Energy Investment Law: Stability through Contractual Clauses*, Wolters Kluwer (2011).

3. Oksan Bayulgen, *Foreign Investment and Political Regimes: The Oil Sector in Azerbaijan, Russia and Norway*, Cambridge University Press (2014).

4. Peter D. Cameron, *Competition in Energy Markets: Law and Regulations in the European Union*, Oxford University Press (2007).

5. Peter D. Cameron, *International Energy Investment Law: The Pursuit of Stability*, Oxford University Press(2010).

6. Sornarajah, *The International Law On Foreign Investment*, Cambridge University Press(2004).

7. Jan Ole Voss, *The Impact of Investment Treaties on Contracts between Host States and Foreign Investors*, Martinus Nihoff Publishers (2011).

8. Campbell McLachlan et al., *International Investment Arbitration: Substantive Principles*, Oxford University Pross(2007).

9. Angus Johnston, *Guy Block*, *EU Energy Law*, Oxford University(2012).

10. M. Sornarajah, *The International Law on Foreign Investment*, Cambridge Press (2004).

11. Crina Baltag, *The Energy Charter Treaty: The Notion of Investor*, Wolters Kluwer (2012).

12. Iramgard Marboe, *Calculation of Compensation and Damages in International Investment Law*, Oxford University Press(2009).

13. Meg Kinnear ect., *Building International Investment Law: The First* 50 *Years of ICSID*, Wolters Kluwer(2016).

14. Jonathan Bonnitcha ect., *The Political Economy of the Investment Treaty Regime*, Oxford University Press(2017).

15. Bryan A. Garner, *Black's Law Dictionary*, Thomson Reuters(2014).

16. Kim Talus, *Research Handbook on International Energy Law*, Edward Elgar (2013).

17. Katia Yannaca - Small, *Fair and Equitable Treatment Standand: Recent Developments*, Edited by August Reinish, Standard of Investment Protection, Oxford University Press (2008).

18. Lars Albath, *Trade and Energy: Investment in the Gas and Electricity Sectors*, Cameron (2004).

19. Patricia Park, *Energy Law in the United Kingdom*, Wolters Kluwer (2012).

20. Dimopoulos Angelos, *EU Foreign Investment Law*, Oxford University Press (2011).

21. Krista Nadakavukaren Schefer, *International Investment Law: Text, Cases and*

Materials, Edward Elgar(2020).

22. Xiaohong Liu, Zhengyi Zhang, *Chinese Private International Law*, Hart Publishing (2021).

九、外文论文类

1. Rachel A. Nathanson, *The Revocation of Clean - energy Investment Economic-support System as Indirect Expropriation Post-Nykomb*, Iowa Law Review(2013).

2. Linn Williams, *Political and other Risk Insurance: OPIC, MIGA, Eximbank and other Providers*, Pace International Law Review (1993).

3. Molly Zohn, *Filling the void: International Legal Structures and Political Risk in Investment*, Fordham International Law Journal(2007).

4. Alex Khachaturian, "*Are we in Good Hands?*" *The Adequacy of American and Multilateral Political Risk Insurance Programs in Fostering International Development*, Connecticut Law Review (2006).

5. P. Stevens, *National Oil Companies and International Oil Companies in the Middle East: Under the Shadow of Government and the Resource Nationalism Cycle*, Journal of World Energy Law and Business(2008).

6. Nicholas Miranda, *Concession Agreements: From Private Contract to Public Policy*, Yale Law Journal(2007).

7. Kaj Hobér, *Investment Arbitration and the Energy Charter Treaty*, Journal of International Dispute Settlement (2010).

8. Magrarita T. B. Coale, *Stabilization Clauses in International Petroleum Transactions*, Denv. J. Int' l. & Pol' y(2002).

9. Moshe Hirsch, *Between Fair and Equitable Treatment and Stabilization Clause: Stable Legal Environment and Regulatory Change in International Investment Law*, Journal of World Investment and Trade(2011).

10. Evaristus Oshionebo, *Stabilization Clauses in Natural Resource Extraction Contracts: Legal, Economic and Social Implication for Developing Countries*, Asper Review of International Business and Trade Law(2010).

11. Jernej Letnar Černič, *Corporate Human Rights Obligations under Stabilization Clauses*, German Law Journal (2010).

12. Evaristus Oshionebo, *Stabilization Clauses in Natural Resource Extraction Contracts: Legal, Economic and Social Implications for Developing Countries*, Asper Review(2010).

13. Brandt JC Pasco, *United States National Security Reviews of Foreign Investment: From Classified Programmes to Critical Infrastructure*, This is what the Committee on Foreign Investment in the United States Cares About, ICSID Review (2014).

14. Marianne Roth, *Towards Procedural Economy: Reduct ion of Duration and Costs of Civil Litigation in Germany*, Civi 1 Justice Quarterly(2001).

15. Julio C. Barbosa, *Arbitration Law in Brazil: An Inevitable Reality*, Southwestern Journal of Law and Trade in the America(2002).

16. Congyan Cai, *Trans – Pacific Partnership and Multilateralization of International Investment Law*, Journal of East Asia & International Law(2013).

17. Ad hoc Editoral Committee, *Trans – Pacifica Partnership Agreement was Reached*, Journal of East Asia & International Law(2015).

18. Suzanne De Deyne, *TTIP: A Free Trade Agreement That Strengthens the International Trade Environment and Enchances the Regulatory Powers of the WTO*, UB Journal of International Law(2016).

19. Jessi Patton, *A Case for Investor – State Arbitration under the Proposed Transatlantic Trade and Investment Partnership*, The Arbitration Brief (2014).

20. Alan M. Rugman, *Foreign Investment and NAFTA*, University of South Carolina Press(1994).

21. Todd Weiler, *Investment Law and Arbitration: Past Issues, Current Practice*, Future Prospects, Transnational Publishers(2004).

22. Meredith Kolsky Lewis, *The TPP and the RCEP(ASEAN + 6) as potential paths toward deeper Asian Economic Integration*, Asian J. WTO & International Health Law & Policy(2013).

23. N. Jansen Calamita, *David Earnest and Markus Burgstaller, The Future of ICSID and the Place of Investment Treaties: Investment Treaty Law Current Issues*, British Institute of International & Comparative Law (2013).

24. Richard Deutsch, *An ICSID Tribunal Denies Jurisdiction for Failure to Satisfy*

BIT' s "Cooling – Off" Period: Further Evidence of a Sea Change in Investor – State Arbitration or a Meaningless Ripple? Houston Journal of International Law (2011).

25. Michael Feit, *Attribution and the Umbrella Clause – Is there a Way out of the Deadlock*, Minnesota Journal of International Law(2012).
26. Katherine Jonckheere, *Practical Implications from an Expansive Interpretation of Umbrella Clauses in International Investment Law*, South Carolina Journal of International Law and Business(2015).
27. Susan D. Franck, *Conflating Politics and Development? Examining Investment Treaty Arbitration Outcomes*, Virginia Journal of International Law(2014).
28. Jason Webb Yackee, *Do States Bargain Over Investor – State Dispute Settlement? Or, Toward Greater Collaboration in the Study of Bilateral Investment Treaties*, Santa Clara Journal of International Law(2013).
29. Wolfgang Alscher, *Americanization of the BIT Universe: The Influence of Friendship*, Commerce and Navigation Treaties on Modern Investment Treaty Law, Goettingen Journal of International Law(2013).
30. Nancy A. Welsh and Andrea Kupfer Schneider, *The Thoughtful Integration of Mediation into Bilateral Investment Treaty Arbitration*, Harvard Negotiation Law Review (2013).
31. Susan D. Franck and Lindsey E. Wylie, *Predicting Outcomes in Investment Treaty Arbitration*, Duke Law Journal(2015).
32. Laura Henry, *Responding to Public Concerns over Investor State Dispute Settlement Clauses in APEC Free Trade Agreements*, Journal of Korean Law (2013).
33. Lois T. Wells, *The Emerging Global Regime for Investment: A Response*, Harvard International Law(2010).
34. Razeen Sappideen, Lingling He, *Investor – State Arbitration: The Roadmap from the Multilateral Agreement on Investment to the Trans – Pacific Partnership Agreement*, Federal Law Review(2012).
35. Nancy A. Welsh, Andrea Kupfer Schneider, *The Thoughtful Integration of Mediation into Bilateral Investment Treaty Arbitration*, Harvard Negotiation Law Review (2013).

36. Brandt JC Pasco, *United States National Security Reviews of Foreign Investment: From Classified Programs to Critical Infrastructure*, This is what the Committee on Foreign Investment in the United States Cares About, ICSID Review (2014).

37. George Stephanov Georgiev, *The Reformed CFIUS Regulatory Framework: Mediating Between Continued Openness to Foreign Investment and National Security*, Yale Journal on Regulation, Yale Journal on Regulation(2008).

38. Ad hoc Editoral Committee, *Trans – Pacifica Partnership Agreement was Reached*, Journal of East Asia & International Law(2015).

39. Mariana Pargendler, *State Ownership and Corporate Governance*, Fordham Law Review (2012).

40. Hadiza Tijjani Mato, *The Role of Stability and Renegotiation in Transnational Petroleum Agreements*, Journal of Politics and Law(2012).

41. A. F. M. Maniruzzaman, *The Issue of Resource Nationalism: Risk Engineering and Dispute Management in the Oil and Gas Industry*, Texas Journal on Oil Gas & Energy Law(2010).

42. Elisabeth Eljuri, *Clovis Trevino*, *Energy Investment Disputes in Latin America: The Pursuit of Stability*, Berkely Journal of International Law(2015).

43. Simon Baughen, *Expropriation and environmental regulation: the lessons of NAFTA chapter eleven*, Journal of Environmental Law(2006).

44. Kara Dougherty, *Methanex v. United States: The Realignment of NAFTA Chapter* 11 *with Environmental Regulation*, Northwestern Journal of International Law and Business(2007).

45. Jernej Letnar Černi č, *Corporate Human Rights Obligations under Stabilization Clauses*, German Law Journal(2010).

46. Robert Ginsburg, *Political Risk Insurance and Bilateral Investment Treaties: Making the Connection*, Word Investment and Trade (2013).

47. Alberto Tita, *Investment Insurance in International Law: a Restatement on the Regime of Foreign Investment*, Journal of World Investment & Trade (2010).

48. Sam Foster Halabi, *Efficient Contracting between Foreign Investors and Host States: Evidence from Stabilization Clauses*, Northwestern Journal of International Law & Business(2011).

49. Jason Webb Yackee, *Political Risk and International Investment Law*, Duck Journal of Comparative & International Law(2014).

50. Ashton B. Inniss, *Rethinking Political Risk Insurance: Incentives for Investor Risk Mitigation*, Southwestern Journal of International Law(2010).

51. Alexia Brunet & Juan Agustin Lentini, *Arbitration of International Oil, Gas and Energy Disputes in Latin America*, Northwest Journal on International Law & Business(2007).

52. Caroline Henckels, *Should Investment Treaties Contain Public Policy Exceptions*, Boston College Law Review(2018), Vol. 59.

十、外文网站类

1. UNCTAD, *World Investment Report*(2021), at https:// worldinvestmentreport. unctad. org.

2. OECD/IEA, *Energy Poverty: How to Make Modern Energy Access Universal* (World Energy Outlook, 2010), at http://www. worldenergyoutlook. org/media/ weowebsite/2010/weo2010_poverty. pdf.

3. Office of the United States Trade Representative, *Agreement between the United States of America, the United Mexican States and Canada* 7/1/20 Text, at https:// www. cbp. gov/trade/priority - issues/trade - agreements/free - trade - agreements/USMCA.

4. OECD, *Benchmark Definition of Foreign Direct Investment*(Fourth Edition, 2008), at http://www. oecd. org/daf/inv/investmentstatisticsandanalysis/40193734. pdf.

5. Production Sharing Contract [ ] Block Kurdistan Region, at http://brokencontrollers. com/hub/PRODUCTION _ SHARING _ CONTRACT _ [_] _ BLOCK _ KURDISTAN_REGION.

6. Agreement on the Exploration, *Development and Product Sharing for the Shah Deniz Prospective area in the Azerbaijan Sector of the Caspian Sea*, at http://www. bp. com/content/dam/bp - country/en_az/pdf/legalagreements/PSAs/SD - PSA. pdf.

7. Model Production Sharing Agreement between The Government of the United Republic of Tanzania and Tanzania Petroleum Development Corporation and ABC

LTD for any area (2013), at http://www. eisourcebook. org/cms/Nov% 202013/ Tanzania% 20Production% 20Sharing% 20Agreement% 202013. pdf.

8. Energy Charter Secretariat, Fostering LNG Trade: Role of Energy Charter(2008), at www. energycharter. org.

9. USMCA Chapter 14 Investment Annex14 – D Mexico – United States Investment Disputes, at https://ustr. gov/sites/default/files/files/agreements/FTA/USMCA/ Text/14 – Investment. pdf.

10. The ICSID Caseload – Statistics Issue2015 – 2, available at https://icsid. world-bank. org/apps/ICSIDWEB/resources/Documents/ICSID% 20Web% 20Stats% 202015 – 2% 20(English). pdf.

11. Production Sharing Contract Block Kurdistan Region between The Kurdistan Regional Government of Iraq and, at http://www. krg. org/uploads/documents/ KPG% 20Model% 20PSC_2007_09_06h14m3s46. pdf.

12. Agreement on the Exploration, Development and Product Sharing for the Shah Deniz Prospective area in the Azerbaijan Sector of the Caspian Sea, at http:// www. bp. com/content/dam/bp – country/en _ az/pdf/legalagreements/PSAs/ SD – PSA. pdf.

13. Mark A. Stoleson, Investment at an Impasse: Russia's Production – Sharing Agreement Law and the Continuing Barriers to Petroleum Investment in Russia, at http://scholarship. law. duke. edu/djcil/vol7/iss2/13/.

14. OECD Working Papers on International Investment, Interpretation of the Umbrella Clause in Investment Agreements, Number 2006/3, Oct. 2006, at http://www. oecd. org/dataoecd/3/20/37579220. pdf.

15. Tanzania Model Production Sharing Agreement(2013), at http://www. tpdc – tz. com/Model% 20Production% 20Sharing% 20Agreement% 20(2013). pdf.

16. India Model Production Sharing Agreement (2007), at http://www. infraline. com/ong/basins/NELP – VII/MPSC. pdf.

17. Bangladesh Oil, Gas and Mineral Corporation (Petrobangla) Model Production Sharing Contract(2012), at http://www. petrobangla. org. bd/offshore – bidding – round – 2012/Model_PSC_2012. pdf.

18. Trinidad and Tobago Production Sharing Contract for Block, at http://www. ener-

gy. gov. tt/wp – content/uploads/2013/11/Draft_Model_Deep_Water_PSC. pdf.

19. Production Sharing Agreement between Government of Belize and US Capital Energy Belize, Ltd, at http://s3. amazonaws. com/s3. documentcloud. org/documents/1505209/uscapital – belize – 2001. pdf.

20. Production Sharing Contract Block Kurdistan Region between The Kurdistan Regional Government of Iraq and, at http://cabinet. gov. krd/pdf/3_KRG_Model_PSC. pdf.

21. Model Production Sharing Agreement for Petroleum Exploration and Production in Turkmenistan, at http://www. eisourcebook. org/cms/Turkmenistan%20Production%20Sharing%20Agreement. pdf.

22. Agreement on the Exploration, Development and Production Sharing for the Shan Deniz Prospective Area in the Azerbaian Sector of the Caspian Sea, at http://www. bp. com/content/dam/bp – country/en _ az/pdf/legalagreements/PSAs/SD – PSA. pdf.

23. India Model Production Sharing Agreement (2007), at http://www. infraline. com/ong/basins/NELP – VII/MPSC. pdf.

24. Ralls Corporation, Appellant v. Committee on Foreign Investment in the United States et al. Appelles, No. 13 – 5315 – 1502552, United States Court of Appeals for the District of Columbia Circuit, Decided July 15, 2014, at http://www. cadc. uscourts. gov/internet/opinions. nsf/B27E81AF31E360DA85257D16004E43E7/ $ file/13 – 5315 – 1502552. pdf.

25. American Council for an Energy – Efficient Economy: American Clean Energy Leadership Act of 2009, at http://aceee. org/topics/american – clean – energy – leadership – act – 2009.

26. All Offices of Energy of Government, at http://www. energy. gov/offices.

27. Federal Energy Regulatory Commission, Overview of FERC, at http://www. ferc. gov/about/ferc – does. asp.

28. Salans, Energy Efficiency Laws in Russia – Starting the Journey, The Moscow Times, April 10, 2012, at http://www. themoscowtimes. com/business/business_for_business/article/energy – efficiency – laws – in – russia – – starting – the – journey/456427. html.

29. Australian Government Department of Industry: Energy White Paper, at http://www.ewp.industry.gov.au/.

30. Official Website of the Department of Homeland Security, at http://www.dhs.gov/critical – infrastructure – sectors.

31. Organization for International Investment, Foreign Direct Investment in the United States, at http://www.ofii.org/sites/default/files/FDIUS2014.pdf.

32. Michael V. Seitzing, Foreign Investment in the United States: Major Federal Statutory Restriction, at http://www.fas.org/sgp/crs/misc/RL33103.pdf.

33. Russian Legislation for Foreign Investments, at http://www.lawyersrussia.com/russian – legislation – for – foreign – investments.

34. Investment Canada Act[R. S. C., 1985, c. 28(1st Supp.)], at http://laws – lois.justice.gc.ca/eng/acts/I – 21.8/.

35. Investment Canada Regulations (SOR/85 – 611), at http://laws – lois.justice.gc.ca/eng/regulations/SOR – 85 – 611/index.html.

36. National Security Review of Investment Regulations (SOR/2009 – 271), at http://laws – lois.justice.gc.ca/eng/regulations/SOR – 2009 – 271/index.html.

37. Investment Canada Act Thresholds for Review, at http://www.ic.gc.ca/eic/site/ica – lic.nsf/eng/h_lk00050.html.

38. Germany Trade & Investment: Investment in Germany, at http://www.gtai.de/GTAI/Navigation/EN/welcome.html#invest.

39. Foreign Investment, Laws and Polices Regulating Foreign Investment in 10 Countries, at http://www.gao.gov/new.items/d08320.pdf.

40. Investment Climate in France, at http://www.globaltrade.net/international – trade – import – exports/f/business/text/France/Investing – FDI – Investment – Climate – in – France.html.

41. Government Foreign Investment Review Board: Foreign Investment in Australia remains strong, at http://firb.gov.au/2016/04/ar/.

42. Australian Government Foreign Investment Review Board: Australia's Foreign Investment Policy, at https://firb.gov.au/resources/policy – documents/.

43. Australian Government Federal Register of Legislation: Foreign Acquisition and Takeover Fee Imposition Act (2015), at https://www.legislation.gov.au/De-

tails/C2015A00152/Html/Text#.

44. PWC: Doing Business in Brazil, at http://www. pwc. de/de/internationale - maerkte/assets/doing - business - and - investing - in - brazil. pdf.

45. Arbitration Procedures and Practice in France: Overview, at http://uk. practicallaw. com/7 - 501 - 9500.

46. UNCTAD, International Investment Agreements Navigator, at http://investmentpolicyhub. unctad. org/ⅡA, last visited on April 18, 2016.

47. Full Text of Trans - Pacific Partnership, Chapter 9, available at https://medium. com/the - trans - pacific - partnership/investment - c76dbd892f3a.

48. Database of ICSID Member States, at https://icsid. worldbank. org/apps/ICSIDWEB/about/Pages/Member - States. aspx.

49. EU Negotiating Texts in TTIP, Trade in Services, Investment and E - Commerce, Chapter Ⅱ - Investment, at http://trade. ec. europa. eu/doclib/docs/2015/november/tradoc_153955. pdf.

50. Comprehensive Economic and Trade Agreement between Canada and EU, at http://trade. ec. europa. eu/doclib/docs/2014/september/tradoc_152806. pdf.

51. Energy Charter Conference: About the Charter: Members and Observers, at http://www. encharter. org/index. php? id = 61.

52. APEC Investment Experts' Group, at http://www. apec. org/Home/Groups/Committee - on - Trade - and - Investment/Investment - Experts - Group.

53. MIGA Member Countries, at https://www. miga. org/who - we - are/member - countries.

54. MIGA Annual Reports, at https://www. miga. org/resources/reports/annual - reports.

55. MIGA: Commentary on the Convention Establishing the Multilateral Investment Guarantee Agency, at https://www. miga. org/documents/commentary_convention_november_2010. pdf.

56. ECT Investment Dispute Settlement cases, at http://www. energycharter. org/what - we - do/dispute - settlement/all - investment - dispute - settlement - cases.

57. ICSID: Concluded Cases with Details, at https://icsid. worldbank. org/apps/IC-

SIDWEB/cases/pages/concludedcases. aspx? status = c.

58. BP Statistical Review of World Energy(2021), at http://wwww. bp. com/content/dam/bp/business – sites/en/global/corporate/pdfs/energy – economiscs/statistical – review/ /bp – stats – review – 2021 – full – report. pdf.

59. Production Sharing Contract Block Kurdistan Region between The Kurdistan Regional Government of Iraq and, available at http://cabinet. gov. krd/pdf/3_KRG_Model_PSC. pdf.

60. Energy Charter, Members and Observers, at http://www. energycharter. org/who – we – are/members – observers/countries/russian – federation/.

61. BP Global: Statistics Review, at http://www. bp. com/en/global/corporate/energy – economics/statistical – review – of – world – energy/country – and – regional – insights/china. html.

62. Ralls Corporation, Appellant v. Committee on Foreign Investment in the United States et al. Appelles, No. 13 – 5315 – 1502552, United States Court of Appeals for the District of Columbia Circuit, Decided on July 15, 2014, http://www. cadc. uscourts. gov/internet/opinions. nsf/B27E81AF31E360DA85257D16004E43E7/ $file/13 – 5315 – 1502552. pdf.

63. Government Corporations by field and by country, at http://en. wikipedia. org/wiki/Government – owned_corporation.

64. OECD Guidelines on the Corporate Governance of State – owned Enterprises, at http://www. oecd. org/corporate/ca/corporategovernanceofstate – ownedenterprises/oecdguidelinesoncorporategovernanceofstate – ownedenterprises. htm.

65. The European Bank for Reconstruction and Development, Striking a balance: Intergovernmental and host government agreements in the context of the Baku – Tbilisi – Ceyhan pipeline project, European Bank for Reconstruction and Development, at http://www. ebrd. com/pubs/legal/lit042e. pdf.

66. Center for International Environmental Law, Comment to the IFC Baku – Tbilisi – Ceyhan Pipeline Project, at http://www. ifc. org/wps/wcm/connect/topics_ext_content/ifc_external_corporate_site/ifc + sustainability/learning + and + adapting/knowledge + products/publications/publications_loe_btc__wci__1319578699042.

67. MIGA: Commentary on the Convention Establishing the Multilateral Investment

Guarantee Agency, available at https://www.miga.org/documents/commentary_convention_november_2010.pdf.

68. International Center for Settlement of Investment Disputes: Cases, at https://icsid.worldbank.org/apps/ICSIDWEB/cases/Pages/AdvancedSearch.aspx? gE = s&rntly = ST30.

69. APEC Investment Experts' Group, at http://www.apec.org/Home/Groups/Committee - on - Trade - and - Investment/Investment - Experts - Group.

70. ICSID Cases, at https://icsid.worldbank.org/apps/ICSIDWEB/cases/Pages/AdvancedSearch.aspx.

71. First ICSID Case against China, at http://www.wunscharb.com/content/first - icsid - case - against - china.